Études économiques de l'OCDE : Tunisie
2022

DES POLITIQUES MEILLEURES
POUR UNE VIE MEILLEURE

Cet ouvrage est publié sous la responsabilité du Secrétaire général de l'OCDE. Les opinions exprimées et les arguments employés ici ne reflètent pas nécessairement les vues officielles des pays Membres de l'OCDE.

Ce document, ainsi que les données et cartes qu'il peut comprendre, sont sans préjudice du statut de tout territoire, de la souveraineté s'exerçant sur ce dernier, du tracé des frontières et limites internationales, et du nom de tout territoire, ville ou région.

Les données statistiques concernant Israël sont fournies par et sous la responsabilité des autorités israéliennes compétentes. L'utilisation de ces données par l'OCDE est sans préjudice du statut des hauteurs du Golan, de Jérusalem-Est et des colonies de peuplement israéliennes en Cisjordanie aux termes du droit international.

Note de la Turquie
Les informations figurant dans ce document qui font référence à « Chypre » concernent la partie méridionale de l'Ile. Il n'y a pas d'autorité unique représentant à la fois les Chypriotes turcs et grecs sur l'Ile. La Turquie reconnaît la République Turque de Chypre Nord (RTCN). Jusqu'à ce qu'une solution durable et équitable soit trouvée dans le cadre des Nations Unies, la Turquie maintiendra sa position sur la « question chypriote ».

Note de tous les États de l'Union européenne membres de l'OCDE et de l'Union européenne
La République de Chypre est reconnue par tous les membres des Nations Unies sauf la Turquie. Les informations figurant dans ce document concernent la zone sous le contrôle effectif du gouvernement de la République de Chypre.

Merci de citer cet ouvrage comme suit :
OCDE (2022), *Études économiques de l'OCDE : Tunisie 2022*, Éditions OCDE, Paris, https://doi.org/10.1787/69ef3240-fr.

ISBN 978-92-64-69264-0 (imprimé)
ISBN 978-92-64-58157-9 (pdf)
ISBN 978-92-64-43556-8 (HTML)
ISBN 978-92-64-81475-2 (epub)

Études économiques de l'OCDE
ISSN 0304-3363 (imprimé)
ISSN 1684-3428 (en ligne)

Avant-propos

Le projet de rapport a été examiné lors de la réunion du Comité d'examen des situations économiques et des problèmes de développement le 2 novembre 2021, avec la participation de représentants des autorités tunisiennes.

L'*Étude* a été préparée par Andrea Goldstein et Robert Grundke, sous la direction d'Isabelle Joumard. Le chapitre spécial a bénéficié du soutien financier et logistique de la GIZ (*Deutsche Gesellschaft für Internationale Zusammenarbeit*). Les éléments de recherche de Przemyslav Kowalski de la Direction des Échanges et de l'Agriculture de l'OCDE, Flavio Calvino, Francesco Manaresi et Rudy Verlhac de l'équipe DynEmp de la Direction de la Science, Technologie et Innovation de l'OCDE, de Steven Cassimon, Bishoy Sadek, Jibrane Soltani et Youssef Charfi sont reconnus avec gratitude. Les Ambassades d'Allemagne, France et Italie en Tunisie ont soutenu la recherche sur le terrain pour le chapitre spécial. D'autres contributions et commentaires importants ont été reçus de la Direction des Affaires Financières et des Entreprises; le Centre de Politique et d'Administration fiscales; et la Direction de l'Emploi, du Travail et des Affaires Sociales, tous de l'OCDE. Anne Legendre, Steven Cassimon et Lutécia Daniel ont apporté leur concours pour les travaux de recherche statistique et Gemma Martinez pour la mise en forme du document. La précédente Étude de la Tunisie a été publiée en mars 2018. Des informations sur la dernière *Étude* et les précédentes, ainsi que sur la préparation des *Études économiques*, sont disponibles à l'adresse suivante : http://www.oecd.org/eco/surveys.

Table des matières

Tableaux

Graphiques

Encadrés

Suivez les publications de l'OCDE sur :

 http://twitter.com/OECD_Pubs

http://www.facebook.com/OECDPublications

http://www.linkedin.com/groups/OECD-Publications-4645871

http://www.youtube.com/oecdilibrary

OECD Alerts http://www.oecd.org/oecddirect/

Ce livre contient des...   StatLinks

Accédez aux fichiers Excel® à partir des livres imprimés !

En bas des tableaux ou graphiques de cet ouvrage, vous trouverez des StatLinks. Pour télécharger le fichier Excel® correspondant, il vous suffit de retranscrire dans votre navigateur internet le lien commençant par : http://dx.doi.org, ou de cliquer sur le lien depuis la version PDF de l'ouvrage.

STATISTIQUES DE BASE DE LA TUNISIE, 2019[1]
(Les chiffres entre parenthèses indiquent la moyenne de l'OCDE)[2]

PAYS, POPULATION ET CYCLE ÉLECTORAL					
Population (millions)	11.7		Densité de la population par km²	75.3	(38.4)
Moins de 15 ans (%)	24.2	(17.9)	Espérance de vie à la naissance (années)	76.7	(80.2)
Plus de 65 ans (%)	8.6	(17.1)	Hommes	74.7	(77.6)
Stock de migrations internationales (% de population)	0.5	(13.2)	Femmes	78.7	(82.9)
Croissance moyenne des 5 dernières années (%)	1.1	(0.6)	Dernière élection générale	Octobre-2019	

ÉCONOMIE					
Produit intérieur brut (PIB)			Part dans la valeur ajoutée (%)		
En prix courants (milliards USD)	39.2		Agriculture, sylviculture et pêche	10.8	(2.6)
En prix courants (milliards TND)	115.0		Industrie y compris construction	24.0	(25.7)
Croissance réelle moyenne des 5 dernières années (%)	1.6	(2.2)	Services	65.2	(71.7)
Par habitant (milliers USD, à PPA)	11.2	(47.6)			

ADMINISTRATIONS PUBLIQUES[3] (En pourcentage du PIB)					
Dépenses	31.6	(40.6)	Dette financière brute (OCDE: 2018)	71.8	(107.8)
Recettes	27.7	(37.6)			

COMPTE DES OPÉRATIONS EXTÉRIEURES					
Taux de change (TND par USD)	2.93		Principales exportations (% du total des exportations de marchandises)		
Taux de change à PPA (USA = 1)	0.88		Machines et matériel de transport	36.5	
En pourcentage du PIB			Articles manufacturés divers	28.5	
Exportations de biens et services	48.7	(53.7)	Produits manufacturés	9.8	
Importations de biens et services	59.3	(50.4)	Principales importations (% du total des importations de marchandises)		
Solde de la balance courante	-8.4	(0.3)	Machines et matériel de transport	30.1	
			Produits manufacturés	21.1	
			Combustibles minéraux, lubrifiants et produits connexes	16.8	

MARCHÉ DU TRAVAIL, QUALIFICATIONS ET INNOVATION					
Taux d'emploi (15 ans et plus, %)	40.2	(57.5)	Taux de chômage, enquête sur la population active (15 ans et plus, %)	14.9	(5.4)
Hommes	60.3	(65.6)	Chômage des jeunes (15 à 24 ans, %)	33.8	(11.8)
Femmes	21.1	(49.9)	Chômage de longue durée (1 an et plus, %, 2017, OCDE : 2019)	9.2	(1.3)
Taux d'activité (15 ans et plus, %)	47.3	(60.8)	Niveau d'instruction supérieure des 25-64 ans (%, 2016, OCDE : 2019)[4]	15.2	(38.0)
			Dépenses intérieures brutes en R-D (% du PIB, 2018)	0.6	(2.6)

ENVIRONNEMENT					
Offre d'énergie primaire par habitant (tep, 2018, OCDE: 2019)	1.0	(3.9)	Émissions de CO2 par habitant dues à la combustion d'énergie (tonnes, 2018, OCDE: 2019)	2.3	(8.3)
Énergies renouvelables (%, 2018, OCDE : 2019)	10.5	(10.8)	Ressources internes renouvelables en eau douce par habitant (1 000 m³, 2017)	0.4	
Exposition à la pollution de l'air (plus de 10 g/m³ de PM2,5,% de la pop.)	99.6	(61.7)			

SOCIÉTÉ					
Inégalité de revenus (coefficient de Gini, 2015, OCDE: dernières données disponibles)	0.328	(0.318)	Résultats scolaires (score PISA 2015)		
Seuil de pauvreté à 3.20 USD/jour (en PPA de 2011, %, 2015)	0.6		Compréhension de l'écrit	361	(492)
			Mathématiques	367	(490)
Dépenses publiques et privées (% du PIB)			Sciences	386	(493)
Soins de santé (2018)	7.3	(12.5)	Part des femmes au parlement (%)	22.6	(30.8)
Éducation (% du RNB)	5.9	(4.4)			

1. L'année est indiquée entre parenthèses si elle diffère de l'année mentionnée dans le titre du tableau.
2. Lorsque l'agrégat OCDE n'existe pas dans la base de données d'origine, une moyenne simple des dernières données disponibles a été calculée si des données existent pour au moins 80 % des pays membres.
3. Les données de la Tunisie se réfèrent au gouvernement central et collectivités locales.
4. Pour la Tunisie, il s'agit des personnes de 25 ans et plus.
Source : Calculs fondés sur les données tirées des organisations suivantes : OCDE, Agence internationale de l'énergie, Banque mondiale, Fonds monétaire international, Nations Unies et Organisation internationale du travail.

Résumé

La profonde récession provoquée par la pandémie de COVID-19 a mis en lumière des vulnérabilités de diverses natures

La pandémie a frappé une économie qui souffrait déjà d'une faible croissance (Graphique 1). La contraction de l'activité en 2020 a été sévère, malgré la rapidité de l'intervention des pouvoirs publics, et la pauvreté s'est accrue. La reprise s'annonce lente, sur fond de ralentissement de la croissance mondiale, d'atonie persistante de la demande intérieure et d'incertitudes concernant le fonctionnement des institutions politiques. Le niveau élevé de la dette publique rend indispensable une réduction des dépenses publiques courantes et complique la conduite de la politique monétaire.

La récession a été d'une ampleur sans précédent. La plupart des secteurs ont enregistré une contraction, surtout le tourisme et les autres services à forte intensité de main-d'œuvre, qui ont été particulièrement touchés par les mesures pour freiner la propagation du virus. L'investissement a chuté brutalement, et la consommation privée a reculé à cause des pertes de revenu. Cette évolution n'a été que partiellement compensée par la vigueur de la demande extérieure pour les services informatiques et de communication, les produits médicaux et l'huile d'olive et par la hausse de l'activité dans la construction. Bien que les recettes du tourisme se soient effondrées, le déficit de la balance courante s'est réduit, grâce à la faiblesse de la demande d'importations et à l'augmentation des transferts des tunisiens résidant à l'étranger.

Le système de santé est sous pression. La pandémie de COVID-19 a été virulente, mais la vaccination progresse et la situation sanitaire s'améliore lentement. La fuite de cerveaux chez les professionnels de santé a augmenté et constitue une source de préoccupation.

Les répercussions sociales sont très lourdes. Le chômage, déjà élevé, a encore augmenté, les jeunes étant particulièrement touchés. Dans le secteur informel, les travailleurs ont souffert d'une baisse sévère de leur revenu. Les fermetures d'établissements scolaires et les faiblesses de l'enseignement à distance ont eu des conséquences particulièrement graves sur les enfants issus de foyers à faible revenu. Le nombre de Tunisiens qui émigrent à l'étranger est reparti à la hausse.

La reprise sera lente (Tableau 1), et les risques de révision à la baisse des prévisions sont considérables. Les restrictions à la mobilité freinent le redémarrage du tourisme et pèsent sur les services fortement intensifs en main-d'œuvre. Le niveau élevé du chômage bride la consommation privée, les incertitudes politiques pèsent sur la mise en œuvre des réformes et l'investissement et l'affaiblissement de la demande extérieure retarde le redressement de l'activité manufacturière. Par contre, la mise en service de nouveaux champs de pétrole et de gaz va stimuler dans le court terme la production d'énergie. Les tensions inflationnistes ont repris en 2021 et elles pourraient s'accentuer à cause de la flambée des prix des matières premières provoquée par la guerre en Ukraine. Il convient de minimiser le risque d'une spirale prix/salaires. La hausse des prix des matières premières pèse sur la balance courante et sur le déficit budgétaire, dans la mesure où la Tunisie est un importateur net d'hydrocarbures et de céréales, et que les subventions énergétiques y sont encore élevées.

Graphique 1. Une profonde récession fait suite à la faible croissance

Croissance du PIB réel, pourcentage de variation en glissement annuel

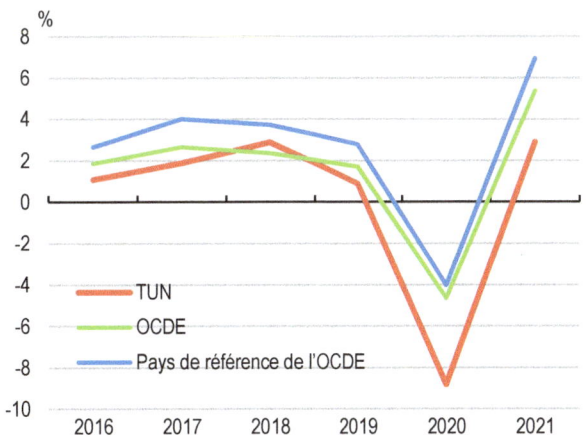

Note : Les pays de référence sont le Chili, la Colombie, le Costa Rica, l'Estonie, la Hongrie, la Lettonie, la Lituanie, le Mexique, la Pologne, la République tchèque, la Slovaquie, la Slovénie et la Turquie.
Source : OCDE, Perspectives économiques de l'OCDE, n°110.

StatLink 🔗 https://stat.link/kqw2x3

Tableau 1. La reprise sera lente

(taux de croissance annuelle, sauf indication contraire)	2021	2022	2023
Produit intérieur brut (PIB)	**2.9**	**3.2**	**3.0**
Consommation privée	2.6	2.4	3.3
Consommation publique	-0.9	0.4	-1.2
Formation brute de capital fixe	-5.3	5.0	7.6
Exportations de biens et services	8.2	7.3	6.7
Importations de biens et services	6.8	5.5	5.9
Taux de chômage (% de la population active)	17.7	17.0	16.4
Indice des prix à la consommation	5.6	6.3	5.8
Solde budgétaire (% du PIB)	-8.2	-6.0	-5.3
Balance courante (% du PIB)	--6.1	-6.4	-6.3

Source : OCDE, Perspectives économiques de l'OCDE, n°110 (projections établies à partir d'informations collectées jusqu'à la date du 25 novembre 2021).

La marge de manœuvre budgétaire pour procéder aux investissements nécessaires dans les infrastructures est limitée par le déficit budgétaire et la dette publique, qui reflètent en partie l'ampleur et l'expansion de la masse salariale du secteur public. Le ratio déficit/PIB a reculé légèrement de 10.2 % en 2020 à 8.2 % en 2021. La capacité à protéger les plus vulnérables et à investir dans les infrastructures sociales et matérielles indispensables dépendra du rééquilibrage des dépenses budgétaires et de l'augmentation de l'efficacité des dépenses publiques. Parmi les priorités, il faudra notamment restreindre les effectifs et les niveaux de rémunération dans l'administration publique, remplacer progressivement les subventions énergétiques régressives et inefficaces par des dispositifs ciblés d'aide au revenu pour les pauvres, élargir l'assiette fiscale en réduisant les exonérations et les régimes spéciaux et améliorer le respect des obligations fiscales.

La politique monétaire devrait veiller à un maintien de l'inflation à un niveau modéré. La banque centrale a abaissé son taux directeur de 150 points de base en 2020 et injecté des liquidités sur le marché monétaire. Les autorités lui ont aussi demandé d'intervenir pour soutenir le financement du déficit. À l'avenir, il sera important de renforcer l'indépendance de la banque centrale, d'éviter de recourir au financement monétaire du déficit budgétaire et de mettre en place les conditions pour l'adoption d'une cible d'inflation.

La dette publique et la dette extérieure sont élevées, ce qui aggrave les vulnérabilités. Le niveau élevé de la dette publique en devises fait peser un risque sur la stabilité financière. L'écart de rendement est le signe d'une détérioration de la qualité de la signature du pays. Les perceptions des investisseurs demeurent fluctuantes et toute dégradation soudaine de leur confiance pourrait enclencher un cercle vicieux de dépréciation de la monnaie et d'inflation.

La pauvreté recommence à augmenter. Avant la crise due au COVID-19, la pauvreté reculait et une importante classe moyenne émergeait. Certaines de ces avancées ont été effacées, sous l'effet des pertes d'emploi et de la dégradation des conditions de vie. Les politiques sociales ont permis de contenir les dommages et il conviendrait de les renforcer encore et d'en améliorer le ciblage, notamment à l'aide d'outils numériques et de la mise en relation de sources de données administratives.

Des gains substantiels peuvent être attendus des réformes structurelles. Des simulations basées sur des modèles montrent que dans un scénario de réformes – incluant la réduction des obstacles réglementaires, l'amélioration de la qualité des institutions et la réduction de la corruption, l'amélioration des résultats en matière d'éducation et la baisse de la charge fiscale sur le travail – le revenu par habitant serait 15% plus élevé d'ici 15 ans que dans un scénario sans réforme. Un plan de réformes structurelles devra être adopté rapidement et accompagné de mécanismes de suivi de la mise en œuvre.

Les entreprises publiques et les entraves à la concurrence pèsent sur la dynamique des entreprises

La concurrence est bridée par de nombreux obstacles, notamment les marchés réservés aux entreprises publiques, les régimes d'autorisation pour l'accès au marché, et les barrières douanières et non-douanières qui pénalisent les importations, y compris celles de biens d'équipement.

La réforme des entreprises publiques devrait être une priorité majeure. Le rôle dominant de l'État dans de nombreux secteurs est censé favoriser la transformation de l'appareil productif, mais les inefficiences et les coûts élevés vont à l'encontre de ces efforts. Les entreprises publiques jouissent d'un fort pouvoir de marché et de conditions de financement favorables, mais leurs performances sont médiocres, ce qui oblige l'État à procéder à des injections de capitaux et à garantir leur dette, qui est en augmentation et occasionne un risque budgétaire. La création d'une agence des participations de l'État peut produire des résultats positifs, à condition que des lignes directrices claires soient établies sur la portée de l'intervention de la puissance publique dans l'économie. Il faudrait améliorer la gouvernance de ces entreprises et adopter des procédures concurrentielles, reposant sur les compétences, pour la désignation des membres de leurs conseils d'administration et de leurs instances dirigeantes.

Certains progrès ont été accomplis dans la levée des obstacles à la concurrence sur le marché intérieur mais des efforts supplémentaires sont nécessaires. Les régimes d'autorisation pour l'accès au marché et une fiscalité complexe découragent l'entrepreneuriat et l'investissement. Dans le secteur bancaire, la faiblesse de la concurrence et l'augmentation de la part des prêts au secteur public réduisent l'accès au financement des entreprises privées, en particulier des plus petites. La mise en œuvre du droit de la concurrence doit être renforcée. La réglementation des industries de réseau reste incomplète et des mesures plus ambitieuses de lutte contre la corruption s'imposent pour renforcer l'intégrité du secteur public.

La Tunisie a des atouts pour le commerce international qui sont partiellement exploités. En Tunisie, un régime spécial s'applique aux entreprises exportatrices. Ce secteur offshore est bien intégré dans les chaînes de valeur mondiales, avec des activités qui s'exercent dans des secteurs prometteurs, mais a peu de liens avec l'économie locale. Les autres entreprises (axées sur le marché local) sont moins efficientes. Réduire les droits de douane et les obstacles non tarifaires, en particulier sur les intrants et les biens d'équipement, permettrait de réduire les coûts de production, de faciliter l'adoption des technologies et d'augmenter la productivité et l'export.

Des nouveaux accords commerciaux exhaustifs peuvent ouvrir de nouvelles perspectives. L'accès préférentiel aux marchés est un atout potentiel pour les exportateurs, qui doit être complété par des avancées sur le plan des procédures douanières et de la qualité des produits. Une concurrence plus vive des importations pourrait aussi réduire le pouvoir de marché des entreprises en place, baisser les prix et bénéficier ainsi aux consommateurs, surtout les plus pauvres d'entre eux.

Les infrastructures se sont dégradées faute d'investissements suffisants, freinant l'intégration du marché intérieur et l'accès aux marchés internationaux. Les entreprises jugent les ports en mauvais état et le transport maritime peu fiable. Les infrastructures numériques sont relativement peu développées, notamment dans les régions de l'intérieur. Combler les lacunes en matière d'infrastructures nécessite des ressources financières considérables, qui pourraient être recherchées auprès d'investisseurs privés. Le transport aérien est crucial pour le développement du tourisme, et les restrictions actuelles limitant les activités des compagnies low-cost devraient être supprimées.

Protéger l'environnement dans l'intérêt de tous

Il est urgent de réduire les émissions de gaz à effet de serre et d'améliorer la gestion des déchets. Les émissions de gaz à effet de serre ont augmenté au cours de la dernière décennie. Les énergies renouvelables ne représentent toujours qu'une fraction marginale de la production d'électricité. La pollution de l'air constitue un grave problème. Compte tenu de l'importance du tourisme et de la richesse du patrimoine naturel du pays, des mesures plus vigoureuses de protection de l'environnement et de promotion des investissements dans les énergies propres s'imposent.

Améliorer les compétences et les perspectives d'emploi

Malgré les progrès accomplis concernant la scolarisation, les jeunes diplômés n'ont pas les compétences requises par les entreprises, et les politiques du marché du travail compliquent l'adéquation entre les offres et les demandes d'emploi.

Les taux de chômage restent élevés, surtout chez les jeunes. L'accès généralisé à l'éducation a permis d'accroître l'offre de main-d'œuvre hautement qualifiée, mais dans le secteur privé, la majorité des emplois est créée dans des activités à faible intensité de main-d'œuvre qualifiée et faible productivité. Le taux de chômage est particulièrement élevé parmi les diplômés de l'enseignement supérieur, surtout chez les femmes.

Les entreprises sont nombreuses à ne pas trouver de main-d'œuvre possédant les compétences qu'elles recherchent (Graphique 2). Ce phénomène s'explique par la faible qualité des systèmes d'enseignement et de formation et leur manque d'adaptabilité aux besoins en compétences du secteur privé. D'autres explications sont à rechercher du côté de la concentration régionale des activités économiques, qui se conjugue à une faible mobilité inter-régionale, ainsi que de l'attitude des diplômés de l'enseignement supérieur qui, face aux salaires offerts, préfèrent rester au chômage et attendre de trouver un emploi mieux rémunéré dans le secteur public.

Les obstacles à l'entrée et à la croissance des entreprises freinent la création d'emplois plus nombreux et de meilleure qualité. Accroître la productivité et la création d'emplois dans le secteur formel nécessite d'abaisser les obstacles à la création d'entreprise et de réduire les formalités administratives liées aux régimes d'autorisations et à la complexité des dispositifs d'incitations fiscales et de subventions. Réduire le taux d'imposition de la première tranche de revenu et autoriser une plus grande flexibilité dans la fixation des salaires pour les petites entreprises permettraient de développer le secteur formel.

Malgré des dépenses élevées dans l'éducation, les résultats sont relativement faibles. Pour améliorer la qualité de l'enseignement, il faut renforcer la sélection, l'évaluation et la formation des enseignants, fournir aux élèves un apprentissage des langues de qualité dès le plus jeune âge et mettre davantage l'accent sur les compétences générales et le savoir-être (soft skills). L'augmentation de la masse salariale a engendré une réduction des ressources consacrées à l'investissement dans les infrastructures d'éducation. Élargir l'accès à l'éducation préscolaire, en particulier pour les ménages à faible revenu et les familles monoparentales, permettrait de réduire les inégalités des chances.

Graphique 2. Le chômage élevé s'accompagne de pénuries de compétences

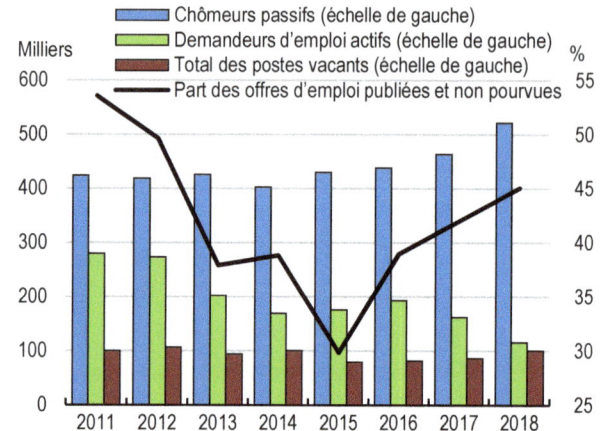

Note : Les chômeurs passifs sont ceux qui ne fréquentent pas régulièrement l'Agence nationale tunisienne pour l'emploi (ANETI), contrairement à ceux qui sont à la recherche active d'un emploi.
Source : ANETI et Enquête nationale sur la population et l'emploi (Institut national de la statistique de Tunisie, INS).

StatLink https://stat.link/xwb5y2

La gouvernance et le ciblage des politiques actives du marché du travail (PAMT) sont inadéquats, et la mobilité de la main-d'œuvre est peu élevée. Les aides à la formation sont versées aux entreprises et ne bénéficient qu'aux travailleurs du secteur formel. Les subventions salariales, elles, bénéficient principalement aux diplômés de l'enseignement supérieur. Il est indispensable de procéder à des évaluations d'impact et d'élargir la portée des PAMT à tous les chômeurs et travailleurs défavorisés. Pour accroître la mobilité du travail et faire mieux coïncider l'offre et la demande sur le marché du travail, il faut impérativement améliorer les services publics de l'emploi en allouant davantage de ressources aux services de conseil personnalisé, en améliorant la formation des conseillers, en combinant conseil et aide ciblée à la formation et en laissant davantage jouer la concurrence des prestataires privés.

PRINCIPALES CONCLUSIONS	RECOMMANDATIONS
Parvenir à une reprise durable	
Malgré la forte accélération durant l'été, le taux de vaccination demeure inférieur à celui des pays de l'OCDE. L'accès à certaines activités est conditionné à la présentation du pass sanitaire ou d'un test négatif.	Envisager d'étendre le pass sanitaire à la plupart des activités et à l'exercice de certaines professions. Intensifier les efforts pour mieux couvrir les zones rurales, notamment grâce aux centres mobiles de vaccination et à l'activation des acteurs locaux.
Une résurgence de la pandémie de COVID-19 ne peut être exclue et des risques considérables pèsent sur les perspectives.	Continuer d'appliquer des mesures de soutien budgétaire pour les foyers et les secteurs de l'économie les plus vulnérables jusqu'à ce que la reprise économique soit bien engagée.
L'inflation pourrait s'accélérer à court terme du fait des prix mondiaux élevés pour les ressources naturelles et des goulets d'étranglement dans les chaînes d'approvisionnement.	Veiller au maintien d'une inflation modérée en consolidant l'indépendance de la Banque centrale de Tunisie et en évitant de recourir au financement monétaire du déficit budgétaire.
Le ciblage explicite de l'inflation permettrait à la Banque centrale de garder l'augmentation des prix à un niveau bas, stable et prévisible et inciterait à une meilleure coordination entre la politique monétaire et la politique budgétaire.	Afin d'adopter une politique monétaire de ciblage d'inflation, suivre une feuille de route qui comprenne une stratégie de communication transparente et crédible, la capacité de produire des prévisions d'inflation à partir de plusieurs indicateurs, y compris des enquêtes régulières sur les anticipations d'inflation, et une approche opérationnelle donnant des indications sur l'orientation future de la politique monétaire.
Du fait du niveau élevé de l'endettement, il est urgent d'adopter un ensemble de mesures destinées à accroître les recettes, à maîtriser les dépenses et à ramener le ratio dette/PIB à un niveau soutenable.	Définir, annoncer et mettre en œuvre un plan budgétaire à moyen terme qui permettra de réduire les dépenses courantes tout en ménageant une marge budgétaire pour faire face à des risques éventuels et augmenter l'investissement public dans les infrastructures.
Le système fiscal est complexe et comprend de nombreux régimes spéciaux et exonérations ; le taux de recouvrement est faible et l'évasion fiscale est répandue, notamment pour le régime forfaitaire, créant des inégalités entre contribuables.	Diminuer le nombre des régimes spéciaux et les exonérations de TVA, mieux contrôler le régime forfaitaire, soutenir l'application des règles fiscales et rédiger un code général des impôts complet.
L'emploi et la masse salariale du secteur public sont très élevés en comparaison internationale.	Limiter les recrutements et les promotions internes dans le secteur public ; faciliter les départs volontaires ; et subordonner les ajustements salariales au respect de critères de performance.
La protection des créanciers et des investisseurs minoritaires est faible à cause de la longueur des processus de restructuration des entreprises et des dettes, ce qui limite l'accès aux financements.	Accélérer les processus de restructuration des dettes à travers les dispositifs extrajudiciaires de traitement de l'insolvabilité et la création de chambres spéciales dans les tribunaux chargés des affaires concernant les entreprises.
Ouvrir l'économie et renforcer la concurrence	
Les règles et les procédures réglementaires sont complexes, peuvent avoir des incidences économiques, notamment sur la concurrence, et peuvent contribuer à la pratique de la corruption.	Introduire l'obligation de conduire une évaluation économique ex ante (et si possible ex post) de l'impact de toute nouvelle réglementation
Les obstacles à l'importation sont élevés pour les entreprises axées sur le marché local (*onshore*), ce qui réduit la possibilité d'accéder à des intrants et biens d'équipement de qualité pour ces entreprises et augmente les prix à la consommation.	Réduire les droits de douane et les obstacles non tarifaires pour les entreprises onshore, en commençant par les biens d'équipement et les intrants intermédiaires.
Le déficit d'infrastructures demeure important, et les procédures douanières sont aujourd'hui longues et coûteuses.	Améliorer le cadre d'investissement dans les infrastructures et accélérer la conversion numérique des procédures douanières, y compris par la mise en place de licences d'importation et exportation automatiques pour tous les produits, avec des contrôles a posteriori transparents fondés sur des procédures d'évaluation des risques.
Réformer les entreprises publiques et renforcer la bonne gouvernance	
Les entreprises publiques génèrent des risques budgétaires et financiers, les performances opérationnelles et financières de nombreuses entreprises publiques sont médiocres, la qualité de leurs services est faible et les prix sont élevés.	Créer une agence des participations publiques, dotée de ressources suffisantes, pour évaluer les performances financières et les options de restructuration, y compris la privatisation, et renforcer les objectifs de performance.
L'Instance nationale de lutte contre la corruption (INLUCC) a été saisie dans de nombreuses affaires mais ses ressources humaines et financières sont insuffisantes.	Préserver l'indépendance de l'INLUCC et la doter des ressources nécessaires.
Concrétiser la transition verte	
Le mix énergétique pour produire de l'électricité repose principalement sur le gaz naturel.	Promouvoir la transition écologique et les énergies renouvelables en encourageant les investissements et les partenariats public-privé; en ajustant le cadre réglementaire et la fiscalité sur le carbone ; en réduisant les subventions énergétiques ; et en augmentant les transferts directs aux ménages nécessiteux.

PRINCIPALES CONCLUSIONS	RECOMMANDATIONS
Favoriser la création d'emplois plus nombreux et de meilleure qualité	
Les entreprises axées sur le marché local sont soumises à de nombreux mécanismes d'autorisation pour entrer sur un marché ou offrir de nouveaux produits ou services. Les procédures opaques et longues découragent l'entrepreneuriat et l'investissement.	Réduire les autorisations préalables d'entrée sur le marché et pour l'investissement tout en maintenant des contrôles a posteriori transparents pour assurer le respect des règles. Appliquer une règle de consentement tacite et mettre en place des guichets uniques chaque fois que possible.
La complexité des incitations fiscales et des mécanismes de subventions alourdit les procédures administratives, particulièrement pour les petites entreprises.	Procéder à un examen complet des subventions et incitations fiscales existantes et à une évaluation de leur impact, et simplifier le système fiscal.
Améliorer les compétences et les politiques du marché du travail	
L'accès à l'éducation préscolaire et aux crèches est peu développé, notamment pour les ménages à faible revenu et dans les régions de l'intérieur. Cela affecte la participation des femmes au marché du travail et le développement des compétences des jeunes.	Accroître l'efficacité des dépenses d'éducation dans les autres parties du système éducatif pour financer l'expansion de l'accès à l'éducation préscolaire, en donnant la priorité aux ménages à faible revenu et aux familles monoparentales.
Beaucoup de nouveaux enseignants manquent d'une formation pédagogique. La qualité de la formation initiale et continue des enseignants est faible, à cause du manque d'enseignants formateurs et du contenu dépassé des programmes.	Améliorer la sélection ainsi que la formation initiale et continue des enseignants dans l'éducation et la formation professionnelle, avec une attention particulière aux compétences pédagogiques.
Bien que les dépenses consacrées aux programmes actifs du marché du travail soient relativement élevées, leur gouvernance est très fragmentée, elles sont mal ciblées et les résultats sont modestes.	Centraliser la gouvernance des programmes d'activation du marché du travail, y compris les aides aux travaux publics et à l'entrepreneuriat; augmenter l'efficience des dépenses en ciblant mieux les individus qui en ont le plus besoin ; et améliorer les évaluations d'impact des programmes.
Plus de 80% des chômeurs ne sont pas inscrits à l'agence publique pour l'emploi, en raison des contraintes de capacité sévères, et utilisent leur réseau personnel pour chercher un emploi. Les services de placement privés se heurtent à des difficultés juridiques pour exercer leurs activités.	Favoriser davantage la concurrence de prestataires privés de services d'emploi et envisager de sous-traiter certaines tâches à des prestataires privés en utilisant des contrats d'incitation fondés sur les résultats.

1 Principaux éclairages sur l'action publique

La Tunisie compte parmi les économies de marché émergentes les plus durement touchées par la crise du COVID-19, qui a provoqué la plus forte contraction économique jamais enregistrée, tout en causant un lourd tribut social. La campagne de vaccination a démarré lentement, s'est accélérée durant l'été 2021 mais semble plafonner plus récemment. La reprise économique devrait être molle du fait de l'incertitude sanitaire et politique qui mine la confiance des ménages et des investisseurs, de la lenteur du retour des touristes et de progrès insuffisants de la mise en œuvre des réformes structurelles. Dans le contexte de la guerre en Ukraine, la hausse des prix des matières premières réduit le pouvoir d'achat. Sur fond de déséquilibres budgétaires et extérieurs persistants, le recours au financement international s'est imposé. Les dépenses publiques sont consacrées de manière prépondérante aux salaires des fonctionnaires, aux subventions, et aux transferts aux entreprises publiques, ne laissant qu'une faible marge de manœuvre pour financer les infrastructures matérielles et sociales. Les entreprises, en particulier celles de petite taille, sont pénalisées par les conditions d'accès au crédit, les contraintes administratives et les obstacles à la concurrence. Le présent chapitre s'intéresse aux conséquences macroéconomiques et sociales de la pandémie, ainsi qu'aux mesures que les pouvoirs publics devront prendre pour garantir la stabilité macroéconomique et relancer le processus de convergence du revenu et du bien-être vers le niveau des pays de l'OCDE.

Pour être rapide et soutenable, la reprise après la pandémie doit s'appuyer sur des réformes solides

En janvier 2011, la Tunisie s'est engagée dans une transition politique qui a abouti à plusieurs réalisations majeures : le pays est devenu une démocratie, dotée d'une nouvelle Constitution garantissant la tenue d'élections régulières et reconnaissant un vaste ensemble de droits civils et politiques *de jure*. Ayant réussi à promouvoir le dialogue entre tous les grands partis politiques, le Quartet du dialogue national, composé des principales organisations de la société civile, s'est vu décerner le prix Nobel de la paix en 2015. Les droits humains sont mieux protégés en Tunisie que dans les autres pays d'Afrique du Nord et du Moyen-Orient (la région MENA). L'adoption, en 2017, d'une loi visant à éliminer la violence à l'égard des femmes a été qualifiée d'« historique » par l'Organisation des Nations Unies (ONU-FEMMES, 2017[1]). La Tunisie était en outre en 2020 le pays arabe où la proportion de la population se sentant libre d'exprimer ses opinions était la plus élevée, signe de la vitalité de sa démocratie (Graphique 1.1).

Graphique 1.1. La transition politique a renforcé la démocratie

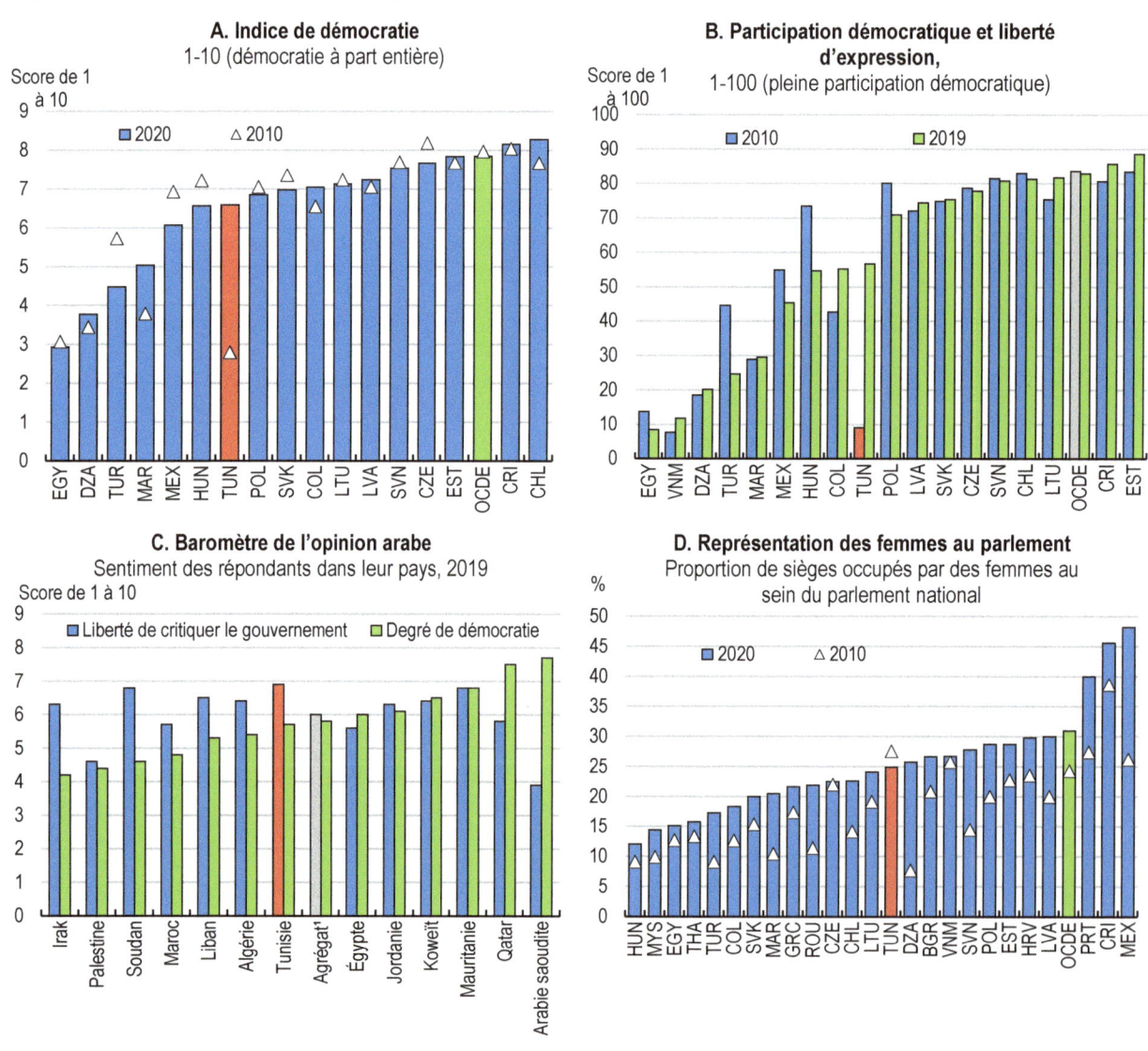

1. L'agrégat fait référence au total des réponses de l'échantillon utilisé dans le Arab-Opinion index.
Source : Banque mondiale, Indicateurs mondiaux de gouvernance et Indicateurs du développement dans le monde ; Baromètre de l'opinion arabe 2019-2020 ; et The Economist Intelligence Unit.

StatLink https://stat.link/80gnd6

L'instabilité politique demeure toutefois élevée et préjudiciable. En raison des changements de gouvernement fréquents (Encadré 1.1) et des faiblesses institutionnelles, la conception des politiques publiques est souvent restée inaboutie et leur mise en œuvre indécise. Certains volets fondamentaux de la transition politique, tels que la création d'une Cour constitutionnelle, ne sont toujours pas achevés. L'engagement incertain des gouvernements en faveur des réformes a freiné la croissance, interrompu le processus de convergence à long terme des revenus et épuisé la capacité de résistance de l'économie. L'investissement et la dynamique des entreprises sont faibles et la main-d'œuvre hautement qualifiée recommence à émigrer.

Encadré 1.1. Développements politiques récents

La Tunisie est un régime semi-présidentiel, avec un chef d'État élu au suffrage universel qui a l'obligation de charger le parti qui remporte les élections législatives de former un gouvernement. Entre décembre 2011 et juillet 2021, le pays a connu sept chefs de gouvernement et aucun est resté en place plus de trois ans et demi. Le Président Kaïs Saïed, élu en octobre 2019, a désigné Habib Jemli du parti islamiste Ennahdha, qui n'a pas obtenu la confiance de l'Assemblée des représentants du peuple (ARP). Un gouvernement technocratique a été en place de février à juillet 2020, avant qu'un nouveau Premier Ministre sans affiliation à un parti politique soit désigné et prête serment le 2 septembre 2020. Le remaniement gouvernemental annoncé début 2021 par le Premier Ministre n'a pas été ratifié par le Président. Le 25 juillet, le Président a invoqué les pouvoirs d'urgence prévus par l'article 80 de la Constitution pour destituer le Premier Ministre, s'accorder les pleins pouvoirs et suspendre les activités de l'ARP pendant 30 jours. Cette dernière décision a été confirmée le 24 août jusqu'à nouvel ordre. Un gouvernement intérimaire a été formé le 2 août, sans qu'un Premier ministre soit nommé.

Le décret présidentiel du 22 septembre relatif aux « mesures exceptionnelles » affirme que le péril est « réel, notamment au sein de l'assemblée des représentants du peuple ». Il prolonge la suspension du Parlement sine die et donne au président le pouvoir de légiférer par décret-lois qui « ne sont pas susceptibles de recours en annulation ». L'Instance provisoire de contrôle de la constitutionnalité des projets de loi est supprimée. Le Président exerce également le pouvoir exécutif en étant « assisté » par le gouvernement, et se charge d'élaborer les réformes politiques, avec l'aide d'une commission, afin d'établir « un véritable régime démocratique dans lequel le peuple est effectivement le titulaire de la souveraineté ». Le Premier Ministre – une femme, la première fois dans un pays arabe – a été désigné fin-septembre 2021. Les ministres ont été nommés deux semaines plus tard.

En décembre 2021, le Président a détaillé le calendrier de réformes constitutionnelles. Une consultation populaire en ligne a commencé en janvier 2022 et un comité d'experts sera désigné pour écrire une nouvelle Constitution, qui devrait être prête en juin. Le texte sera soumis à un référendum qui devrait avoir lieu le 25 juillet, tandis que les élections législatives sont prévues pour le 17 décembre.

La récession due au COVID-19 a frappé une économie déjà affaiblie et s'est traduite par une contraction sans précédent du PIB réel, qui a chuté de 8.8 % en 2020. Les niveaux élevés du déficit budgétaire et du déficit de la balance des opérations courantes avant la pandémie ont limité la marge de manœuvre des autorités. Bien que le soutien apporté par les pouvoirs publics ait contribué à atténuer le choc, les groupes les plus vulnérables, tels que les travailleurs du secteur informel, les femmes et les jeunes adultes, ont subi des pertes d'emploi et de revenu.

La relance de la croissance, la création d'emplois plus nombreux et de meilleure qualité, le rétablissement des équilibres macroéconomiques et le renforcement de la stabilité et de la cohésion sociales sont autant de défis qu'il convient de relever dans un contexte de récession induite par une pandémie. À cette fin, les principaux messages de la présente *Étude* sont les suivants :

- Il est essentiel de parachever la transition politique, de mettre en place toutes les institutions démocratiques et de consolider les bases d'une bonne gouvernance pour accélérer les réformes structurelles et relancer la croissance au profit de tous les Tunisiens. L'aplanissement des entraves réglementaires à la concurrence sur le marché intérieur et du fardeau administratif pour les entreprises, la suppression des obstacles aux échanges internationaux et la réduction de la fiscalité sur le travail renforceraient la dynamique des entreprises et favoriseraient la création d'emplois de qualité. Une amélioration de l'enseignement, de la formation professionnelle et des politiques actives du marché du travail contribuerait à rapprocher l'offre et la demande d'emploi.

- À court terme, les pouvoirs publics devraient s'attacher à consolider les avancées récentes de la campagne de vaccination et à aider les ménages et les entreprises les plus durement touchés jusqu'à ce que la reprise soit bien engagée.

- À moyen terme, il est primordial d'assurer la viabilité des finances publiques. Contenir la masse salariale du secteur public, réformer les entreprises publiques et le système de subventions, réduire la corruption et améliorer l'application des règles fiscales pourraient permettre de libérer des ressources pour financer des investissements publics porteurs de croissance, dans les infrastructures matérielles aussi bien que sociales, ainsi que des filets de sécurité bien ciblés.

La riposte rapide des pouvoirs publics a permis d'atténuer les conséquences économiques et sociales de la pandémie

Après la confirmation du premier cas de COVID-19 le 2 mars 2020, les autorités ont imposé des restrictions aux activités sociales et économiques et les ont durcies au fil du temps (Graphique 1.2, Encadré 1.2). Nonobstant une assez probable sous-déclaration des cas de COVID-19 (Redissi, 2020[2]), au 1er mars 2022, presque 1 million de cas et 27 800 décès avaient été confirmés. La campagne de vaccination a commencé à la mi-mars 2021, avec les doses du mécanisme COVAX. Selon les estimations, 15 % de la population tunisienne avait déjà des anticorps à ce moment-là. L'objectif initial était de vacciner 3 millions de personnes (soit environ 25 % de la population) d'ici la mi-2021. Cet objectif n'a été atteint qu'en août à cause de problèmes d'approvisionnement et de distribution, ainsi que des résistances d'ordre culturel. Le rythme de la campagne s'est fortement accéléré depuis l'été. Au 1er mars 2022, 54 % de la population avait reçu deux doses et 61 % au moins une dose. Toutefois, la progression du nombre des personnes vaccinées a décéléré depuis l'automne 2021.

Graphique 1.2. La pandémie de COVID-19 a frappé lourdement la Tunisie

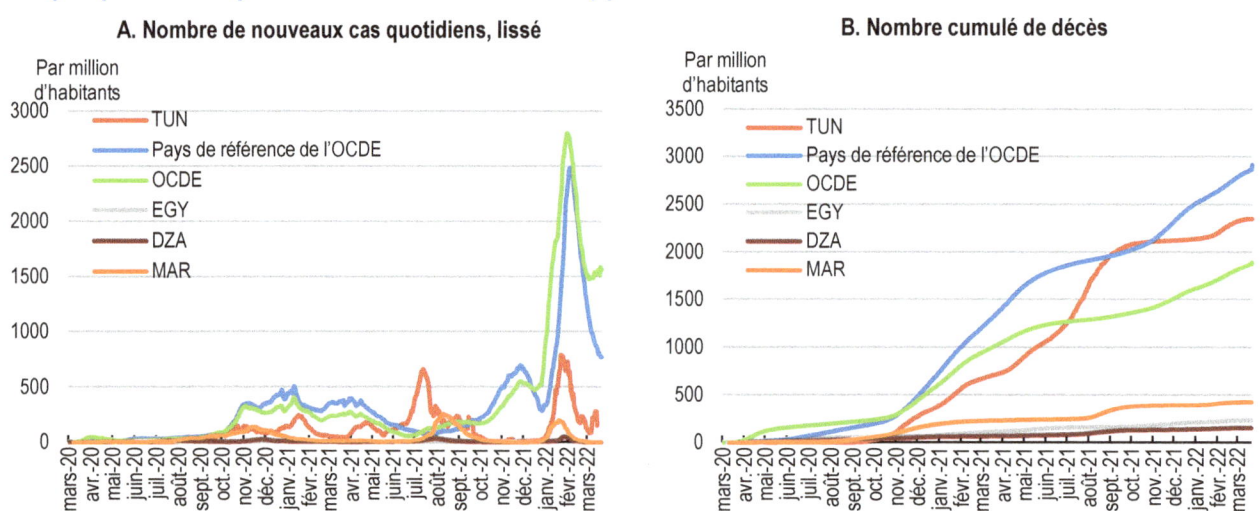

A. Nombre de nouveaux cas quotidiens, lissé

B. Nombre cumulé de décès

Note : Les pays de référence sont le Chili, la Colombie, le Costa Rica, l'Estonie, la Hongrie, la Lettonie, la Lituanie, le Mexique, la Pologne, la République tchèque, la Slovaquie, la Slovénie et la Turquie.
Source : https://ourworldindata.org/coronavirus.

StatLink 🔗 https://stat.link/nsld7u

Encadré 1.2. Stratégie adoptée par la Tunisie pour endiguer la propagation du COVID-19

Dans le cadre de la stratégie d'endiguement adoptée par la Tunisie (Graphique 1.3), les mesures suivantes ont été mises en œuvre :

- Contrôle des entrées sur le territoire : Une interdiction d'entrée des voyageurs arrivant par voie aérienne, maritime ou terrestre était en vigueur du 18 mars au 27 juin 2020. Un système de code couleur a été mis en place pour indiquer les conditions d'entrée sur le territoire (avec ou sans restrictions) en fonction du pays de provenance des voyageurs. En mai 2021, les conditions d'entrée ont été assouplies pour les voyageurs entièrement vaccinés ou ayant été contaminés il y a plus de six semaines ; cet assouplissement a été suspendu en juillet. A partir du 27 octobre, tous les voyageurs étrangers, y compris ceux qui ont reçu deux doses, doivent présenter un test négatif réalisé dans les 72 heures avant l'entrée en Tunisie. Restrictions à la mobilité interne : Les déplacements à l'intérieur du pays à l'occasion des fêtes d'Aïd al-Fitr et d'Aïd al-Adha, traditionnellement marquées par des rassemblements religieux et sociaux, ont été interdits en 2020 et 2021.

- Restrictions sociales à grande échelle : De mars à juin 2020, les rassemblements publics étaient interdits et les employeurs tenus de recourir au télétravail dans la mesure du possible ; un couvre-feu et des mesures de confinement ont été imposés. À l'été 2020, les entreprises étaient toujours invitées à recourir autant que possible au télétravail et les activités commerciales étaient soumis au respect des règles de distanciation physique. En janvier 2021, des restrictions ont été rétablies ; leur rigueur et leur durée ont été fréquemment ajustées, tout comme les sanctions appliquées en cas de non-respect. Les écoles sont restées fermées en 2021 entre la mi-avril et la rentrée de septembre. Un couvre-feu de minuit à 5h du matin sur tout le territoire a été levé le 24 septembre. À partir du 23 octobre, le pass sanitaire est obligatoire pour accéder aux lieux publics, tandis que le port du masque est requis dans tous les bureaux publics et les espaces couverts. Les masques sont aussi obligatoires pour toute manifestation de masse.

Graphique 1.3. Les activités économiques ont fait l'objet de mesures restrictives

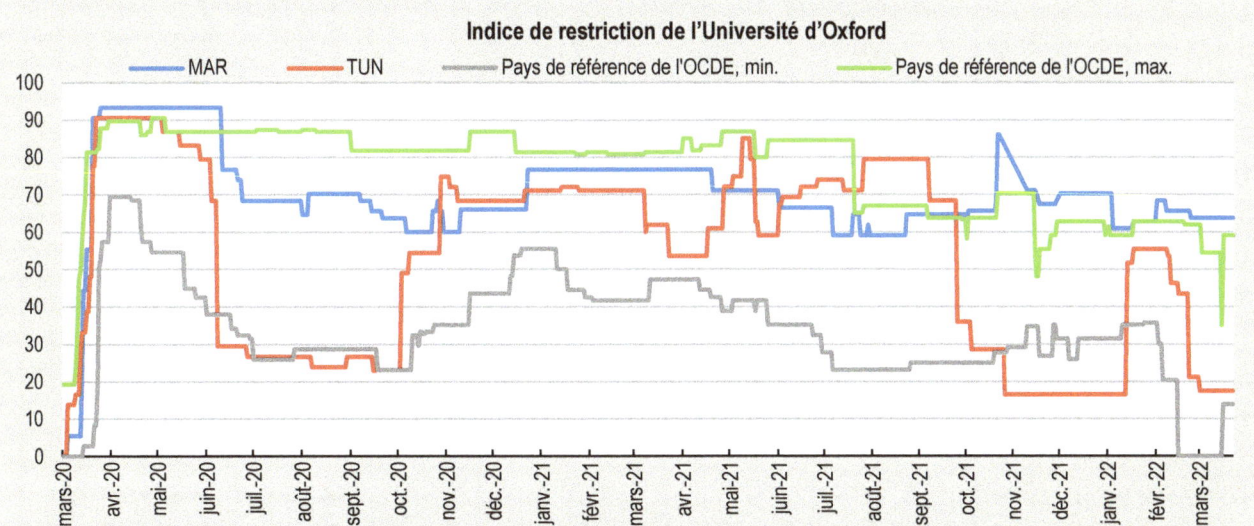

Indice de restriction de l'Université d'Oxford

Note : L'indice de restriction est un indicateur composite des mesures prises par les pouvoirs publics, établi à partir de neuf sous-indicateurs concernant les fermetures d'établissements scolaires et de lieux de travail, et les interdictions de voyager. Les séries de données agrégées sont des moyennes simples.

Source : Outil de suivi de l'action publique face au COVID-19 élaboré par l'Université d'Oxford (*Oxford COVID-19 Government Response Tracker*).

StatLink 🏴 https://stat.link/0fkntb

- Dépistage : Les tests sont effectués gratuitement dans les établissements hospitaliers publics pour les patients présentant des symptômes. Le déploiement limité des tests a restreint la capacité de dépister les cas asymptomatiques et légers. Des campagnes de dépistage en plein air ont été organisées à Tunis, mais le nombre de personnes testées est resté faible.
- Traçage : En mai 2020, la Tunisie a lancé une application mobile intitulée « Ihmi » (protéger), qui permet de tracer et de suivre les cas confirmés ou suspects. Celle-ci n'a toutefois été que peu utilisée en raison des préoccupations économiques, du manque de confiance et des craintes de stigmatisation.
- Prise en charge médicale : On dénombre environ 500 lits de soins intensifs répartis entre le secteur public (237 lits, soit 0.5 lit pour 10 000 habitants) et le secteur privé (environ 280 lits).

La forte densité de la population et des logements en zone urbaine, ainsi que les différences dans la réaction de l'opinion publique aux mesures de confinement, expliquent en partie la manière spectaculaire dont la pandémie s'est propagée en Tunisie. Compte tenu de l'efficacité avérée des stratégies de dépistage, de traçage et d'isolement, les lacunes en la matière ont eu un impact sur le bilan sanitaire. Les capacités et les fragilités du système de santé influent également sur les taux d'infection et de rétablissement (Graphique 1.4). Les dépenses de santé par personne ont diminué de 14 % entre 2014 et 2018, et le nombre de professionnels de santé pour 10 000 habitants est inférieur au seuil minimum recommandé par l'OMS. Le nombre annuel de diplômés en médecine est élevé (plus de 1 500 depuis 2012), mais, selon les estimations du Conseil national de l'Ordre des médecins, 40 % des médecins inscrits exercent à l'étranger.

Source : Institut Pasteur (Tunis) ; OCDE ; et Organisation mondiale de la santé (OMS).

Graphique 1.4. Le système de santé est relativement bien doté et le taux de vaccination progresse

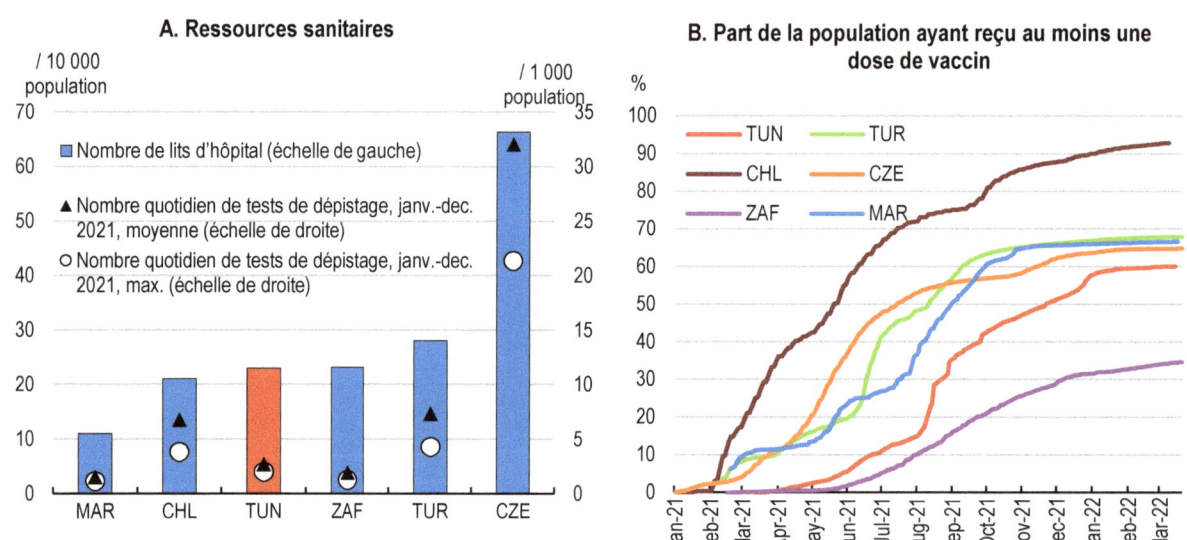

Source : https://ourworldindata.org/coronavirus.

StatLink https://stat.link/ltzx6h

La propagation du COVID-19 à l'échelle mondiale a perturbé l'activité économique de la Tunisie dès les premiers mois de 2020. Les mesures d'endiguement ont simultanément étouffé l'offre et la demande intérieures. Les mesures de suspension d'activité prises par tous les principaux partenaires commerciaux ont en outre perturbé les chaînes d'approvisionnement et interrompu le commerce de pièces détachées et de composants, ainsi que l'activité touristique.

Le train de mesures budgétaires d'urgence adopté en 2020 représentait 2.6 milliards TND (2.3 % du PIB), qui ont été alloués sous la forme d'aides directes. Quelque 950 millions TND (0.9 % du PIB) ont été consacrés à des mesures en faveur des ménages, notamment des reports de paiement d'impôts et de cotisations de sécurité sociale, des transferts monétaires et la fourniture gratuite d'électricité et d'eau courante aux ménages vulnérables et à faible revenu, ainsi que la mise à disposition de logements pour les sans-abri. Les mesures de soutien aux entreprises (1.4 % du PIB) comprenaient, entre autres, un dispositif de garantie par l'État des nouveaux prêts accordés aux entreprises s'étant engagées à limiter les licenciements, un fonds de soutien de 300 millions TND en faveur des petites et moyennes entreprises (PME) et un fonds d'investissement flexible géré par la Caisse des dépôts et consignations, un investisseur public de long terme. Dans le cadre du plan de relance économique de juin 2020, les dispositifs de maintien dans l'emploi et de prêts garantis par l'État ont été prolongés et un fonds d'appui à la reconversion des entreprises a été créé. Des mesures exceptionnelles ont été prises en faveur des entreprises et des professionnels opérant dans tous les secteurs économiques, y compris celui du tourisme et de l'artisanat, avec la prorogation de la période de report des échéances de crédit à fin septembre 2021 et du délai maximum d'octroi des financements exceptionnels à fin 2021 avec la possibilité d'admission de ces crédits comme contrepartie aux opérations de refinancement. Un compte postal spécial (le « Fonds 18-18 ») a été ouvert par le gouvernement en mars 2020 pour collecter les dons des citoyens souhaitant contribuer à l'achat d'équipements médicaux et à la rémunération des professionnels de santé. À la fin de 2020, les dons reçus s'élevaient à 204 millions TND (0.2 % du PIB).

La Banque centrale de Tunisie (BCT) a abaissé son principal taux directeur (pour la première fois en neuf ans) de 100 points de base en mars 2020 et de 50 points de base en octobre 2020. Elle a en outre injecté 9.9 milliards TND pour accroître la liquidité bancaire et a invité les banques à différer tous les remboursements de prêts (Graphique 1.5). Les résultats d'un exercice de stress test conduit durant le second semestre 2020 a révélé un niveau satisfaisant de résilience du secteur par rapport à des chocs exogènes. En conséquence, la BCT a procédé à la révision de la méthodologie de calcul des provisions collectives servant à la couverture des risques latents pour y intégré notamment une composante liée au risque attendue « forward looking ». Au printemps 2020, les banques ont été invitées à suspendre les versements de dividendes. Cette contrainte a été levée un an plus tard, sous réserve de deux conditions: i) les ratios de solvabilité et de fonds propres de base, après distribution des dividendes, doivent dépasser les minimums réglementaires (10 % et 7 %, respectivement) d'au moins 2.5 %, et ii) le montant des dividendes ne peut dépasser 35 % des bénéfices des exercices 2019 et 2020.

La Tunisie a bénéficié du soutien de ses partenaires pour faire face à ses besoins urgents de financement du budget et de la balance des paiements et pour mobiliser des financements indispensables sur les marchés internationaux. La Tunisie a notamment été l'un des premiers bénéficiaires de l'instrument de financement rapide du FMI et le deuxième principal bénéficiaire des fonds octroyés par l'UE dans le cadre du programme d'assistance macrofinancière (AMF), dont les fonds ont été décaissés en 2021. Le 19 avril 2021, le pays a demandé au FMI un nouveau programme de financement.

Graphique 1.5. Les autorités monétaires ont réagi rapidement aux perturbations économiques

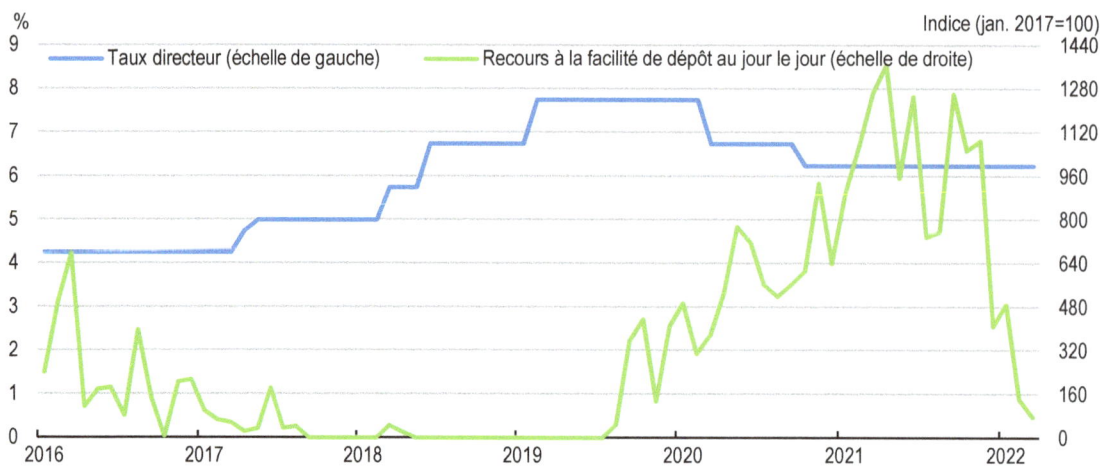

Source : Banque centrale de Tunisie (BCT) ; CEIC.

StatLink 🔗 https://stat.link/7s8zxm

La pandémie a frappé la plupart des secteurs et l'inflation est repartie à la hausse

L'activité économique a fortement chuté au premier semestre de 2020 et subi l'une des contractions les plus marquées parmi les pays d'Afrique du Nord et du Moyen-Orient (Graphique 1.6 et Graphique 1.7). Elle a rebondi au troisième trimestre de 2020, avant d'enregistrer une croissance modeste lors des quatre trimestres suivants, y compris une baisse au deuxième semestre de 2021. Sur le plan sectoriel, l'agriculture a enregistré une croissance positive ; les industries mécaniques et électriques ont fortement rebondi à la faveur du redressement de la demande en Europe ; l'industrie textile a limité les pertes en réorientant sa production vers la fabrication d'équipements de protection individuelle, et la production d'hydrocarbures a été stimulée par la mise en service des gisements de Nawara et d'Halk el Menzel en 2020-2021. Tous les secteurs se sont heurtés à la faiblesse de la consommation interne, notamment la demande de biens durables, imputable au taux de chômage élevé et à la diminution du pouvoir d'achat des consommateurs. S'agissant de la demande globale, l'investissement est tombé à 13.3 % du PIB en 2020, tandis que l'épargne brute a diminué de plus de cinq points pour atteindre 4 % du PIB (Banque centrale de Tunisie, 2021[3]). Pour pallier la baisse de leurs revenus, nombre de ménages ont puisé dans leur épargne, souvent étoffée par des envois de fonds de la part des proches, pour financer leurs dépenses courantes.

Graphique 1.6. La croissance du PIB et les exportations demeurent faibles

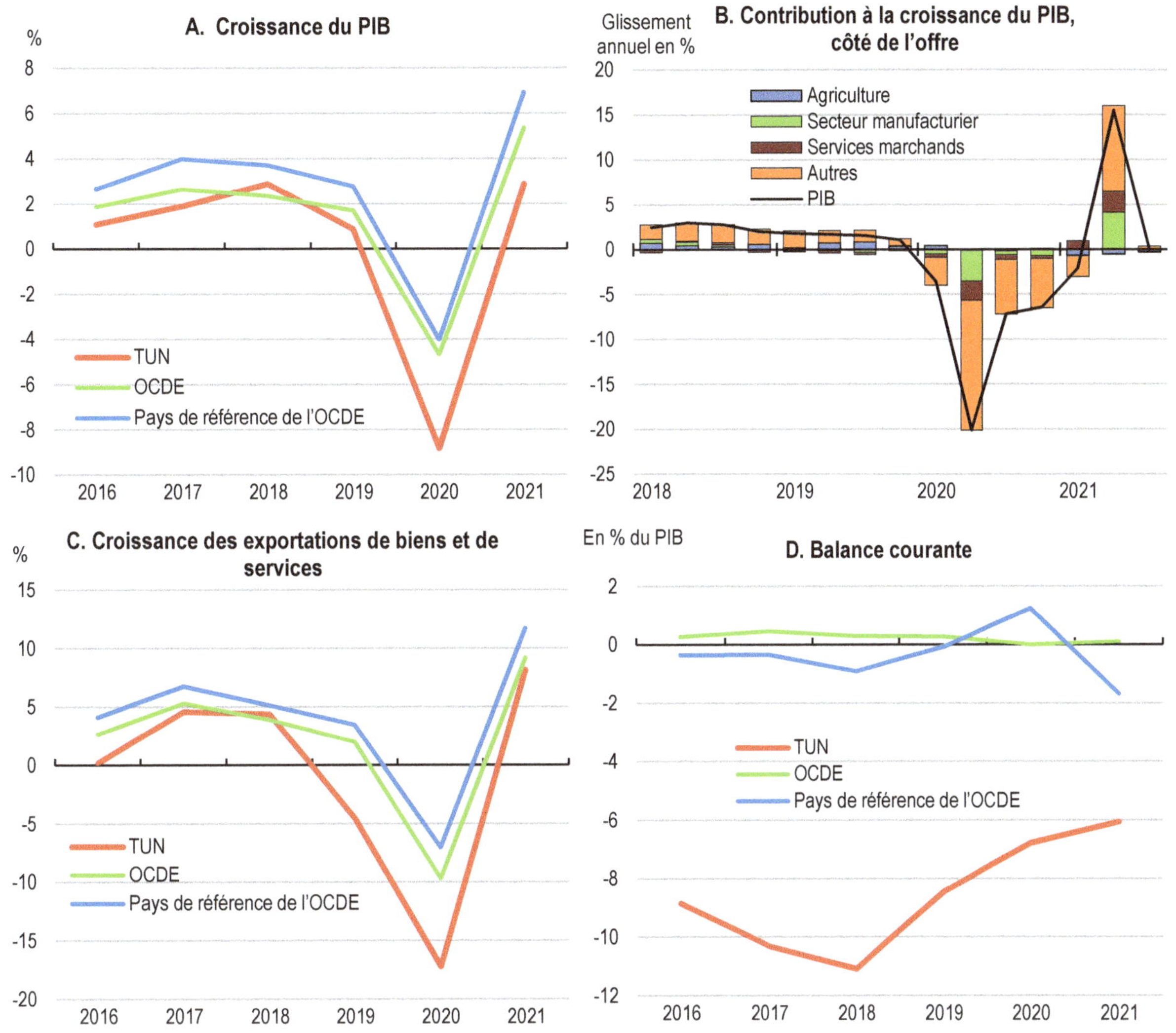

A. Croissance du PIB

B. Contribution à la croissance du PIB, côté de l'offre
(Glissement annuel en %)
- Agriculture
- Secteur manufacturier
- Services marchands
- Autres
- PIB

C. Croissance des exportations de biens et de services
- TUN
- OCDE
- Pays de référence de l'OCDE

D. Balance courante
(En % du PIB)
- TUN
- OCDE
- Pays de référence de l'OCDE

Note : Les pays de référence sont le Chili, la Colombie, le Costa Rica, l'Estonie, la Hongrie, la Lettonie, la Lituanie, le Mexique, la Pologne, la République tchèque, la Slovaquie, la Slovénie et la Turquie.
Source : Institut national de la statistique (INS) ; CEIC ; et base de données des *Perspectives économiques de l'OCDE*, n°110.

StatLink ᐸᔆᒪ https://stat.link/hw06tl

À partir du début de 2018, la hausse des prix à la consommation a progressivement diminué pour atteindre 4.8 % en mars 2021, avant de rebondir sensiblement et de s'établir à 7.5 % en avril 2022 (Graphique 1.8). La contraction de la demande avait, dans un premier temps, compensé l'impact inflationniste des perturbations des chaînes d'approvisionnement provoquées par l'urgence sanitaire et les tensions salariales, en particulier dans la fonction publique et les entreprises publiques, où les syndicats disposent d'un pouvoir de négociation important. Depuis 2021, le raffermissement des prix internationaux de l'énergie et des produits agricoles de base a également exercé des tensions sur les prix intérieurs. Cette dynamique, aux effets pénalisants surtout pour les ménages les plus démunis, est fortement aggravée par la guerre en Ukraine (Encadré 1.3).

Graphique 1.7. La récession provoquée par la pandémie de COVID-19 a été profonde et la reprise s'avère lente

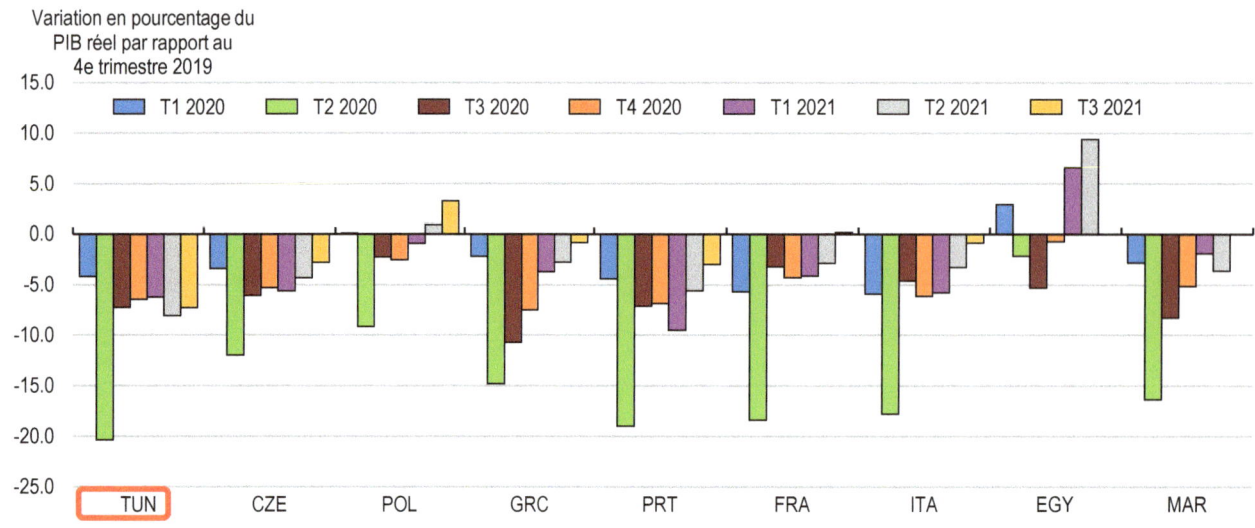

Note : Pour la Tunisie, le PIB est calculé selon l'approche par la production (offre), tandis que pour les pays de l'OCDE, il est calculé selon l'approche par la demande (dépenses).
Source : Base de données des *Perspectives économiques de l'OCDE*, n° 110 ; et CEIC.

StatLink https://stat.link/7fe0bl

Graphique 1.8. Sur le plan de l'inflation, des nouvelles tensions émergent

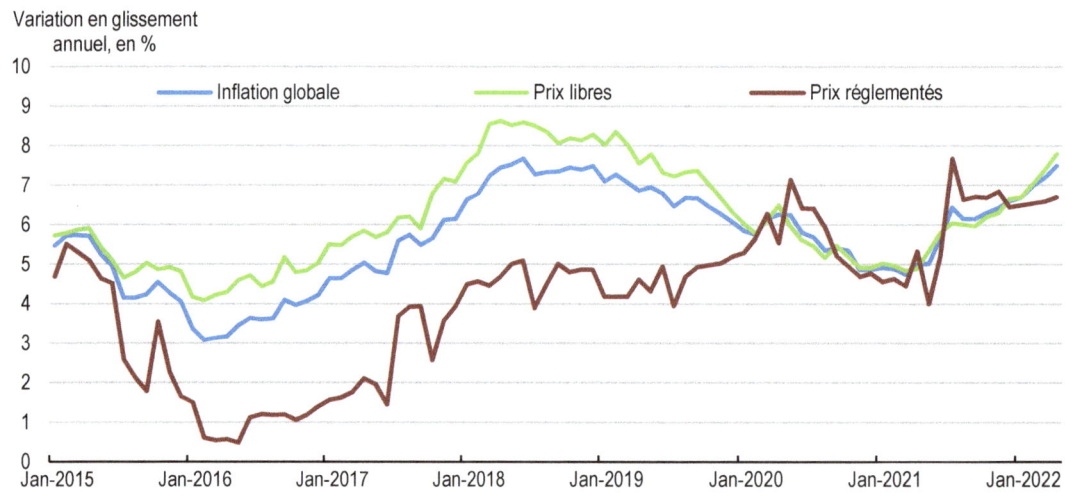

Note : L'inflation globale correspond à l'évolution de l'indice des prix à la consommation (IPC) (année de référence : 2015), qui couvre 720 produits et 5 174 variétés. Les principales catégories de produits représentées dans le panier de l'IPC sont les produits alimentaires et les boissons (26 %), le logement et les services d'utilité publique (19 %) et les transports (13 %).
Source : Institut national de la statistique (INS).

StatLink https://stat.link/q37dbc

> ### Encadré 1.3. La guerre en Ukraine et ses implications pour la Tunisie
>
> Les faibles capacités de stockage de céréales, limitées à trois mois, et la situation budgétaire actuelle, ainsi qu'une vague de sécheresse qui se prolonge depuis trois ans et affecte la production agricole, rendent la Tunisie très vulnérable au conflit en cours en Ukraine. En effet, les importations représentent 84 % des besoins en blé tendre, environ 40 % pour le blé dur et 50 % pour l'orge. L'Ukraine était jusque-là le principal fournisseur de la Tunisie et la chute de la production va rendre nécessaire une adaptation des stratégies d'approvisionnement. En plus, le bond du cours de céréales depuis l'invasion russe semble destiné à continuer, avec des conséquences considérables en matière fiscale dues à la caisse de compensation des prix des produits de première nécessité, notamment les pâtes alimentaires et des aliments pour bétail. Dans le cas de l'énergie, une hausse autour de 50 USD du prix du baril par rapport à l'hypothèse de 75 USD retenue dans la Loi de finances 2022 doublerait le montant affecté à la caisse de compensation des produits énergétiques.
>
> La guerre et les sanctions vont aussi avoir un impact conséquent sur le secteur du tourisme. En 2019, les touristes russes ont représenté 7 % du total des entrées, ce qui fait de la Russie le deuxième marché le plus important, juste après la France (9.5 %), tandis que la participation de l'Ukraine est résiduelle (moins de 0.5 %).
>
> La situation actuelle ouvre aussi quelques opportunités à la Tunisie. Une augmentation des importations européennes de gaz algérien à travers le pipeline qui passe par la Tunisie avant d'arriver en Italie permettrait un approvisionnement en quantités suffisantes par le biais de la redevance. La nécessité de relocaliser les chaînes d'approvisionnement des entreprises multinationales à cause des perturbations en Ukraine, comme dans l'automotive, pourrait aussi bénéficier au pays.
>
> Source : IACE (2022), La Guerre en Ukraine : Impacts et Mesures à prendre OCDE.

La chute des importations et la résilience des transferts de la diaspora ont réduit le déficit de la balance courante

Depuis 2019, le ralentissement économique, le durcissement des restrictions à l'importation et l'augmentation des transferts de la diaspora se sont traduits par une réduction du déficit de la balance courante, après une dégradation continue sur 15 ans (Graphique 1.9). Les envois de fonds des tunisiens résidant à l'étranger ont augmenté de 3.2 points de PIB pour atteindre 6 % du PIB dans les dix premiers mois de 2021, plus de deux fois supérieurs aux flux d'investissement direct étranger (IDE).

Graphique 1.9. Le déficit de la balance courante est financé essentiellement par des prêts

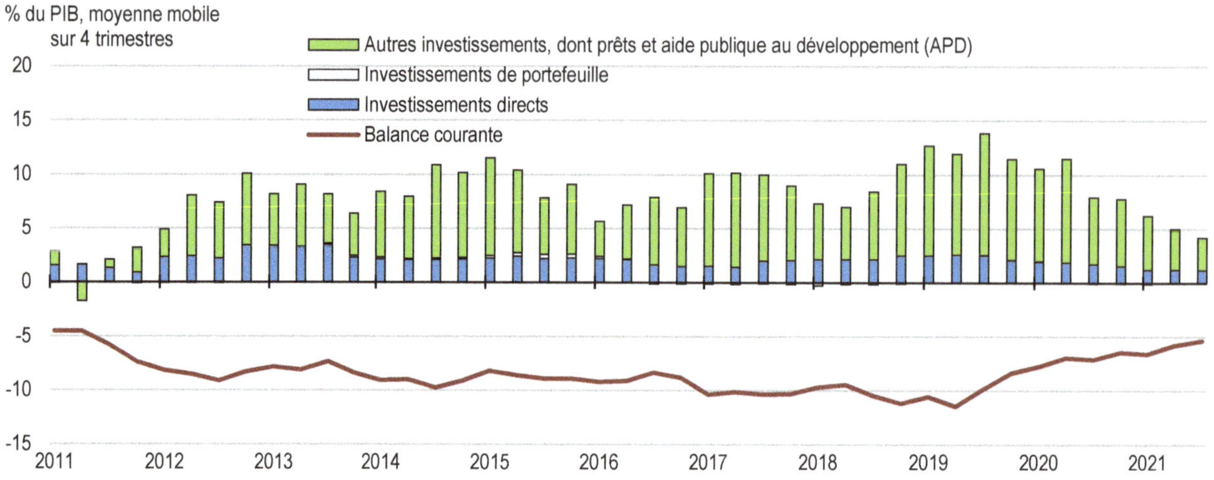
% du PIB, moyenne mobile
sur 4 trimestres
Autres investissements, dont prêts et aide publique au développement (APD)
Investissements de portefeuille
Investissements directs
Balance courante
20
15
10
5
0
-5
-10
-15
2011
2012
2013
2014
2015
2016
2017
2018
2019
2020
2021

Source : CEIC ; Banque centrale de Tunisie (BCT) ; et Institut national de la statistique (INS).

StatLink https://stat.link/z5awld

En effet, la Tunisie compte une importante diaspora, estimée à environ 1 200 000 adultes (y compris les détenteurs d'une double nationalité) d'après des données nationales. Les flux d'émigration, qui étaient particulièrement intenses au milieu des années 2010, avaient ralenti avant la pandémie. La majorité des migrants vivent en Europe, et plus de la moitié en France, bien que l'Amérique du Nord attire un nombre croissant de personnes qualifiées (OCDE, 2018[4]).

La situation sur le marché du travail s'est dégradée

Depuis 2011, quelque 40 000 jeunes tunisiens rejoignent chaque année la population d'âge actif. L'atonie de la croissance économique ces dernières années est venue s'ajouter aux facteurs structurels et institutionnels qui font qu'il est difficile de créer le nombre d'emplois nécessaires pour maintenir le taux de chômage à un niveau stable et, a fortiori, le faire reculer. La faiblesse du taux d'emploi (46.9 % au troisième trimestre 2021), qui diffère fortement entre hommes et femmes, est tout aussi préoccupant. Le taux d'activité des femmes s'élève à 29 % et celui des hommes à 67 % (INS, 2021[5]).

A cause de la crise du COVID-19, le taux de chômage est passé de 14.9 % au quatrième trimestre de 2019 à 18 % au deuxième trimestre de 2020, un niveau qui n'avait plus été observé depuis 2011. Il a légèrement reculé au deuxième semestre mais s'est de nouveau hissé à 18.4 % au troisième trimestre de 2021. Le taux de chômage est beaucoup plus élevé chez les jeunes (42.4 %) et les diplômés du supérieur, en particulier les femmes. L'activité informelle, qui touche essentiellement les hommes travaillant dans les secteurs de l'agriculture, de la construction et du commerce de détail, a atteint un taux de 47 % de l'emploi total. Le taux d'activité féminin, qui avait augmenté de 17 points de pourcentage de 2011 à 2019, contre une hausse de 5 points pour la population active masculine, a reculé de 1.4 point en 2020.

La reprise s'accélérera quelque peu en 2022, mais les risques sont considérables

Après une chute brutale en 2020 (-8.8 %), le PIB devrait se redresser lentement (Tableau 1.1). L'activité économique pourrait renouer avec ses niveaux d'avant la pandémie au plus tôt à la fin de 2023. Les secteurs de services à forte intensité de main-d'œuvre ont été particulièrement touchés par le renforcement des mesures d'endiguement au premier semestre de 2021 sur fond de hausse des contaminations, et la situation reste fragile. L'ampleur du chômage pèsera sur les revenus des ménages, ce qui freinera la consommation privée, tandis que les investissements pourraient reprendre de la vigueur grâce à la réalisation, en 2022, de projets initialement prévus pour 2021. L'inflation devrait dépasser 6 %, en 2022, du fait des tensions salariales dans le secteur public, de l'évolution des prix internationaux des produits de base et des goulets d'étranglement dans les chaînes d'approvisionnement. Le chômage diminuera mais restera plus élevé qu'avant la crise. Certains groupes (femmes, jeunes et diplômés de l'enseignement supérieur) éprouveront encore de grandes difficultés à trouver des emplois stables et de qualité. Malgré la reprise des exportations de phosphate, le déficit de la balance courante demeurera élevé en raison de la faiblesse des recettes du tourisme et de la dégradation des termes de l'échange.

Tableau 1.1. Évolutions récentes et projections

	2018	2019	2020	2021	2022	2023
	Prix courants en millions de TND	Variation en pourcentage, en volume (prix de 2010)				
PIB aux prix du marché	106.3	0.9	-8.8	2.9	3.2	3.0
Consommation privée	76.3	2.1	-5.3	2.6	2.4	3.3
Consommation publique	21.0	2.6	-4.3	-0.9	0.4	-1.2
Formation brute de capital fixe	19.5	0.3	-33.7	-5.3	5.0	7.6
Demande intérieure finale	119.9	1.9	-9.8	1.0	2.3	2.9
Exportation de biens et de services	51.1	-4.5	-17.2	8.2	7.3	6.7
Importations de biens et services	64.7	-7.8	-16.5	6.8	5.5	5.9
Solde extérieur[1]	-13.6	2.6	1.5	-0.1	0.3	-0.1
Pour mémoire :						
Déflateur du PIB		7.2	5.3	5.8	6.2	5.9
Indice des prix à la consommation		6.7	5.4	5.6	6.3	5.8
Taux de chômage (en % de la population active)		15.1	16.7	17.7	17.0	16.4
Solde des paiements courants (en % du PIB)		-8.4	-6.8	--6.1	-6.4	-6.3

Note : Contributions aux variations du PIB réel entre 2019-2023, montant effectif dans la première colonne. La Tunisie a récemment retenu 2015 comme nouvelle année de base de ses statistiques des comptes nationaux et a révisé les données relatives au PIB, ce qui conduit à des révisions de la croissance de son PIB annuel (ainsi, la croissance du PIB en 2020 s'établit désormais à -8.7%). Cela étant, les toutes dernières données publiées n'étant pas encore complètes, la série précédente de données est utilisée pour les besoins de la présente Étude.
Source : *Perspectives économiques de l'OCDE*, n° 110.

Le principal risque positif est lié à une reprise du tourisme anticipée et plus forte que prévu. Sur le moyen terme, les goulets d'étranglement dans les chaînes d'approvisionnement après la crise du COVID-19 et la guerre en Ukraine et les possibles tensions commerciales globales pourraient aussi conduire à la relocalisation ('reshoring' et 'near-shoring') des chaines de production par les entreprises basées dans l'UE et créer de nouvelles opportunités pour la Tunisie. Il existe en revanche plusieurs risques à la baisse. La hausse significative des prix internationaux de l'énergie et des aliments due à la guerre en Ukraine pourrait persister tout au long de la période de projection, réduire le pouvoir d'achat, et avoir un effet négatif à la fois sur les équilibres budgétaires et sur la balance courante. Malgré la hausse récente, le taux de vaccination reste faible et on ne peut exclure l'éventualité de nouvelles vagues d'infections par le COVID-19, accompagnées de nouvelles mesures d'endiguement. L'absence de progrès dans la réforme des institutions, la faible création d'emplois et la dégradation des indicateurs sociaux pourraient entraîner des troubles susceptibles d'entamer la confiance des investisseurs et d'accentuer l'incertitude politique. Les inégalités régionales sont considérables et, dans certaines zones, l'insécurité constitue toujours une source de risque. Enfin, l'économie pourrait aussi être confrontée à des chocs externes dont les répercussions éventuelles sont difficiles à prendre en compte dans les prévisions (Tableau 1.2).

Tableau 1.2. Événements susceptibles de nuire aux résultats économiques

Choc	Conséquences possibles
Manque de visibilité sur le retour au normal fonctionnement des institutions politiques et démocratiques tunisiennes	La poursuite de l'incertitude politique pèserait sur la mise en œuvre des réformes structurelles, la reprise économique et le coût d'accès aux marchés financiers.
Instabilité politique accrue dans les économies de marché émergentes, en particulier dans la région MENA	La présence de troubles dans les pays voisins et dans d'autres marchés émergents et pré-émergents affaiblirait la confiance des investisseurs, augmenterait les coûts de refinancement et exercerait des tensions sur le budget et la balance des paiements.
Nouvelle(s) vague(s) d'infections par le COVID-19	Une augmentation du nombre de contaminations et de décès liée à de nouveaux variants nuirait à l'économie, et notamment au tourisme et aux autres activités de services à forte intensité de main-d'œuvre et nécessitant de nombreux contacts.
Raccourcissement des chaînes d'approvisionnement dans les pays partenaires, montée du protectionnisme et ralentissement des échanges mondiaux	Un tel choc aurait un effet négatif sur le secteur des exportations, ainsi que sur la création d'emplois, même si la Tunisie pourrait bénéficier du near-shoring.
Poursuite de la hausse du prix des matières premières, principalement du pétrole	La Tunisie étant un importateur net d'hydrocarbures, et subventionnant les produits pétroliers, une hausse du prix des matières premières conduirait à une détérioration de la balance courante et du déficit budgétaire.
Persistance des tensions inflationnistes dans les pays avancés	Un resserrement de la politique monétaire dans les pays avancés pourrait peser sur les conditions de financement et les taux de change dans les économies de marché émergentes.

La crise liée au COVID-19 a accentué certains facteurs de vulnérabilité macrofinancière

La dette extérieure a augmenté

Depuis 2020, les marchés financiers se montrent plus inquiets à l'égard de la Tunisie (Graphique 1.10), comme en témoignent l'écart de taux d'intérêt et les décisions de révision à la baisse de la note de la dette souveraine tunisienne par les agences de notation (Graphique 1.11). Les prêts souverains, en partie à taux concessionnels, constituent la principale source de financement externe de la Tunisie, et la dette extérieure continue d'augmenter (Graphique 1.9). Plus de ¾ de la dette extérieure est imputable au secteur public. Plus de 70 % de la dette totale de l'administration centrale représente de la dette extérieure libellée essentiellement en euros (Graphique 1.12). Le service de la dette extérieure s'établit à fin octobre 2021 à 8% du PIB, soit un plus haut historique. Dans ce contexte, les autorités tunisiennes ont eu du mal à constituer des réserves de change élevées. Celles-ci couvraient 131 jours d'importation fin janvier 2022, contre 160 jours à la même date en 2021, malgré l'encaissement des allocations des droits de tirage spéciaux attribués par le FMI à l'État tunisien.

Graphique 1.10. Évolution récente des marchés de capitaux

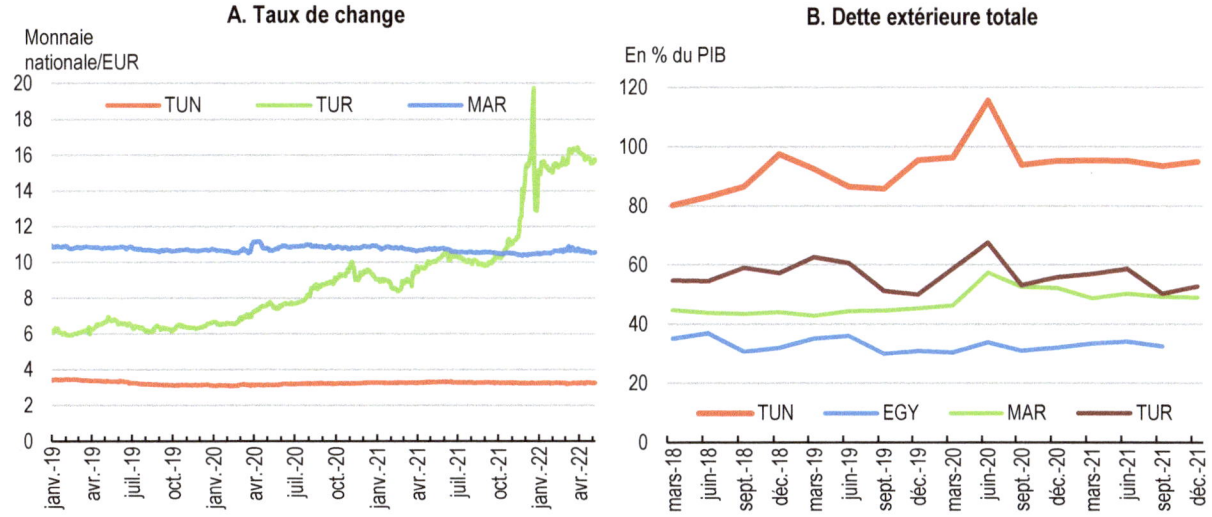

A. Taux de change

B. Dette extérieure totale

Source : CEIC ; Banque centrale de Tunisie (BCT) ; Fonds monétaire international (FMI), Indicateurs de solidité financière ; et Refinitiv.

StatLink https://stat.link/9ejpur

Graphique 1.11. La dette extérieure et les risques ont augmenté

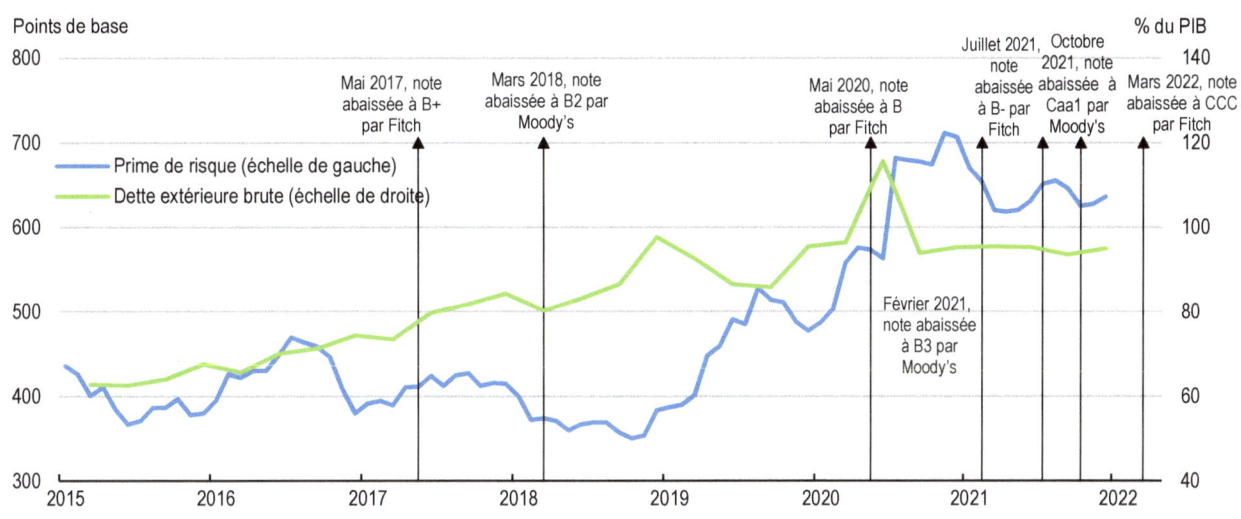

Note : L'écart de taux correspond à la différence entre le rendement des obligations d'État à 10 ans de la Tunisie et le rendement des obligations du Trésor à 10 ans des États-Unis.
Source : CEIC.

StatLink https://stat.link/tpq1vo

Graphique 1.12. La dette publique est une source de vulnérabilité

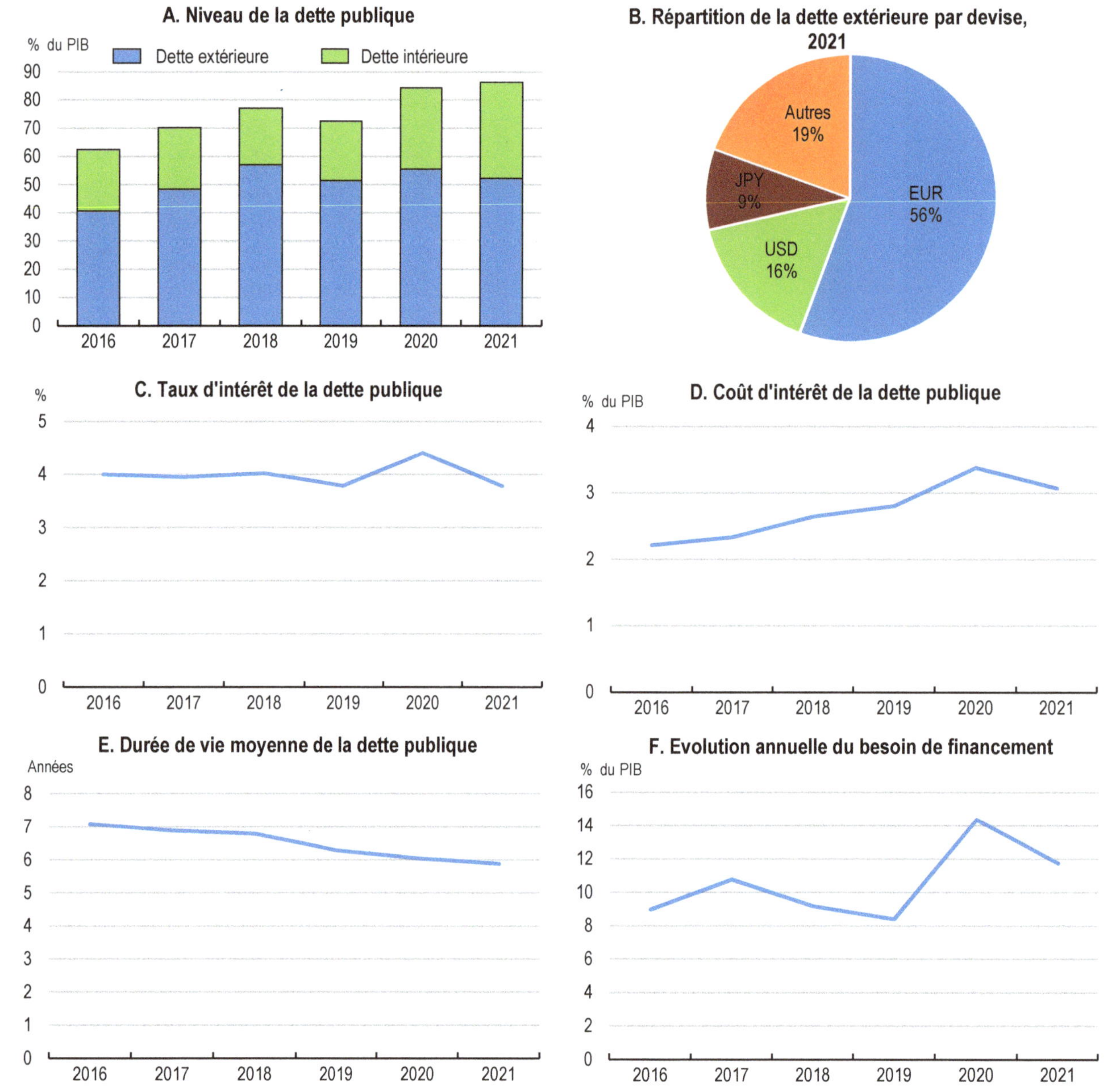
A. Niveau de la dette publique
% du PIB
Dette extérieure
Dette intérieure
90
80
70
60
50
40
30
20
10
0
2016
2017
2018
2019
2020
2021
B. Répartition de la dette extérieure par devise, 2021
Autres 19%
JPY 9%
EUR 56%
USD 16%
C. Taux d'intérêt de la dette publique
%
D. Coût d'intérêt de la dette publique
% du PIB
E. Durée de vie moyenne de la dette publique
Années
F. Evolution annuelle du besoin de financement
% du PIB

Source : Ministère des Finances, Rapport sur la dette publique 2020 et 2021 ; Ministère des Finances (2021), *Brochure de la dette de l'État, décembre* ; et BCT.

StatLink https://stat.link/vjp9dz

Les banques sont confrontées à un environnement difficile

La pandémie a dégradé les perspectives budgétaires et les résultats d'exploitation des banques, qui font face à la fois à une augmentation de leurs avoirs en titres d'État et des prêts directs à l'État (trois crédits consortiaux ont été accordés entre janvier 2020 et février 2021, pour 972 millions EUR et 280 millions USD) et à un accroissement des engagements financiers des administrations publiques. Selon (Fitch Rating, 2021[6]), l'exposition des banques à la dette souveraine avoisinait 15 % de leurs actifs à la fin de novembre 2020. Les banques sont en outre fortement exposées aux entreprises publiques, les crédits accordés représentant environ 20 % du PIB (FMI, 2021[7]). Pour faire face aux risques pour la stabilité financière, il est primordial de renforcer les outils d'analyse des situations extrêmes et le cadre de gestion de crise.

Les mesures de soutien aux entreprises et aux travailleurs indépendants, tels que les financements exceptionnels du cycle d'exploitation, sont prévus jusqu'à fin décembre 2021. La proportion des prêts non performants est élevée en comparaison internationale (Graphique 1.13) et le ratio de fonds propres de certaines banques du secteur public est susceptible d'être affaibli par les conditions d'exploitation difficiles et la part importante de créances douteuses non provisionnées. En outre, le passage à la norme internationale d'information financière IFRS (International Financial Reporting Standard) 9 à partir de la fin 2021 risque de détériorer les indicateurs de qualité des actifs déclarés et d'imposer la constitution de provisions supplémentaires. Avec l'objectif de résoudre la problématique des créances classées, la BCT a arrêté un programme qui se base notamment sur le renforcement des capacités de prévention des banques, la revue et l'amélioration des procédures de faillites et du cadre de recouvrement judiciaire ainsi que la mobilisation des mesures budgétaires d'accompagnement.

Graphique 1.13. La proportion de prêts non performants est élevée

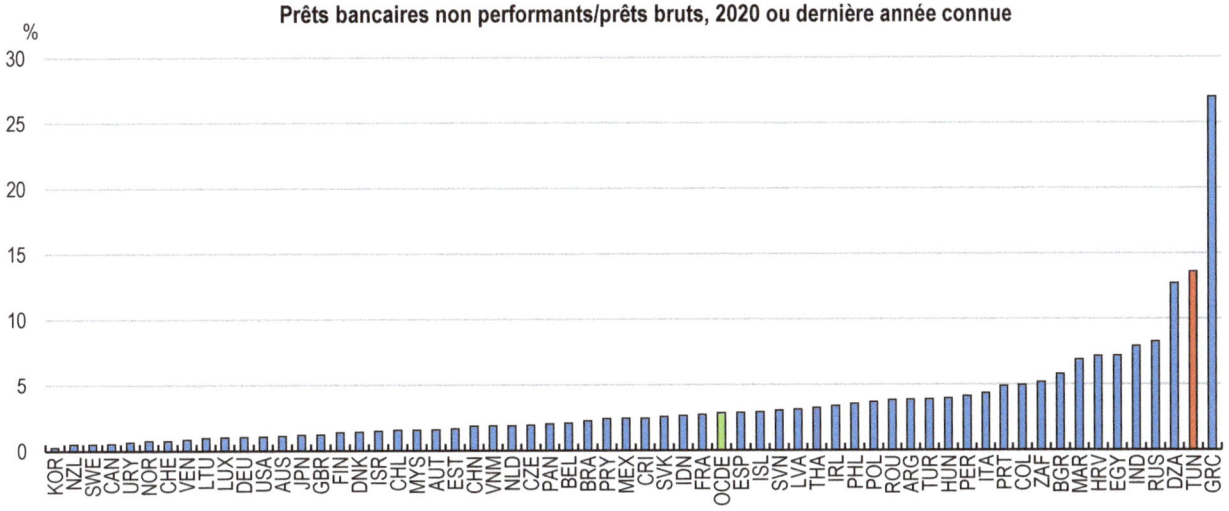

Prêts bancaires non performants/prêts bruts, 2020 ou dernière année connue

Source : Fonds monétaire international (FMI), Indicateurs de solidité financière ; et Banque centrale de Tunisie (BCT).

StatLink https://stat.link/ty9lj0

La croissance rapide du crédit à la consommation est préoccupante (Banque centrale de Tunisie, 2021[3]) et la dette des ménages pourrait devenir une source d'instabilité. Celle-ci est en partie garantie par des actifs réels, compte tenu de la forte proportion de propriétaires occupants (Graphique 1.14). Les prix des logements ont augmenté de 43 % depuis 2015. Près de la moitié des ménages contractent un prêt pour couvrir leurs besoins essentiels (43 % des ménages selon (INC, 2019[8])), et la proportion est encore plus forte chez les ménages à faible revenu. Le taux de recouvrement des créances des institutions de microfinance a également diminué du fait de la récession.

En théorie, la forte fragmentation du marché bancaire (les trois plus grands établissements représentant chacun environ 12 % des actifs du secteur et les cinq plus grands, environ 57 %) devrait inciter les banques à se livrer concurrence et à innover, favorisant ainsi un meilleur fonctionnement des marchés financiers. Or, dans la pratique, les pressions concurrentielles sont faibles, comme suggéré par la part importante des commissions dans le produit net bancaire et l'alignement presque exact des frais bancaires, reflétant plusieurs facteurs (OCDE, à paraître[9]). La gouvernance des banques publiques pâtit des interférences (malgré des améliorations depuis le milieu des années 2010, en raison de la nomination d'administrateurs et de dirigeants plus qualifiés). Les cadres de réglementation et de surveillance sont obsolètes (les exigences de Bâle II ne sont pas entièrement appliquées). Les plafonds de taux d'intérêt limitent la concurrence et les régimes de faillite et des hypothèques se sont révélés peu efficaces. La consolidation du secteur bancaire, la création d'agences d'évaluation du crédit et de registres des sûretés et l'intégration des institutions de microfinance (IMF) dans les dispositifs formels d'évaluation du crédit (voir ci-dessous) amélioreraient la qualité de l'intermédiation financière.

Graphique 1.14. La plupart des ménages sont propriétaires de leur logement

Répartition des ménages selon le mode d'occupation du logement, 2019 ou dernière année connue

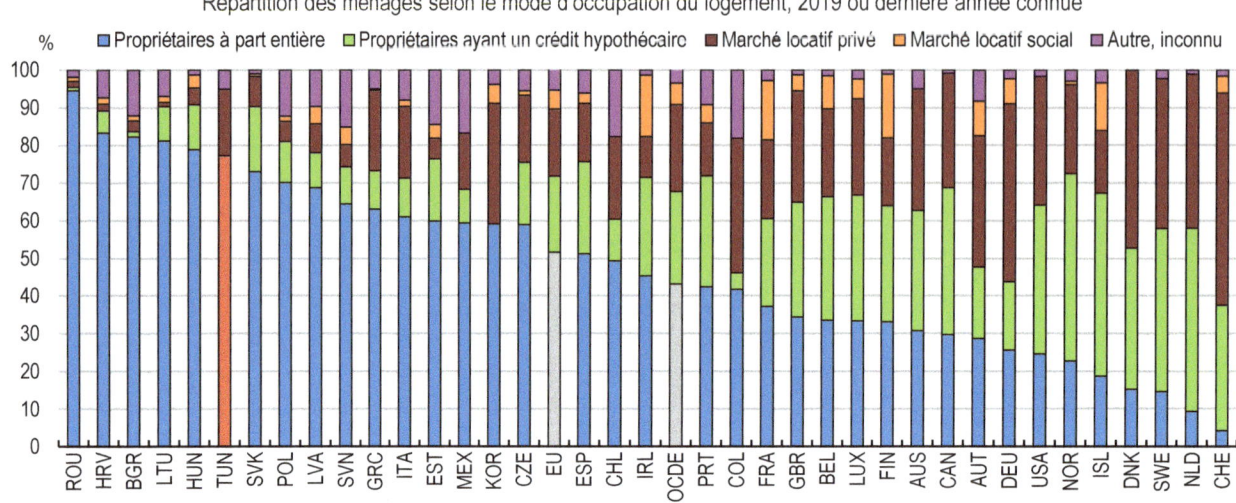

Note : Aucune donnée relative aux « Propriétaires ayant un crédit hypothécaire » n'est disponible pour la Tunisie.
Source : Calculs de l'OCDE d'après l'enquête de l'Union européenne sur le revenu et les conditions de vie (EU-SILC) 2019 sauf pour l'Irlande, l'Islande, l'Italie et le Royaume-Uni (2018) ; enquête sur les ménages, les revenus et la dynamique du marché du travail (HILDA, *Household, Income and Labour Dynamics Survey*) pour l'Australie (2019) ; enquête canadienne sur le revenu (ECR) pour le Canada (2017) ; données préliminaires de l'enquête nationale sur la qualité de vie (ECV, *Encuesta nacional de calidad de vida*) du Département administratif national de la statistique (DANE) pour la Colombie (2019) ; enquête socioéconomique nationale (CASEN, *Encuesta de Caracterización Socioeconómica Nacional*) pour le Chili (2017) ; enquête sur le logement pour la Corée (2019) ; enquête sur les revenus et les dépenses des ménages (ENIGH, *Encuesta Nacional de Ingresos y Gastos de los Hogares*) pour le Mexique (2018) ; enquête sur la population américaine (ACS, *American Community Survey*) pour les États-Unis (2019) ; et *Recensement général de la population et de l'habitat 2014, Volume 6 : Logements, ménages et technologies de l'information et de la communication (TIC)* pour la Tunisie (2014).

StatLink 🔗 https://stat.link/4je12c

Des failles structurelles entravent la poursuite de la stabilité macroéconomique par les autorités monétaires

L'objectif principal de la politique monétaire est de préserver la stabilité des prix et la Banque centrale de Tunisie (BCT) doit aussi contribuer à la stabilité financière et, ce faisant, soutenir la croissance économique. Bien qu'abandonné en 2020 en raison de la pandémie, le resserrement des politiques monétaire et macroprudentielle amorcé en 2018 a traduit des préoccupations concernant l'augmentation de l'inflation et de l'offre de crédit. Le durcissement opéré a permis d'atténuer les tensions inflationnistes et de renforcer la crédibilité de la BCT. Cette dernière a en outre manifesté son soutien à la transition vers une économie durable en adhérant au Réseau des superviseurs et des banques centrales pour le verdissement du système financier.

L'adoption d'un régime de ciblage explicite de l'inflation permettrait de clarifier le cadre de politique monétaire et d'accroître son efficacité. Fournir un point d'ancrage plus solide pour maîtriser l'inflation est proposé depuis le début des années 2000 (Boughrara, 2007[10]) et des progrès ont été faits en ce sens dans les années 2010, notamment avec la mise en œuvre d'un système de corridor de taux d'intérêt symétrique (c'est-à-dire où le taux directeur se trouve au milieu du corridor), l'élaboration de modèles de prévisions macroéconomiques et la tenue de ventes aux enchères de devises (El Hamiani Khatat, End et Kolsi, 2020[11]).

Certaines conditions nécessaires à la mise en œuvre réussie du régime de ciblage de l'inflation (à savoir la capacité de mener une politique monétaire indépendante et de développer un cadre analytique empirique rattachant les instruments de politique monétaire à l'inflation) ne sont pas encore pleinement remplies. D'une part, l'augmentation du ratio dette/PIB incite la banque centrale à porter une attention croissante à la réduction du coût du service de la dette publique (régime de « domination budgétaire »). D'autre part, la faiblesse du système financier, qui repose essentiellement sur les banques, représente un obstacle supplémentaire dans la mesure où il est difficile de modéliser avec précision le mécanisme de transmission monétaire (Przystupa et Wróbel, 2016[12]), même si la sensibilité des variations du taux directeur sur le taux du marché monétaire a augmenté (El Hamiani Khatat, End et Kolsi, 2020[11]).

Il sera important d'adopter une feuille de route pour la mise en place d'un régime de ciblage de l'inflation qui définit les étapes à franchir et les conditions à satisfaire – en particulier, une stratégie de communication transparente et crédible ; monter un modèle ou une méthodologie pour produire des prévisions d'inflation à partir de plusieurs indicateurs ; et concevoir une procédure opérationnelle projetée vers le futur qui permet d'ajuster la politique monétaire en fonction des évaluations quant à l'inflation future (Jahan, 2012[13]). Il faudra aussi que la BCT se dote des outils appropriés pour mesurer les anticipations d'inflation des ménages. Par ailleurs, des mesures institutionnelles s'avéreraient utiles. La BCT – dont le degré d'indépendance est inférieur aux banques centrales d'autres pays , surtout en ce qui concerne les nominations au conseil de politique monétaire (Graphique 1.15) – pourrait notamment communiquer ses objectifs d'inflation à moyen terme afin d'aider les marchés à comprendre la trajectoire de désinflation visée. Elle pourrait aussi publier à l'avance le calendrier annuel de ses réunions de politique monétaire.

Graphique 1.15. La Banque centrale de Tunisie jouit de moins d'indépendance que ses homologues

Indice d'indépendance des banques centrales, 2017

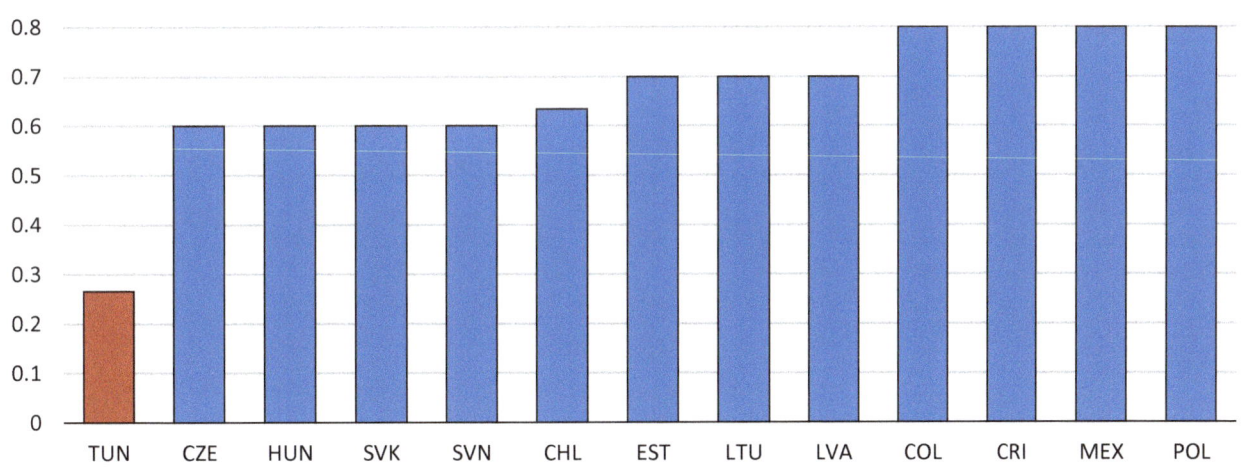

Source : (Romelli, 2022[14]).

StatLink ᵐˢᴸ https://stat.link/bhl4ns

La politique monétaire ne permet toutefois pas à elle seule de pallier les faiblesses structurelles qui nuisent à l'économie tunisienne et engendrent des déséquilibres à long terme. Compte tenu de l'ampleur de l'encours de la dette et du poids des titres souverains dans les bilans des banques, tout accroissement des tensions inflationnistes exigeant un relèvement des taux d'intérêt pourrait affecter la stabilité financière. Étant donnée l'importance de la dette libellée en monnaie étrangère, les variations du taux de change ont aussi un impact sur la stabilité financière (Graphique 1.10). La BCT a modifié à plusieurs reprises le régime de change (Graphique 1.16). Au fil des années, les contrôles de capitaux sont restés assez stricts. Dans les années 1990, une règle de taux de change réel constant était appliquée. Elle s'est accompagnée de bons résultats économiques mais a perdu en efficacité à mesure que le processus d'ouverture et de libéralisation progressait et que les actifs extérieurs nets commençaient à augmenter et à causer une appréciation réelle importante (Fanizza et al., 2002[15]). Cette phase a pris fin au début des années 2010, lorsque la transition politique a donné lieu à des sorties de capitaux et incité les autorités monétaires à adopter un régime de change flottant de jure, plus adapté à la situation dans laquelle se trouvait la Tunisie. Or le régime de facto s'apparentait, semble-t-il, davantage à un régime de type parité mobile, tel qu'il est effectivement classé par le FMI, le poids implicite du dollar américain dans le panier de devises étant devenu plus important que celui de l'euro à partir de 2017 (Bouabidi, 2020[16]).

Graphique 1.16. Le régime de change a évolué au fil du temps

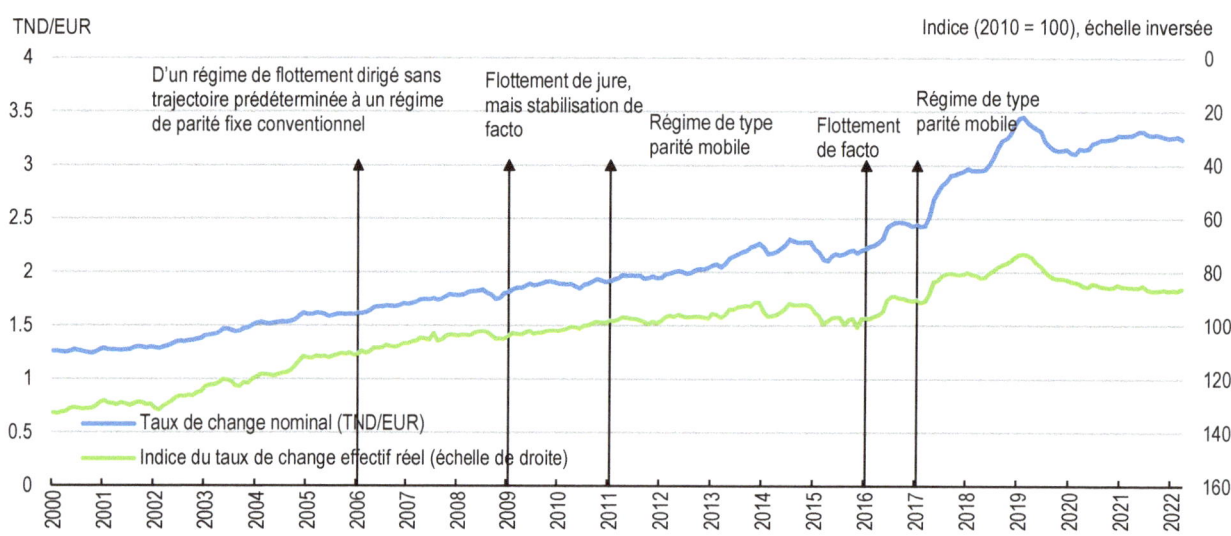

Note : Le présent graphique indique les changements de régime de change et les reclassements correspondants, d'après les informations dont on dispose sur les pratiques des pays membres (régimes de facto), telles qu'analysées par les services du FMI. S'agissant de la série du taux de change réel, une hausse représente une dépréciation.
Source : FMI, base de données du Rapport annuel sur les régimes et les restrictions de change (AREAR, *Annual Report on Exchange Arrangements and Exchange Restrictions*) ; et CEIC.

StatLink ▨▨▧◪ https://stat.link/t4zncl

Des désalignements entre le taux de change effectif nominal et le taux de change effectif réel sont souvent apparus au cours de la période 1990-2020 (Derbali et Eugène-Rigot, 2021[17]). L'appréciation réelle du dinar a pesé sur la compétitivité de la Tunisie. Ceci dit, une dépréciation nominale pour réduire les prix des exportations induirait des coûts (l'inflation importée et l'augmentation du coût du service de la dette) supérieurs aux avantages qui en découleraient. La BCT a progressivement réduit le montant de ses opérations sur le marché des changes ; désormais, celles-ci visent exclusivement à soutenir le processus de détermination des prix. De nouvelles mesures visant à libérer les mouvements de capitaux vont dans le bon sens de renforcer l'investissement et attraire les investisseurs étrangers, mais l'ordre chronologique des actions a son importance. Les expériences d'autres pays donnent à penser que cette phase devrait être précédée d'une libération des échanges et des marchés de produits.

Dans un contexte caractérisé par des déséquilibres budgétaires et une instabilité politique, les autorités monétaires ont beaucoup de mal à préserver la stabilité des prix et la stabilité financière. Le financement du déficit budgétaire de la part de la BCT a été exceptionnellement autorisé en 2020 jusqu'à hauteur de 2.8 milliards TND (2.5 % du PIB). La masse monétaire M1 (billets de banque + dépôts à vue) a, de ce fait, augmenté de manière considérable, enregistrant une croissance de 12.9 % en rythme annuel en octobre 2021. La proportion des créances de la BCT sur l'État par rapport au total bilan de la banque centrale est passée de 14 % à 22 % en l'espace d'un an. La BCT a prévenu que la monétisation de la dette risquait d'entraîner une inflation à trois chiffres, voire une crise majeure (El Abassi, 2021[18]).

Pour relancer la convergence des revenus et réduire les déséquilibres macroéconomiques, il faut relancer les réformes structurelles

La Tunisie a connu un ralentissement marqué de la croissance dans les années 2010, un processus de divergence du revenu vis-à-vis des pays de l'OCDE – mais aussi des économies de marché émergentes comparables – qui peut être attribué à des réformes structurelles insuffisantes pour accélérer la transformation structurelle (Graphique 1.17). La transformation structurelle caractérise les économies à forte croissance et prend la forme d'un changement fondamental dans les méthodes d'organisation de l'économie d'un pays, en particulier la réaffectation des facteurs de production entre les différents secteurs et activités. De ce point de vue, la Tunisie semble connaître une « désindustrialisation prématurée » (Rodrik, 2016[19]) ; (Mouelhi, 2020[20]), alors que la croissance des services dans le PIB est davantage due à une administration publique pléthorique qu'au dynamisme des activités tertiaires à forte valeur ajoutée. Les institutions et les politiques en place ne permettent pas à la Tunisie de saisir pleinement les nouvelles opportunités, notamment la révolution de TIC. La réallocation des ressources vers des activités et entreprises prometteuses est limitée, d'où le faible dynamisme de l'activité et de la création d'emplois.

Graphique 1.17. La convergence du revenu s'est arrêtée

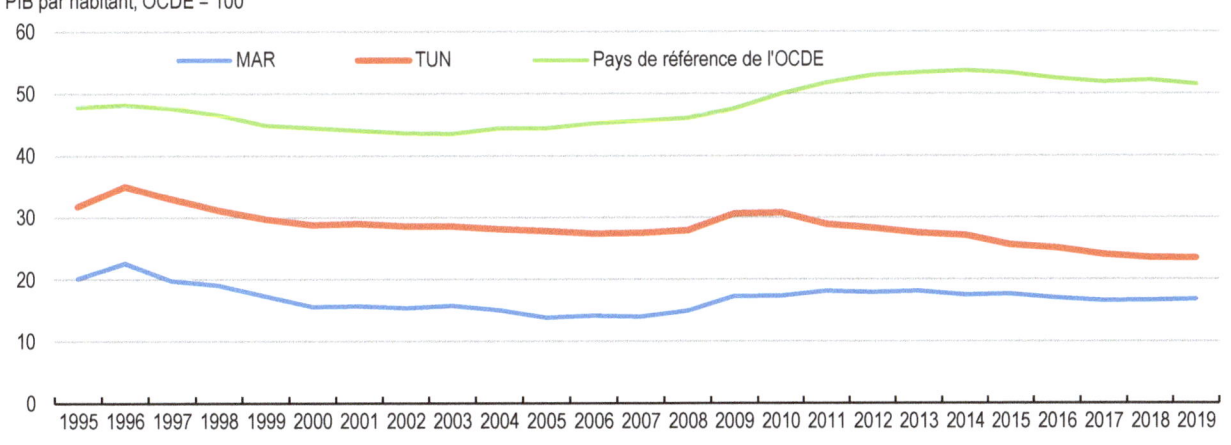

PIB par habitant, OCDE = 100

Note : Les pays de référence sont le Chili, la Colombie, le Costa Rica, l'Estonie, la Hongrie, la Lettonie, la Lituanie, le Mexique, la Pologne, la République tchèque, la Slovaquie, la Slovénie et la Turquie.
Source : Feenstra et al. (2015), www.ggdc.net/pwt.

StatLink 📊 https://stat.link/nov341

Le faible dynamisme de l'activité des entreprises privées, l'augmentation de la masse salariale publique, l'inefficacité des entreprises d'État, les subventions et incitations fiscales régressives et coûteuses, le respect inégal de la législation fiscale et l'informalité croissante pèsent sur les finances publiques et la dette. Des investissements indispensables dans les infrastructures publiques ont été différés, réduisant ainsi le potentiel de croissance de l'économie et limitant la flexibilité pour mener une politique budgétaire contracyclique. Une part croissante de la dette publique est financée par les banques tunisiennes, ce qui évince l'investissement privé et augmente l'exposition des banques aux risques de la dette souveraine. La dépréciation du dinar tunisien en 2017 et 2018 s'est traduit par le creusement du déficit de la balance des paiements courants, l'offre d'exportations n'ayant pas réussi à réagir à la hausse des prix relatifs des exportations. La réduction des déséquilibres macroéconomiques et le retour de la croissance dépendent du redémarrage des réformes structurelles.

Les retombées positives des réformes seraient considérables et leur quantification pourrait favoriser le dialogue social. Les simulations basées sur le modèle de croissance à long terme de l'OCDE (Guillemette et Turner, 2018[21]) suggèrent que certaines réformes accéléreraient la croissance et seraient payantes en termes d'équité (Tableau 1.3). La réduction des obstacles réglementaires à l'entrée des entreprises sur le marché et à leur croissance, à l'entrepreneuriat et aux échanges, l'amélioration de la qualité des institutions et la réduction de la corruption, des progrès dans les résultats de l'enseignement et la réduction de la fiscalité sur le travail se traduiraient par un dividende de croissance annuel moyen par habitant de 1 % sur 15 ans (Graphique 1.18). Grace à ce renforcement de la croissance, le PIB par habitant pourrait être rehaussé de 15 % au bout de 15 ans et de 39 % à l'horizon 2050. Même s'il faudra plus de temps pour voir se manifester les effets sur la croissance de l'amélioration de la qualité de l'enseignement et de la gouvernance par rapport aux deux autres scénarios de réforme, leur rôle sera majeur dans le long terme (Tableau 1.3).

Tableau 1.3. Certaines réformes structurelles relanceraient la croissance

Effet estimé de certaines réformes sur le PIB réel au bout de 15 ans

RÉFORME	EFFET SUR LE PIB RÉEL PAR HABITANT
Scénario A : Amélioration des institutions et de la gouvernance économique, et réduction de la corruption	+ 1.2 %
Scénario B : Amélioration des performances de l'enseignement	+ 0.4 %
Scénario C : Allègement de l'imposition des revenus du travail	+ 5.4 %
Scénario D : Réduction des obstacles à l'entrepreneuriat et à la concurrence (obtenue, par exemple, en atténuant le rôle de l'État dans l'économie, en allégeant les charges administratives et en simplifiant les procédures d'autorisation)	+ 6.7 %
Scénario ABCD : Mise en œuvre de toutes ces réformes	+ 14.6 %

Note : Ces estimations ont été obtenues à partir du modèle de croissance à long terme de l'OCDE (Guillemette et Turner, 2018[21]). Le scénario A repose sur l'hypothèse que la qualité des institutions, mesurée à l'aune de l'indice de l'État de droit (Kaufmann, Kraay et Mastruzzi, 2010[22]), converge vers la moyenne quinquennale actuelle des économies de marché émergentes de l'OCDE à l'horizon 2041. Le scénario B suppose que le pays obtienne au PISA le score moyen des économies de marché émergentes de l'OCDE sur 20 ans (en considérant que trois années de scolarité supplémentaires font augmenter le score de 90 points). Dans le scénario C, le coin fiscal diminue de 10 points de pourcentage. Dans le scénario D, on pose l'hypothèse d'un alignement de la réglementation des marchés de produits (RMP) du pays, évaluée à l'aune de l'indicateur de RMP de l'OCDE, sur la moyenne quinquennale actuelle des économies de marché émergentes de l'OCDE à l'horizon 2026. La somme des effets des différentes réformes susmentionnées n'est pas égale à l'effet global du scénario de réformes ABCD ambitieux en raison de la présence d'effets non linéaires dans le modèle.
Source : Calculs de l'OCDE.

Graphique 1.18. Des réformes structurelles permettraient de relancer la croissance

PIB réel par habitant - différence en % par rapport au scénario de référence

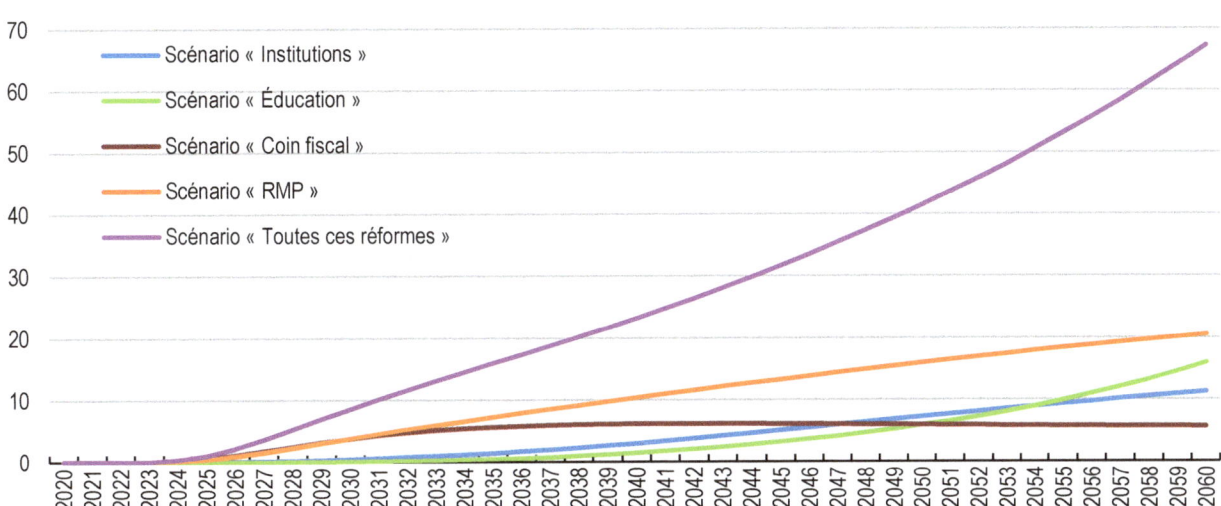

Note : Le scénario « RMP » consiste en une amélioration de la réglementation des marchés de produits pour atteindre le niveau moyen des pays de référence sur cinq ans. Le scénario « Éducation » simule une amélioration des résultats de l'enseignement au niveau moyen des pays de référence au cours des 20 prochaines années. Le scénario « Institutions » porte la qualité des institutions au niveau moyen des pays de référence sur 20 ans. Le scénario « Coin fiscal » ramène le coin fiscal à la moyenne de la zone OCDE à partir de 2022.
Source : Modèles à long terme de l'OCDE.

StatLink 🛢️🖴 https://stat.link/17y2ub

Bien que purement indicatives, ces simulations peuvent être utiles pour convaincre les parties prenantes que les réformes, dont certaines peuvent être délicates sur le plan politique, sont entreprises en faveur du bien commun et du développement social. L'expérience de l'Australie (Encadré 1.4) montre clairement que les progrès dans la mise en œuvre des réformes du marché dépendent d'une plus grande prise de conscience des avantages pour la collectivité, afin de contrer l'influence publique des groupes confrontés au coût de l'ajustement et de générer l'engagement national nécessaire pour résister au retour en arrière. Dans la mesure où les effets distributifs peuvent faire dérailler les réformes, il est important que la Tunisie développe des outils d'évaluation ex-ante qui aident les décideurs à identifier les perdants et les gagnants et à concevoir des politiques de compensation appropriées et efficaces. De même, une évaluation ex-post peut apaiser les craintes que les difficultés d'ajustement imprévues ne soient pas traitées.

La question de l'ordre chronologique des réformes est aussi fondamentale. L'expérience internationale porte à penser que, dans une période de crise, il est plus simple de lancer un grand programme qui associe des mesures ambitieuses dans différents domaines. Cela permet de compenser les perdants et les gagnants. Cette stratégie est encore plus efficace quand le gouvernement vient d'être nommé, car il bénéficie d'un effet « lune de miel » auprès de l'opinion publique. Lorsque les conditions sont plus normales, pour maximiser les chances de réussite du programme de réformes il faut clairement identifier les contraintes -- notamment les capacités de l'État et la force des groupes de pression qui s'opposent aux réformes -- et les possibilités de trouver des alliés pour vaincre les résistances. L'ordre des réformes est aussi important. Renforcer les conditions de la concurrence domestique, notamment par la réduction des barrières à l'entrée sur les marchés et à l'investissement, devra être prioritaire. Ensuite, la libéralisation du commerce extérieur doit précéder celles des échanges financiers. Pour les entreprises publiques qui opèrent dans des marchés où la concurrence est imparfaite, il est nécessaire d'introduire une régulation moderne avant de modifier leur actionnariat.

Une autre leçon importante est de maintenir un débat ouvert et informé sur celles qui peuvent à première vue sembler être des questions très techniques. Les représentants politiques jouent un rôle central, car ils sont les mieux placés pour répondre aux préoccupations des citoyens relatives aux réformes (Banks, 1998[23]). Leurs attitudes et leurs actions façonnent l'environnement dans lequel se forment les attentes des porteurs d'intérêt. En Tunisie, le Conseil national du dialogue social, dont la création avait été prévue dans le Contrat social entre partenaires sociaux signé en janvier 2013, n'a vu le jour qu'en juillet 2017. Son mandat large et la crédibilité dont il jouit auprès des parties prenantes pourraient accélérer l'approbation de mesures économiques et sociales d'importance majeure. Dans la pratique toutefois, le Conseil s'est réuni pour la première fois en novembre 2018 et ses activités ont été suspendues en raison de la pandémie.

Divers autres facteurs peuvent ralentir, voire entraver, l'avancement des réformes. Le processus d'approbation de toute réforme ambitieuse est complexe, car il suppose la participation tour à tour du ministère de tutelle concerné, du Conseil des ministres (réuni dans différentes configurations) et du Parlement (l'Assemblée des Représentants du Peuple, ou ARP), avec discussions en commission compétente et en séance plénière. Une fois la loi-cadre promulguée, il faut rédiger le règlement d'application (décret, circulaire, etc.). Il s'agit d'un cycle long qui, à chaque étape, peut être retardé par les groupes de pression. Les groupes qui s'opposent au changement sont généralement de petite taille et bien organisés, et ils disposent des moyens nécessaires, notamment le poids des médias, pour influencer l'opinion publique.

Encadré 1.4. Enseignements tirés pour l'ajustement structurel de l'expérience australienne de réformes généralisées

Au cours des trois dernières décennies, l'Australie a mis en œuvre un large éventail de réformes structurelles impliquant la libéralisation des échanges internationaux, du taux de change et du secteur financier, l'assouplissement de la réglementation du marché du travail, la réforme des monopoles du secteur public qui dominaient l'offre de services d'infrastructure de base ainsi que l'examen systématique et la refonte de la réglementation anticoncurrentielle à l'aide d'une « politique nationale de la concurrence » de portée générale.

Les réformes ont généré toute une série d'effets positifs dans l'ensemble de l'économie. Elles ont aussi souvent fait peser des coûts d'ajustement sur des entreprises individuelles, des travailleurs et des régions. Si ces pressions se sont généralement concentrées sur un groupe relativement restreint et bien identifié dès le départ, les effets positifs se sont, le plus souvent, dispersés dans l'ensemble de la société et ils ne se sont faits sentir qu'au bout d'un certain temps, ce qui explique pourquoi il est toujours difficile d'obtenir l'adhésion du public pour des réformes dignes d'intérêt.

L'expérience australienne confirme l'importance de la stabilité macroéconomique pour créer un environnement propice au changement structurel et au succès des réformes. Elle montre aussi toutefois qu'il est important de s'attaquer aux problèmes d'ajustement et de mettre en œuvre des politiques appropriées pour les résoudre. Parmi les principaux enseignements tirés de l'expérience australienne, on peut citer les suivants :

Des processus efficaces d'évaluation des politiques sont indispensables. Les décideurs ont besoin d'informations et d'analyses pour savoir si un projet de réforme structurelle est dans l'intérêt général de la population, compte tenu de ses coûts et avantages attendus et de ses effets notables éventuels sur la répartition des revenus. Différentes stratégies de mise en œuvre devront être examinées, le cas échéant, et les fondements de certains choix de politiques devront être clairement énoncés.

Des processus d'examen indépendants peuvent faciliter l'acceptation de la nécessité des réformes. Les autorités publiques comme les communautés ont besoin de comprendre la raison d'être et les conséquences de différents choix de politiques. Des organes d'examen qui fonctionnent en toute indépendance des autorités gouvernementales et de groupes d'intérêts catégoriels et dont les

---

processus prévoient de larges consultations et une surveillance du public, peuvent aider les gouvernements à « vendre » les réformes et à mieux faire comprendre à la population que leurs avantages dépasseront leurs coûts.

Des réformes généralisées peuvent réduire les coûts de l'ajustement. En dépit des problèmes non négligeables que cela pose, entreprendre en même temps des réformes dans différents domaines d'action peut réduire la résistance au changement du fait que ceux qui pâtissent d'une réforme peuvent bénéficier, en contrepartie, des effets positifs d'une ou de plusieurs autres. Par exemple, la modélisation entreprise par la Commission de l'industrie australienne (qui a précédé la Commission de la productivité) des réformes du tarif douanier, des secteurs de l'électricité et des télécommunications ainsi que du secteur public, a démontré que la libéralisation des échanges réduirait certes l'emploi dans le secteur manufacturier de 0.3 % mais que les quatre réformes auraient pour effet net d'accroître l'emploi dans ce même secteur de 1.2 %. De plus, le programme de réforme étant général, il a été plus difficile à des secteurs particuliers de demander à bénéficier d'une exemption.

Il convient, dans toute la mesure du possible, de recourir à des mesures d'ajustement accessibles à tous. Des dispositifs généraux de protection sociale – tels que le système de sécurité sociale et/ou de transferts fiscaux, l'aide à la recherche d'emploi et les programmes de formation – présentent l'avantage de traiter de la même façon les personnes se trouvant dans des situations similaires, d'axer l'aide sur les personnes qui en ont vraiment besoin et de soutenir des personnes plutôt que des industries ou des activités particulières. Même dans ces conditions, ce type de dispositifs ne peut faire face à toutes les éventualités et des mesures complémentaires peuvent être nécessaires. Il existe toutefois peu de règles précises à respecter pour déterminer quand une assistance supplémentaire peut se justifier et ce qui marchera le mieux.

D'autres aides sectorielles à l'ajustement doivent être évaluées au cas par cas. L'Australie a eu recours à des programmes d'aide spéciaux pour faciliter l'abaissement des niveaux d'aide accordés aux industries laitière, automobile, du textile et de l'habillement ainsi que de la chaussure. Des mesures d'ajustement spécifiques doivent faciliter le changement et non le freiner, être axées sur les problèmes d'ajustement, être efficaces par rapport à leur coût et compatibles avec les systèmes généraux de protection sociale, impliquer un partage équitable de leurs coûts de financement et être transparentes avec une définition claire des responsabilités. Les risques des « opérations sectorielles » sont qu'elles peuvent créer des incitations à continuer de demander une compensation (ce qui ralentit l'ajustement) et encourager d'autres entreprises et d'autres travailleurs à rechercher un traitement de faveur.

Des réformes progressives peuvent faciliter l'ajustement. Pour atténuer les pressions dues à l'ajustement, on peut opter pour une stratégie de mise en œuvre progressive des réformes. Cette démarche présente de nets avantages là où des changements graduels et échelonnés permettent de faciliter la transition en laissant aux parties concernées le temps de s'adapter à un nouvel environnement et là où l'on ne dispose que d'informations limitées sur la capacité d'ajustement de différents groupes de travailleurs et d'entreprises. C'est ainsi que les programmes de réforme du tarif douanier, des subventions et de la tarification des services publics ont été mis en œuvre par étapes en Australie. L'introduction progressive des réformes peut toutefois retarder le moment où leurs effets positifs se font sentir et, dans certains cas, elle peut augmenter le risque de réorientation de l'action gouvernementale.

Une évaluation a posteriori peut aider à garder le cap des réformes. L'aptitude des gouvernants à déceler et à résoudre par avance d'éventuels problèmes d'ajustement ou de répartition est souvent limitée. Les difficultés associées à une réforme peuvent n'apparaître que lors de sa mise en œuvre. L'évaluation a posteriori a donc un rôle à jouer et elle doit s'accompagner, le cas échéant, d'une modification des réformes en conséquence. Cela peut contribuer à rassurer la population en la convainquant qu'il sera remédié aux difficultés inattendues auxquelles se heurtera l'ajustement.

Source : Australian Productivity Commission.

Une situation budgétaire fragile nécessite une intervention des pouvoirs publics au niveau des dépenses, des recettes et des entreprises publiques

Sous l'effet de la diminution des recettes, du versement de transferts supplémentaires aux entreprises publiques et de l'octroi d'aides d'urgence aux entreprises et aux ménages, le déficit budgétaire de 2020 s'est creusé pour se hisser à plus de 10 % du PIB (Graphique 1.19). Malgré la mise en place de dispositions spéciales limitant les embauches, les avancements et les heures supplémentaires dans les secteurs non essentiels, la masse salariale de la fonction publique a augmenté pour atteindre 17.5 % du PIB. La loi de finances 2021 prévoyait de ramener le déficit à 6.6 % du PIB – bien que les mesures spécifiques de réduction des coûts nécessaires pour atteindre cet objectif n'aient pas toutes été mises en place. La loi de finances rectificative pour 2021 (LFR-21) fait état d'une hausse significative des recettes budgétaires (+13 % en glissement annuel par rapport à l'an précèdent) et une augmentation encore plus rapide de la dépense publique (+13.7 %), à cause notamment des importantes ressources destinées au remboursement du capital, ainsi que de la dynamique de la masse des salaires et des dépenses sociales. Pour 2022, la loi de finances (LF-22) assume que le déficit atteindrait 6.7 % du PIB. Les hypothèses retenues dans la LF-2022 sont d'une croissance du PIB de 2.6 % et un prix moyen du baril de 75 USD. Le besoin de financement restera stable à 20 milliards TND , qui inclut le remboursement de la dette publique. La LF-22 contient des mesures fiscales et non-fiscales visant à alléger certains secteurs en difficulté, comme l'agriculture, le tourisme, le transport aérien et le BTP, ainsi qu'en faveur de la numérisation et d'un renforcement de l'administration et du contrôle fiscal. Du point de vue des interventions structurelles, la mise en place d'un plan de départ anticipé à la retraite à 57 ans sur trois ans dans la fonction publique, représente un premier pas pour réduire la masse salariale. Le processus budgétaire gagnerait en transparence par l'adoption d'une stratégie de communication exhaustive.

Graphique 1.19. Le déficit budgétaire est élevé

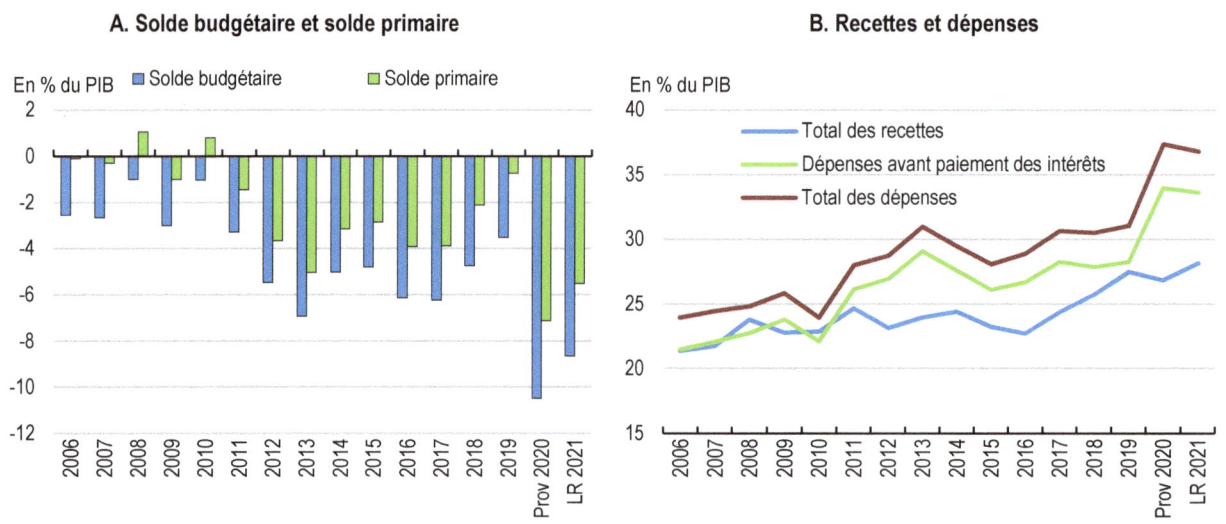

Note : Dans les *Perspectives économiques de l'OCDE* n° 110 (décembre 2021), l'OCDE prévoit que le solde financier de l'administration centrale s'établira à -8.2 % du PIB en 2021.
Source : Ministère des Finances.

StatLink https://stat.link/5au23j

La politique budgétaire expansionniste appliquée en réaction à la récession a fait passer le ratio d'endettement public de 72 % du PIB en 2019 à 89 % du PIB en décembre 2021. Si le solde primaire s'améliore peu à peu et le taux d'intérêt à long terme augmente légèrement par rapport aux niveaux actuels (ce qui correspond à un scénario de référence plutôt favorable), le ratio d'endettement atteindra 100 % du PIB dans 20 ans. Les politiques économiques pourraient sensiblement contribuer à améliorer la viabilité de la dette en réajustant les dépenses publiques et en stimulant la croissance économique. Dans le scénario de réformes structurelles (voir ci-dessus), le ratio de la dette au PIB pourrait diminuer régulièrement au cours de la même période (Graphique 1.20). Si les réformes structurelles s'accompagnaient aussi d'un effort d'assainissement budgétaire plus ambitieux, le ratio d'endettement pourrait s'améliorer encore plus rapidement. En revanche, une dépréciation exceptionnelle de la monnaie entraînerait immédiatement une hausse de ce ratio, qui continuerait ensuite de grimper.

Graphique 1.20. La mise en œuvre de réformes structurelles ambitieuses visant à stimuler la croissance pourraient faire diminuer le ratio de la dette publique au PIB

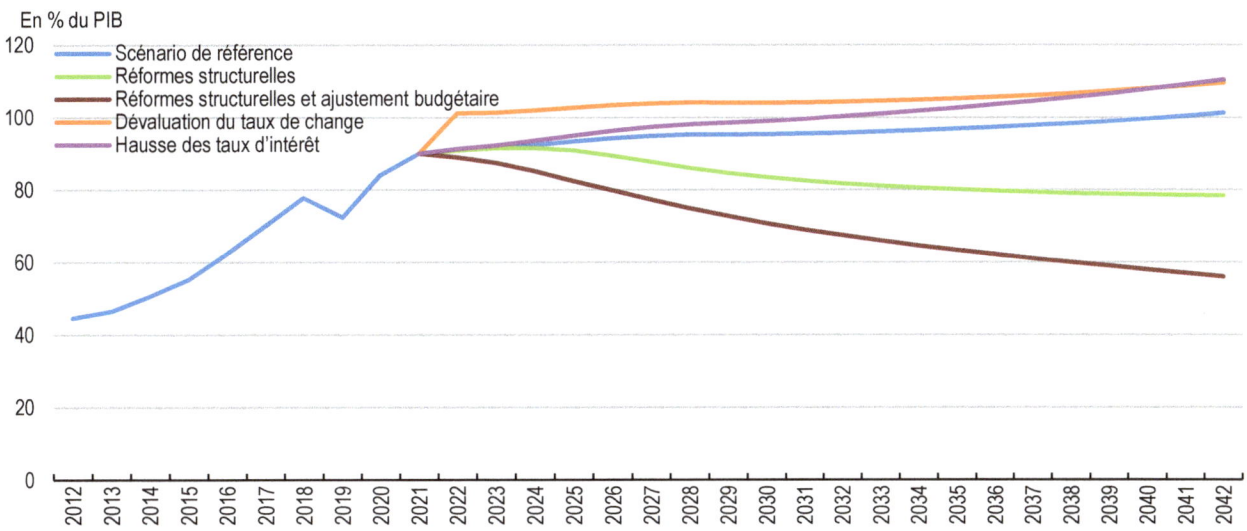

Note : Dans le scénario de référence, on suppose que le solde primaire (égal à -0.8 % du PIB en 2019) sera ramené de -5.5 % du PIB en 2021 à -1% du PIB d'ici 2029 et maintenu constant à partir de 2030. Le scénario « Réformes structurelles » fait intervenir des réformes destinées à augmenter le potentiel de croissance de l'économie, notamment l'assouplissement de la réglementation des marchés de produits, l'amélioration de la qualité de l'enseignement, le renforcement de la gouvernance et de l'état de droit, ainsi que la réduction du coin fiscal sur le travail (voir ci-dessus), qui a également pour effet d'accroître les recettes fiscales et de réduire le déficit primaire par rapport au scénario de référence. Le scénario « Réformes structurelles et ajustement budgétaire » intègre des réductions supplémentaires des dépenses publiques qui permettront de ramener la balance primaire à 0.3 % du PIB en 2025 et de la maintenir constant ensuite. Le scénario « Dévaluation du taux de change » prévoit une dévaluation monétaire de 15 % en 2022 par rapport au scénario de référence, tandis que le scénario « Hausse des taux d'intérêt » modélise un taux d'intérêt sur la dette publique supérieur de 0.5 point de pourcentage à celui retenu dans le scénario de référence. Les simulations ne prennent pas en compte l'effet du vieillissement de la population sur les finances publiques en raison de l'indisponibilité des données.
Source : Calculs de l'OCDE fondés sur les données de la Banque centrale de Tunisie et du Ministère des Finances et sur le modèle à long terme de l'OCDE.

StatLink 🔗 https://stat.link/39bcw8

Afin de stabiliser la dette publique et de la ramener sur une trajectoire descendante, il sera nécessaire, si les réformes structurelles sont correctement mises en œuvre, de générer un léger excédent primaire (0 3 % du PIB) d'ici le milieu de la décennie, comme le supposent les simulations de la dette ci-dessus. Si l'on prend comme référence le déficit primaire de -0.8 % du PIB en 2019, cela impliquerait un ajustement budgétaire total de 1.1 % du PIB. Il existe également de solides arguments en faveur de politiques publiques visant à stimuler les investissements en capital humain (en augmentant les dépenses de formation et certaines prestations sociales bien ciblées pour réduire les inégalités et la pauvreté) et dans les infrastructures. À supposer que des dépenses supplémentaires d'environ 1.5 % du PIB soient consacrées à ces postes et dans l'hypothèse d'une baisse des recettes de 0.4 % du PIB due à la division par deux des droits et taxes à l'importation, l'ajustement budgétaire total devrait être d'environ 3 % du PIB.

Cet ajustement budgétaire pourrait être réalisé sans augmenter les taux d'imposition ou introduire de nouvelles taxes (Tableau 1.4.). Au lieu de cela, il existe de nombreuses possibilités d'accroître l'efficacité des dépenses sans compromettre les objectifs sociaux et économiques (Banque mondiale, 2020[24]). Cela pourrait inclure une meilleure gestion des dépenses publiques, grâce à l'élimination progressive de certaines dépenses courantes qui ne sont plus prioritaires ou qui se sont avérées inefficaces, et la réduction des dépenses fiscales qui créent des distorsions sans générer beaucoup de retombés positives. Enfin, il est possible de réduire le gaspillage des ressources publiques dû à la corruption et d'éviter les dépenses clientélistes visant à bâtir un consensus politique.

Tableau 1.4. Impact budgétaire des recommandations

Recommandation budgétaire	Impact estimé sur le solde budgétaire, en points de pourcentage du PIB
Réduire les dépenses de personnel dans le secteur public (effectifs et salaires)	+1.5 %
Réduire les subventions et les exonérations d'impôt	+1.5 %
Diviser par deux les droits et taxes à l'importation	-0.4 %
Augmenter les dépenses de formation et les prestations sociales bien ciblées	-0.5 %
Augmenter les dépenses dans les infrastructures	-1.0 %
Variation du solde primaire en résultant	+1.1 %

Note : Les chiffres figurant dans ce tableau étant des estimations, ils sont donc soumis à une incertitude considérable. La mise en œuvre des recommandations pourrait prendre plusieurs années.

Étant donné que les déséquilibres budgétaires pèsent sur la solvabilité à moyen terme de la Tunisie, l'adoption d'une stratégie crédible s'impose de toute urgence. Il serait notamment très utile d'instituer une règle budgétaire qui limite progressivement la hausse des dépenses courantes, en fonction du montant de la dette publique par exemple, comme au Costa Rica (voir Encadré 1.5).

Encadré 1.5. Règles budgétaires pour assainir les finances publiques – l'expérience du Costa Rica

Le Costa Rica a adopté une loi historique de réforme budgétaire en décembre 2018, à l'issue d'une vingtaine d'années de débats et dans un contexte social complexe, marqué notamment par une grève de trois mois dans le secteur public. L'instauration d'une règle budgétaire qui freine progressivement la hausse des dépenses courantes constitue l'un des éléments essentiels de cette réforme (voir Tableau 1.5).

Tableau 1.5. La règle budgétaire adoptée au Costa Rica

Quand, au terme de l'exercice budgétaire précédent, la dette est	L'augmentation annuelle des dépenses courantes ne doit pas dépasser
Inférieure à 30 % du PIB[1]	La croissance moyenne du PIB nominal des quatre années antérieures.
Entre 30 et 45 % du PIB	85 % de la croissance moyenne du PIB nominal des quatre années antérieures.
Entre 45 et 60 % du PIB	75 % de la croissance moyenne du PIB nominal des quatre années antérieures.
Supérieure à 60 % du PIB	65 % de la croissance moyenne du PIB nominal des quatre années antérieures.

Note 1 : Ou le ratio dépenses courantes/PIB est inférieur à 17 %.

Les dépenses de toutes les entités non financières du secteur public (c'est-à-dire l'administration centrale, l'ensemble des organismes semi-autonomes, le parlement, le système judiciaire, les collectivités locales et les entreprises publiques non financières) sont soumises à la règle budgétaire. Bénéficient d'une exemption la Caisse de sécurité sociale (CCSS), la société de raffinerie de pétrole (Recope) et les entreprises publiques pour ce qui est de la partie de leurs activités exposées à la concurrence.

Le ministère des Finances veille à ce que la formulation du budget de l'administration centrale et des organismes semi-autonomes respecte la règle budgétaire. Concernant l'administration centrale, le contrôleur général vérifie, pendant la phase d'approbation du budget, que celui-ci est conforme à la loi. Au terme de l'exercice, il vérifie aussi que la règle budgétaire a bien été respectée. Le conseil budgétaire indépendant procède également à une évaluation sur ce point. Un rapport final de conformité est remis au Bureau du contrôleur général au mois d'avril de l'année suivante et publié sur le site web du ministère des Finances. Le Bureau du contrôleur général vérifie la conformité à la loi du budget des entreprises publiques.

Source : OCDE (2020), *Étude économique du Costa Rica*.

Les dépenses publiques sont dominées par les dépenses courantes, laissant guère de marge pour le financement des mesures sociales

La composition des dépenses publiques reflète la vision du rôle de « l'État en tant que pourvoyeur d'emplois ainsi que de biens et services subventionnés » (Banque mondiale, 2020[24]). Depuis le début des années 2010, la forte hausse des dépenses de personnel (Tableau 1.6), qui résulte de l'augmentation à la fois des effectifs et des salaires (FMI, 2021[7]), est la principale cause de la détérioration du déficit budgétaire (Graphique 1.21.). Les émissions d'emprunts ont dû être accrues pour financer les dépenses courantes et le service de la dette, ce qui a entraîné une insuffisance des ressources pouvant servir à améliorer la qualité des infrastructures et des services publics. Il serait souhaitable de mettre en œuvre les recommandations formulées dans la précédente *Étude économique de la Tunisie* (OCDE, 2018[25]) (Tableau 1.7). En particulier, pour remettre la dette publique sur une trajectoire soutenable, il faut associer un assainissement budgétaire graduel, centré sur le volume des dépenses publiques et l'évaluation systématique des incitations fiscales, à des réformes structurelles susceptibles de soutenir la croissance. La justice fiscale doit être renforcée et le biais des subventions en faveur des ménages riches doit être corrigé.

Tableau 1.6. Composition des dépenses et des recettes publiques[1] (en % du PIB)

	2010	2016	2019	2020	LF2021	LR2021
1. Recettes totales	**22.9**	**22.7**	**27.5**	**26.9**	**26.3**	**28.2**
Recettes fiscales	20.1	20.8	25.1	24.6	24.4	25.6
Recettes non fiscales	2.8	1.9	2.4	2.3	2.0	2.5
2. Dépenses totales	**23.9**	**28.9**	**31.0**	**37.5**	**32.8**	**36.8**
Dépenses courantes	17.9	23.4	27.8	33.6	29.4	33.3
dont : Salaires	10.7	14.6	14.5	17.4	16.4	16.9
Subventions	2.4	2.4	4.7	4.0	2.6	..
Produits alimentaires	0.9	1.7	1.6	2.2	1.8	..
Transports	0.3	0.5	0.4	0.5	0.4	..
Énergie	1.2	0.2	2.8	1.3	0.3	..
Charges d'intérêts	1.8	2.2	2.8	3.4	3.3	3.1
Dépenses en capital	6.5	5.3	3.3	3.5	3.4	3.5
Prêts	-0.5	0.1	-0.1	0.4	0.0	0.0
Déficit (1-2)	**-1.0**	**-6.1**	**-3.5**	**-10.5**	**-6.5**	**-8.7**
Pour mémoire						
Dons	0.0	0.1	0.3	0.0	0.0	..
Recettes des privatisations	0.0	0.1	0.3	0.0	0.0	..
Actifs confisqués	0.0	0.3	0.5	0.1	0.1	..

1. Administration centrale, hors recettes et dépenses du système de sécurité sociale.
Source : Ministère des Finances.

Graphique 1.21. La part des dépenses sociales dans les dépenses totales est faible

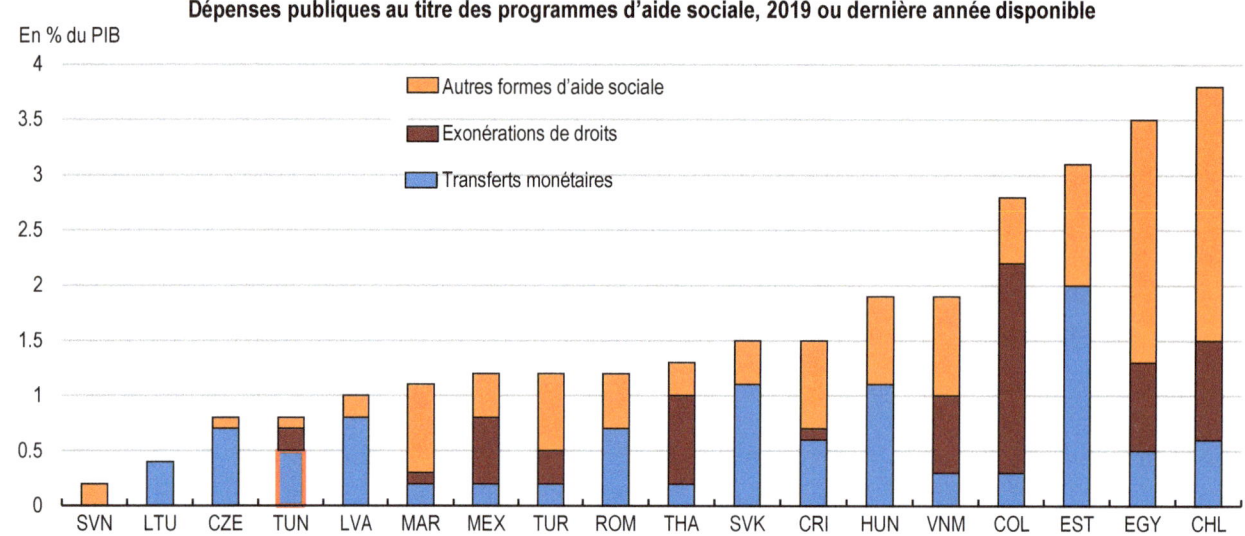

Dépenses publiques au titre des programmes d'aide sociale, 2019 ou dernière année disponible

Source : Banque mondiale, base de données ASPIRE.

StatLink ⫘⫘ https://stat.link/zstgbq

Tableau 1.7. Recommandations antérieures concernant les politiques macroéconomiques

RECOMMANDATIONS ANTÉRIEURES DE L'OCDE	MESURES PRISES
Assortir l'ajustement budgétaire de réformes structurelles afin d'inscrire le ratio de la dette publique au PIB sur une trajectoire descendante à moyen terme.	Peu de progrès ont été accomplis, même avant la pandémie de COVID-19.
Effectuer des examens de dépenses axés sur l'utilité des programmes publics, dont les projets d'infrastructures, pour hiérarchiser les priorités en matière de dépenses publiques.	Depuis 2021, le Ministère de l'Économie publie un rapport annuel sur les incitations fiscales.
Rétablir la justice fiscale en facilitant le recoupement des informations et en augmentant les contrôles fiscaux afin de mieux lutter contre la fraude et l'évasion fiscales.	Peu de progrès.
Évaluer systématiquement l'impact, les coûts et les bénéficiaires des incitations fiscales, notamment à l'achat d'un logement et à l'investissement des entreprises.	Depuis 2021, le ministère des finances publie un bilan annuel des incitations fiscales.
Réduire progressivement les effectifs du secteur public en conservant la règle de remplacement partiel des fonctionnaires partant à la retraite.	Le gouvernement a maintenu les plafonds annuels d'embauche et s'est engagé à limiter les avancements. Il a également lancé des programmes de départ volontaire et de retraite anticipée en 2017-2018, mais la participation s'avère faible.
Relever progressivement l'âge légal de départ à la retraite et engager des réformes pour garantir la pérennité financière des régimes de retraite.	L'âge de la retraite dans le régime des pensions civiles et militaires et des survivants dans le secteur public a été relevé de 60 à 62 ans, mais la réforme du système privé reste à définir ; La contribution sociale solidaire a été introduite pour diversifier les sources de financement des caisses de sécurité sociale.
Réformer le système de subventions en instituant des règles d'ajustement automatique des prix pour les produits pétroliers et en remplaçant les subventions aux autres produits par des transferts monétaires aux ménages.	Dès 2020, le gouvernement a adopté un mécanisme d'ajustement automatique des prix du carburant, qui n'a toutefois pas été entièrement mis en œuvre.
Accélérer la mise en œuvre de modifications législatives permettant aux banques de réduire la part des créances douteuses.	Peu de progrès.
Poursuivre le désengagement de l'État dans les banques publiques et mixtes.	Peu de progrès.

La masse salariale du secteur public est l'une des plus élevées au monde

L'emploi et la masse salariale dans le secteur public (y compris les entreprises publiques) ont sensiblement augmenté depuis 2011 (Graphique 1.22). Des emplois ont été créés au sein des administrations publiques et des entreprises publiques pour les chômeurs peu qualifiés et de longue durée, afin notamment d'éviter une hausse excessive du chômage et les tensions sociales qu'il engendre. L'amnistie générale de 2011 a permis aux fonctionnaires qui avaient perdu leurs postes pour des raisons politiques de les réintégrer, et ce avec la mise à jour de leur trajectoire de carrière, y compris toutes les promotions. Le cadre juridique prévoit un système de recrutement et d'avancement par voie de concours mais, dans la pratique, le secteur ne recourt guère à des évaluations des performances et à des incitations financières adéquates. Dans ce contexte, et compte tenu du degré relativement élevé de centralisation du système, il est très difficile de tenir compte des besoins organisationnels et des caractéristiques de la main-d'œuvre dans la phase du recrutement.

Graphique 1.22. Le secteur public fournit un grand nombre d'emplois, bien rémunérés

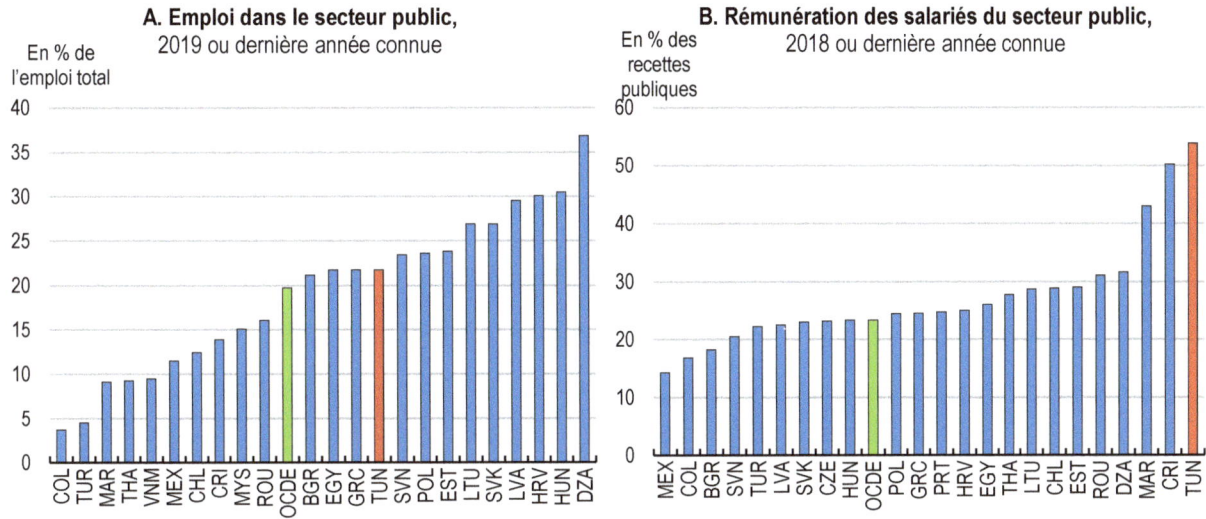

Source : OIT, base de données ILOSTAT ; et FMI, base de données des *Perspectives de l'économie mondiale*.

StatLink ⬛ https://stat.link/4z1drh

À moyen terme, des réformes plus profondes s'imposent pour améliorer les performances opérationnelles et réduire les coûts de la fonction publique. Il conviendrait notamment de suspendre les embauches et les promotions dérogatoires et hors concours, de rendre la publication des postes vacants obligatoire et d'appliquer les principes d'uniformité, d'équité, de justice et de transparence pour renforcer les processus d'évaluation des fonctionnaires tout au long de leur vie active. Certains pays membres de l'OCDE ont mis en œuvre des réformes similaires pour réduire leurs dépenses de fonctionnement (Encadré 1.6). Un recours accru aux technologies du digital pourrait aussi rendre les administrations publiques plus efficientes. La résistance au changement demeure toutefois forte. En mai 2021, les syndicats ont notamment rejeté un projet gouvernemental visant à réduire la masse salariale par une diminution des effectifs et des départs volontaires.

Encadré 1.6. Réforme du secteur public : l'expérience de la Slovénie et de l'Estonie

En Slovénie, le système de rémunération dans le secteur public était devenu un système complexe et opaque. En 2010, à l'issue de négociations avec des représentants syndicaux des fonctionnaires, le gouvernement a mis en place un nouveau système. Il a fait preuve d'innovation et de créativité dans la façon dont il a géré à la fois le processus de réforme et les négociations nécessaires. Le gel des augmentations de salaires, qui crée indirectement une réserve de fonds non alloués et pouvant être redistribués, a vraisemblablement été un facteur déterminant dans la conclusion d'un accord. Un autre enseignement important qui a été tiré est que, pour assurer la poursuite et la pérennité de la réforme, l'organisme central de la fonction publique doit être renforcé. Il s'agit là d'un élément essentiel pour garantir la cohérence du système. Cet organisme central devrait être habilité à représenter l'employeur public dans les négociations de conventions collectives.

L'expérience de l'Estonie atteste de l'intérêt de l'administration électronique. Les citoyens estoniens peuvent pratiquement tout faire en ligne, sauf se marier ou divorcer et vendre ou acheter des biens immobiliers. Le protocole de communication sécurisée « X-road », sur lequel reposent les services d'administration en ligne, a été développé selon les mêmes principes que la chaîne de blocs, avant même que cette technologie n'ait été inventée. L'Estonie est également à la pointe de la dématérialisation des marchés publics : elle est l'un des quatre seuls pays de l'OCDE à avoir intégré un ensemble complet de fonctions dans ses systèmes de passation électronique des marchés publics. Durant la pandémie de COVID-19, le pays a mis en œuvre des approches novatrices de la prestation des services de santé, en encourageant les téléconsultations.

Source : OCDE (2012), *The Public Sector Salary System in Slovenia* ; et OCDE (2021), *Government at a Glance 2021: Country Fact Sheet Estonia*.

Les entreprises publiques jouent un rôle prépondérant dans l'économie

Les entreprises publiques ont joué un rôle important dans l'économie tunisienne depuis l'indépendance du pays en 1956, lorsque l'État a nationalisé nombreuses entreprises. Dans les années 1980, celles-ci sont toutefois devenues dans la plupart de cas inefficientes, déficitaires et de plus en plus endettées, contribuant à la crise de liquidités qui, en 1986, a contraint la Tunisie à adopter un programme d'ajustement structurel sous la tutelle du FMI. Ce programme prévoyait le retrait progressif de l'État des secteurs jugés « non stratégiques ». Quelque 144 entreprises publiques, dont des cimenteries et des banques, ont été privatisées à part entière entre 1987 et 1999.

La gouvernance des entreprises publiques revêt une importance cruciale pour le développement socioéconomique de la Tunisie, et ce pour de multiples raisons. En premier lieu, les entreprises publiques dominent plusieurs secteurs (dont les transports, les banques et l'énergie) qui pèsent lourd dans le coût de la vie et fournissent des intrants importants aux entreprises. Elles représentent en outre une part non négligeable de l'économie nationale et constituent notamment la majeure partie des grandes entreprises du pays (leur part dans le chiffre d'affaires total des 100 plus grandes entreprises de Tunisie dépasse 50 %) (Graphique 1.23). En deuxième lieu, les résultats financiers médiocres des entreprises publiques aggravent la situation des finances publiques, et leurs éléments de passif éventuel sont considérables (14 % du PIB selon la (Banque mondiale, 2020[24])). Et en troisième lieu, les entreprises publiques étaient la cheville ouvrière du capitalisme de copinage avant la transition politique. L'amélioration de leur transparence est donc indispensable à la création d'un système économique et social plus juste et viable.

Graphique 1.23. Les entreprises publiques occupent une place prépondérante dans le secteur des entreprises

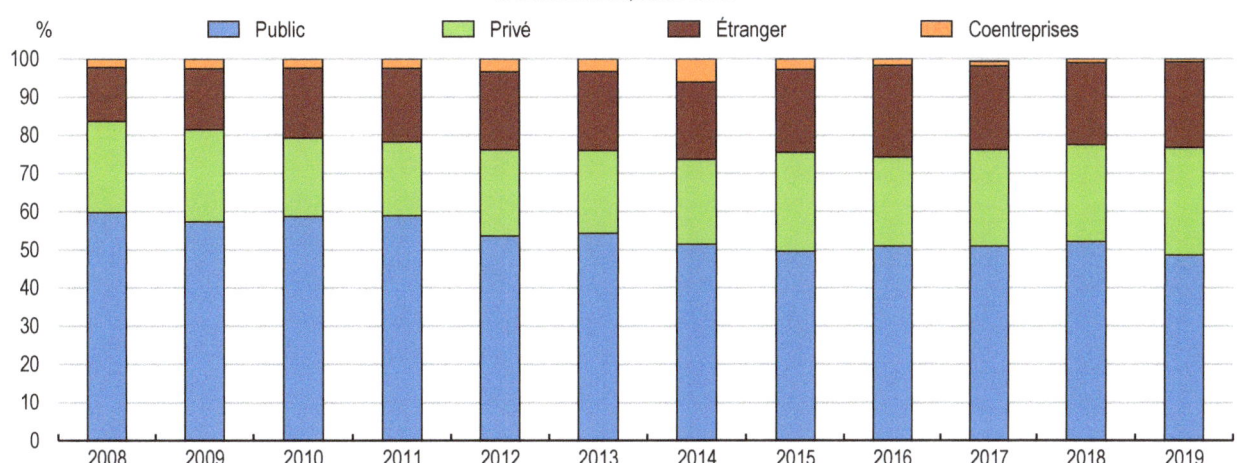

Répartition du chiffre d'affaires total des 100 plus grandes entreprises de Tunisie, par type d'actionnariat, 2008-2019

Source : OCDE, données tirées de diverses éditions du « Classement annuel des entreprises tunisiennes », publié par *L'Économiste Maghrébin*.

StatLink https://stat.link/hu7jno

Les entreprises publiques ont tendance à souffrir de problèmes de gestion, à enregistrer des résultats médiocres, à présenter des risques budgétaires et à créer à terme des distorsions sur les marchés. L'État gère aujourd'hui 110 entreprises (Ministère de l'économie, des finances et de l'appui à l'investissement, 2021[26]) (la moyenne de l'OCDE est d'environ 13), dont le chiffre d'affaires total représente presque 10 % du PIB. Les entreprises publiques tunisiennes ont accusé des pertes nettes annuelles moyennes de 400 millions TND entre 2013 et 2016, malgré des subventions de fonctionnement totalisant près de 5 milliards TND (4.5 % du PIB) (Banque mondiale, 2020[24]). À la fin de 2019, les 30 plus grandes entreprises publiques affichaient une dette globale représentant 40 % du PIB, les prêts contractés auprès des banques locales s'élevant à 17 % du PIB (FMI, 2021[7]). Qui plus est, la part de la dette garantie par l'État représente 15 % du PIB, ce qui risque de mettre à mal la viabilité budgétaire. Les entreprises publiques ont d'importants arriérés et arriérés croisés entre elles, envers l'État, ainsi qu'envers des caisses de sécurité sociale et des entités privées. À la fin juin 2020, les arriérés des entreprises publiques envers l'État représentaient 5.6 % du PIB, tandis que ceux de l'État envers les entreprises publiques s'élevaient à 7.9 % du PIB ; les arriérés des entreprises publiques envers les entités privées avoisinaient pour leur part 3 % du PIB.

Les entreprises publiques jouissent le plus souvent d'une position de monopole dans leurs secteurs d'activité, ce qui réduit les incitations à améliorer la productivité, engendre des coûts supplémentaires pour le secteur privé et ouvre la voie à la corruption (Ades et Di Tella, 1999[27]). Un indicateur de performance très simpliste (soit le chiffre d'affaires par salarié) montre que les entreprises publiques tunisiennes ne se portent pas particulièrement bien, même par rapport à la région MENA (Graphique 1.24). C'est le cas de la Société tunisienne de l'électricité et du gaz (STEG), par exemple. La STEG détient 91.5 % de la capacité électrique installée en Tunisie et produit 81 % de l'électricité du pays. Cependant, en raison de retards dans la construction de nouvelles centrales électriques, la capacité de production excédentaire est limitée et les baisses de tension sont fréquentes (AfDB, 2019[28]). La STEG a du mal à répondre au pic estival de demande d'électricité, et a fortiori à faire face à la croissance annuelle de 5 % de la consommation d'électricité du pays. Depuis 2011, l'expansion de la capacité de production installée de la STEG a ralenti de 3.5 % par rapport à la décennie précédente, et l'augmentation du vol d'électricité et du non-paiement des factures pèse sur les résultats financiers de l'entreprise (Banque mondiale, 2019[29]). En revanche, les effectifs salariés se sont accrus, passant de 9 260 en 2010 à 12 753 en 2013, et à 13 467 en 2019.

Graphique 1.24. Les services d'utilité publique affichent des résultats relativement faibles

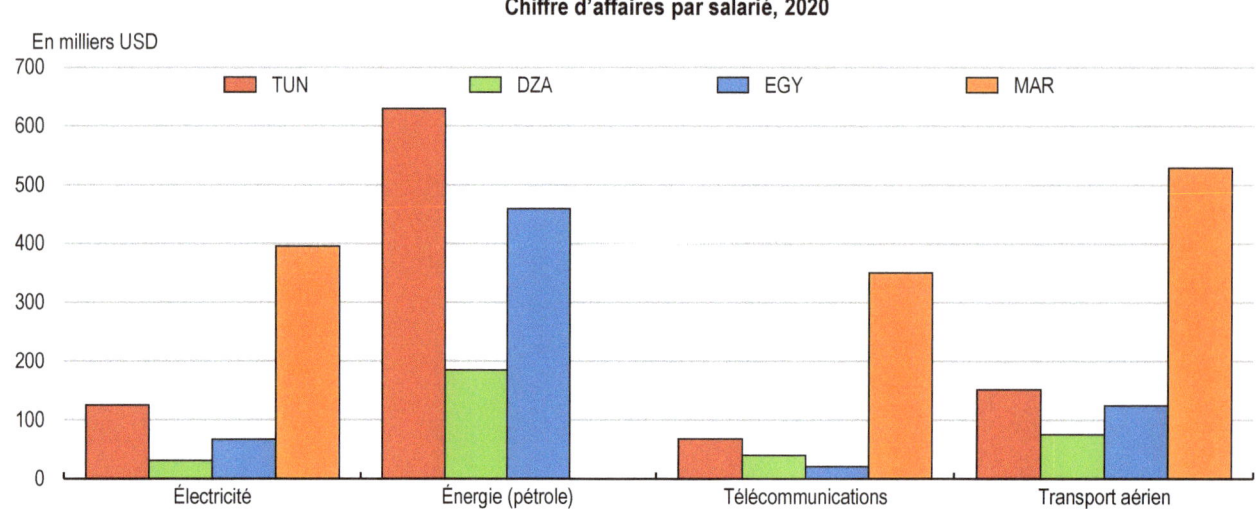

Chiffre d'affaires par salarié, 2020

Source : Secrétariat de l'OCDE, d'après les rapports publiés par les entreprises.

StatLink 🖳 https://stat.link/yva2pb

La gouvernance des entreprises publiques pourrait être améliorée

Il ressort de l'analyse menée par l'OCDE que tous les membres du conseil d'administration de la STEG sont soit des fonctionnaires soit des salariés de la société. De fait, dans les conseils d'administration de neuf des dix plus grandes entreprises publiques pour lesquelles on dispose de données, pas moins de 92 administrateurs sur 106 peuvent être considérés comme des personnes politiquement exposées (c'est-à-dire des personnes qui se sont vu confier une fonction publique importante) et/ou sont des acteurs internes. Cette structure de gouvernance sans administrateurs indépendants est propice à la collusion et à la pensée de groupe et limite l'apport de compétences externes. Les dernières réformes en date ont créé de nouveaux niveaux d'obligations formelles (concernant par exemple les nominations internes, les conditions de travail ou les décisions d'investissement et de passation de marchés), qui introduisent des obligations supplémentaires en matière de publication d'informations. Il serait plus judicieux de mettre en place une meilleure combinaison d'incitations qui concourent à aligner les comportements des dirigeants et des administrateurs sur les intérêts de l'État actionnaire.

Le secteur du transport aérien permet d'illustrer les conséquences du manque d'aboutissement des réformes. Dans les années 2000, l'UE a lancé le processus de création d'un Espace Aérien Commun élargi avec ses pays voisins de l'est et du sud. Alors que le Maroc voyait dans l'Accord euro-méditerranéen relatif aux services aériens une opportunité, qui a permis à sa compagnie aérienne nationale de se restructurer et d'en tirer profit (Encadré 1.7), la Tunisie a à maintes reprises exprimé des préoccupations quant à la capacité de sa compagnie aérienne nationale (Tunisair, dont 62 % du capital est détenu par l'État) d'exercer son activité dans un environnement libéralisé. En conséquence, les ajustements nécessaires en vue de l'accord « Ciel ouvert » avec l'UE ont pris du retard. Cet accord, signé en décembre 2017, n'a pas encore été ratifié et demeure un simple projet suscitant une opposition considérable, en particulier de la part des syndicats de Tunisair. Entre temps, la compagnie a accumulé des dettes et des pertes, a connu de fréquents changements au sein de la direction, a enregistré un faible taux de ponctualité (53 % en 2020) et reste en sureffectif, employant 280 personnes par avion alors que la norme internationale est de 80.

> **Encadré 1.7. Libéralisation du marché et redressement des entreprises publiques : l'exemple du transport aérien au Maroc**
>
> Créée en 1957, la compagnie aérienne Royal Air Maroc (RAM) propose, au départ de sa base à l'aéroport international Mohammed V de Casablanca, un vaste réseau de lignes au Maroc et en Afrique, ainsi que des services vers l'Europe, le Moyen-Orient, la Chine et le continent américain. Elle est l'une des cinq compagnies aériennes africaines à appartenir à une alliance mondiale (en l'occurrence l'alliance oneworld, dont RAM est devenue membre en 2020).
>
> En 2006, le Maroc a signé un accord « Ciel ouvert » avec l'UE pour soutenir le tourisme dans le sillage des attentats de Casablanca de mai 2003 et de la guerre en Iraq, ce qui a presque menacé la survie de RAM. À l'aéroport de Casablanca, la proportion de sièges proposés par des compagnies à bas prix a plus que triplé, passant d'environ 12 % en 2006 à 40 % en 2011, soit un niveau beaucoup plus élevé que dans les aéroports voisins d'Alger (0.6 %) et de Tunis (1.5 %), par exemple.
>
> Le Printemps arabe, l'attentat à la bombe contre un café de Marrakech et la crise de la dette dans la zone euro sont autant de facteurs qui ont pesé sur le tourisme et mené la compagnie RAM au bord de la faillite. Faisant face à des perspectives négatives liées à une baisse du nombre de passagers et à une augmentation des coûts d'exploitation, en particulier des prix du carburant, RAM a conclu en 2011 un contrat de programme avec la Direction des entreprises publiques et de la privatisation du ministère marocain des Finances. Ce contrat a aidé la compagnie aérienne à devenir rentable en réduisant l'étendue de ses activités, tout en lui offrant une compensation pour des services publics non rentables mais essentiels. En 2014, RAM a réduit de moitié ses effectifs, les faisant passer de 5 352 à 2 737 personnes, à la faveur d'un plan de départ volontaire approuvé par les syndicats, ce qui lui a permis de réduire ses coûts salariaux de 34 %. La compagnie aérienne marocaine a également lancé un vaste programme de renouvellement de sa flotte. Depuis 2013, elle enregistre des bénéfices et voit son chiffre d'affaires augmenter. En 2012, l'État marocain avait annoncé être prêt à vendre 44 % du capital de RAM, mais cette tentative de privatisation partielle n'a pas abouti.
>
> Le COVID-19 a provoqué une crise majeure : les recettes ont chuté de 70 % (de 16.5 milliards MAD à 5 milliards MAD) et les pertes se sont élevées à 3.5 milliards MAD. En août 2020, RAM s'est vu accorder par l'État une aide financière de 6 milliards MAD (600 millions USD), subordonnée à une réduction draconienne de ses coûts.
>
> Source : OCDE et Banque mondiale.

Dans l'avenir, il conviendra en priorité d'élaborer une stratégie d'actionnariat appropriée, assortie d'indicateurs de mesure et de gestion concrets. L'actionnariat public se justifie comme un moyen de protéger les secteurs « stratégiques » et leur main-d'œuvre contre la concurrence ou les pratiques d'éviction. En revanche, le maintien en vie des entreprises publiques dans des secteurs aussi divers et non stratégiques que la publicité, l'aviculture, la manutention et le ciment ne contribue pas à la réalisation des objectifs de développement. Du point de vue du bien-être social, la meilleure solution pour l'État serait de vendre ces entreprises publiques ou les liquider en procédant parallèlement à la restructuration des dettes avec les créanciers, les bailleurs et autres parties concernées. Bien que ces deux solutions soient difficiles à mettre en œuvre dans le contexte actuel, il est encore pire de laisser ces entreprises s'en sortir tant bien que mal. Peu de progrès ont été accomplis au cours de la dernière décennie sur les plans de la transparence, de la performance, de la gouvernance et de la viabilité des entreprises publiques. Des critères de performance non contraignants (tels que des contrats de performance) ont parfois été adoptés, mais ils ne sont pas rendus publics, comme c'est le cas en Uruguay (OCDE, 2021[30]). Pour sa part, l'Unité de surveillance de la productivité des entreprises publiques manque de compétences techniques (Banque mondiale, 2014[31]). La qualité de l'information financière doit être améliorée : à l'heure actuelle, nombre d'entreprises publiques présentent leurs états financiers avec un retard considérable, et il n'est pas rare que les commissaires aux comptes expriment une opinion avec réserve (Banque mondiale, 2020[32]).

Pour les services d'utilité publique, la recherche de partenariats internationaux pourrait avancer plus rapidement si l'État s'engage à ne pas exercer des pressions sur les nouveaux propriétaires et dirigeants. Réserver une participation minoritaire aux salariés peut aussi permettre de dissiper les craintes de licenciements immédiats à la suite d'une prise de contrôle. Depuis les années 1980, l'expérience internationale met clairement en lumière les avantages d'un cadre réglementaire propice au jeu de la concurrence, géré et supervisé par des autorités de régulation économique indépendantes (OCDE, 2016[33]). En Tunisie, en dehors du secteur financier, la seule autorité de ce type est l'Instance nationale des télécommunications (pour la radio et la télévision, une seconde instance existe, à savoir la Haute autorité indépendante de la communication audiovisuelle, ou HAICA, mais celle-ci ne joue pas le rôle de régulateur économique). La création d'une autorité de régulation sectorielle constituerait une avancée majeure pour le développement de l'autoproduction d'électricité par les énergies renouvelables (Rassaa et al., 2020[34]).

Dans le cadre du programme de réformes présenté au FMI, les autorités tunisiennes prévoient de créer un fonds de restructuration qui servira à recapitaliser les entreprises publiques, de placer l'ensemble des entreprises publiques sous la responsabilité d'une agence unique des participations de l'État et d'en vendre au moins quelques-unes jugées « non stratégiques ». Bien qu'il existe une diversité de structures du capital et de dispositifs de gouvernance dans les pays de l'OCDE, l'exercice des droits et des responsabilités d'actionnaire tend toujours à être confié à une seule entité (OCDE, 2021[35]) (Encadré 1.8), conformément aux recommandations formulées dans les Lignes directrices de l'OCDE sur la gouvernance des entreprises publiques. Même si elle agit sous la tutelle du gouvernement, qui fixe les lignes directrices de son action, il est fondamental que l'agence des participations de l'État dispose de l'autonomie suffisante pour gérer le portefeuille de participations en vue de maximiser les intérêts patrimoniaux de l'État et d'encourager l'exemplarité en matière de transparence, de rémunération, d'égalité et de responsabilité sociale et environnementale. La divulgation des sources de financement mobilisées pour les restructurations renforcerait la crédibilité du plan gouvernemental.

Encadré 1.8. Centraliser l'exercice des droits des actionnaires peut améliorer la gouvernance des entreprises publiques

L'État tunisien n'est pas le seul à vouloir améliorer les résultats et l'efficience des entreprises publiques sans pour autant céder le contrôle des actifs sous-jacents. Divers États membres de l'OCDE ont adopté un modèle d'actionnariat centralisé, qui se caractérise par un organe central de prise de décision chargé d'exercer la fonction d'actionnaire au sein de la majorité des sociétés et organismes contrôlés par l'État. La réalisation des objectifs financiers, les questions techniques et opérationnelles et le suivi des performances des entreprises publiques relèvent de la responsabilité de cette entité centrale. Les membres du conseil d'administration peuvent être nommés selon diverses modalités, mais l'entité centrale joue un rôle décisif.

France : Agence des participations de l'État

L'Agence des participations de l'État (APE) a été créée en 2003 pour exercer la mission d'État actionnaire, séparément des fonctions de contrôle et de régulation qui incombent aussi à l'État. Elle emploie 55 personnes et dispose d'un budget annuel de 12.4 millions EUR.

En tant que service de l'administration centrale placé sous l'autorité du ministère de l'Économie et des Finances, l'APE assure le contrôle des actionnaires de 88 entreprises publiques ou à capitaux publics (la liste des entreprises est établie par un décret gouvernemental) ainsi que de leurs filiales. Un certain nombre de petites entreprises axées sur la réalisation d'objectifs de politique publique sont contrôlées par les ministères sectoriels compétents, et non par l'APE. Celle-ci gère les comptes du budget de l'État pour toutes les recettes et dépenses liées aux participations financières de l'État, à l'exception des dividendes des entreprises du portefeuille de l'APE qui sont versés directement au budget général de l'État. Incarnant l'État actionnaire, l'APE nomme un ou plusieurs administrateurs au conseil d'administration de chaque entreprise publique. À l'occasion du troisième Haut Conseil de Coopération franco-tunisienne, qui s'est tenu en 2021, la France a proposé sa coopération technique dans ce domaine.

Finlande : Département de la gestion de l'actionnariat public

La Résolution de 2007 sur la politique d'actionnariat public énonce les principes et les pratiques clés en matière de gestion de l'actionnariat de l'État. Les tâches correspondantes sont exécutées par le Département de la gestion de l'actionnariat public, au sein du Cabinet du Premier Ministre, conformément aux lignes directrices et recommandations approuvées par le Comité ministériel sur la politique économique. Le Département de la gestion de l'actionnariat public désigne les représentants de l'État au conseil d'administration des entreprises publiques, étudie diverses questions liées à l'assemblée générale annuelle des actionnaires et assure le suivi des entreprises tout au long de l'année.

Costa Rica : Unité de conseil de la présidence

L'Unité de conseil de la Présidence (UCP) a été créée en 2018 pour gérer et coordonner les entreprises publiques et les institutions autonomes. Elle a pour mission d'aider le président et l'exécutif à exercer les droits d'actionnaire de l'État de manière active et éclairée, et de professionnaliser le processus de nomination des membres des conseils d'administration. Ayant officiellement démarré ses activités en septembre 2018, l'UCP a publié en 2019 sa politique actionnariale, ainsi qu'un premier rapport de synthèse sur le secteur des entreprises publiques. Elle est dirigée par le Secrétaire du Conseil des ministres et dispose d'un budget annuel d'environ 100 000 USD, qui comprend le Conseil des ministres.

Lituanie : Centre de coordination de la gouvernance

Le Centre de coordination de la gouvernance (CCG) exerce des fonctions de suivi et d'établissement de prévisions, fait rapport sur le respect, par les entreprises publiques ou détenues par des municipalités, des obligations en matière de gouvernance, de transparence et de mise en œuvre des indicateurs, et propose des recommandations et des consultations aux entités qui exercent les droits et les responsabilités de l'État (ministères actionnaires). Ses tâches principales consistent notamment à sélectionner les membres des conseils d'administration, à fixer des objectifs pour les entreprises publiques et à examiner les stratégies et les pratiques de gouvernance.

Chili : Système des entreprises publiques (*Sistema de Empresas Públicas*)

Le Système des entreprises publiques (SEP) est un comité de la Société de développement de la production (CORFO, *Corporación de Fomento de la Producción*). Il fait office d'organe consultatif technique habilité à superviser de façon centralisée la gestion de la majorité des entreprises publiques détenues par la CORFO (23 des 33 entreprises publiques). Certaines entreprises publiques sont des entités à but lucratif, tandis que d'autres poursuivent, au moins en partie, des objectifs sociaux. Le SEP a pour tâche principale de désigner et révoquer les membres des conseils d'administration des entreprises publiques en s'appuyant sur le code de gouvernance d'entreprise, un code de conduite spécifique, et l'évaluation annuelle des performances des administrateurs. Le SEP est lui-même administré par un conseil d'administration composé de neuf membres et il est géré par un directeur exécutif recruté dans le secteur privé.

Source : OCDE.

Mieux protéger les plus nécessiteux

La pandémie pose de nouveaux problèmes aux autorités puisqu'elle risque de faire reculer les progrès remarquables réalisés au cours des dernières décennies en matière de réduction de la pauvreté (OCDE, 2018[25]). L'augmentation estimée du pourcentage de la population pauvre dépend du seuil de pauvreté : elle est très faible dans le cas de l'extrême pauvreté (population vivant avec moins de 1.90 USD par jour), mais plus élevée (avec une hausse de 5.4 point de pourcentages) pour les individus « vulnérables » susceptibles de basculer dans la pauvreté (population vivant avec moins de 5.50 USD par jour). La nouvelle classe moyenne, qui a alimenté la consommation au cours des vingt dernières années (CESAO, 2014[36]), fait maintenant face à un risque de déclassement. Les études menées sur le terrain par l'INS et la Banque mondiale ont fait ressortir des changements dans les habitudes alimentaires des ménages pauvres, qui ont été contraints de réduire les quantités consommées ou de consommer des aliments moins appréciés (Kokas et al., 2020[37]). Les femmes semblent particulièrement touchées, à cause des inégalités préexistantes en termes de salaire et de revenu qui se sont aggravées avec la crise, pendant laquelle a aussi augmenté le temps dédié aux taches non-payées réalisées dans le cadre familial. Un diagnostic plus encourageant découle de deux indicateurs synthétiques du progrès social, le Social Progress Index (Social Progress Imperative, 2021[38]) et l'indice mondial de pauvreté multidimensionnelle (IPM) (PNUD, 2021[39]). La Tunisie est relativement bien notée dans les deux classements, qui mesurent respectivement la manière dont les pays subviennent aux besoins sociaux et environnementaux de leurs citoyens et le pourcentage de la population souffrant de diverses privations qui touchent les personnes dans leur vie quotidienne, notamment une santé menacée, une éducation insuffisante et un niveau de vie bas.

Pour faire face à la hausse des prix alimentaires ou pour compenser les pertes d'emplois, les ménages ont puisé dans leur épargne, se sont fait aider ou ont emprunté de l'argent à des proches, en particulier à ceux qui vivent à l'étranger, et ont repoussé le paiement de leurs dettes. La détérioration de la situation économique dans un cadre générale de forte informalité se reflète en outre depuis la mi-2020 dans le nombre croissant de Tunisiens qui quittent le pays et empruntent la route de la Méditerranée centrale (Graphique 1.25).

Graphique 1.25. Les migrations vers l'Europe ont augmenté

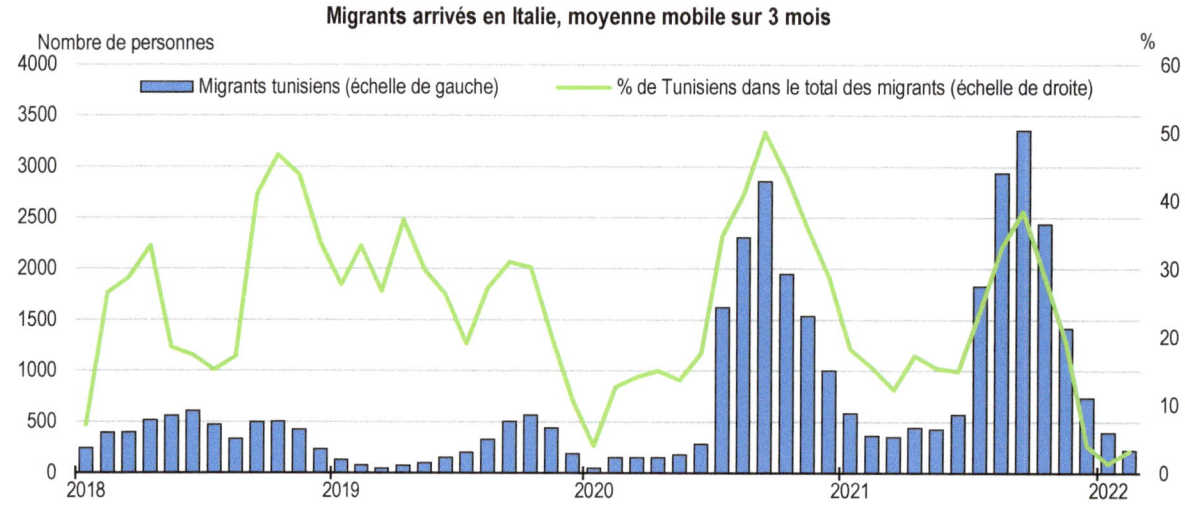

Source : Statistiques journalières du Département italien des libertés civiles et de l'immigration (*Cruscotto statistico giornaliero, Dipartimento Libertà Civili e Immigrazione*, interno.gov.it).

StatLink ᴍꜱᴩ https://stat.link/2iah4j

Les politiques publiques devraient s'attacher à atténuer les coûts de la pandémie pour les ménages en agissant sur différents fronts, tels que les revenus du travail et les revenus non professionnels, la consommation et le maintien des services. Les plans d'urgence mis en œuvre en 2020 ont fourni des aides en nature et des transferts monétaires d'urgence à 1.1 million de ménages, pour un montant total de 287 millions TND. Ces aides sont différentiées en fonction du niveau de pauvreté et/ou vulnérabilité. Les familles nécessiteuses ont reçu une aide exceptionnelle supplémentaire de 50 TND en avril 2020 et de 60 TND le mois suivant. Une aide monétaire exceptionnelle de 200 TND a été accordée en avril et mai 2020 aux familles à faible revenu bénéficiaire des cartes de soins à tarifs réduits et aux familles accueillant une personne sans soutien familial (handicapée, âgée ou enfant orphelin). Le même montant a été versé en mai 2020 aux familles vulnérables ne figurant pas dans la base de données du MAS. Les détenteurs de faibles pensions de retraite ont également reçu une aide exceptionnelle de 100 TND le mois de mai 2020. En 2021, en réponse à la recrudescence de la pandémie, de nouvelles mesures ont été adoptées pour protéger les travailleurs des secteurs les plus touchés par la pandémie et les ménages pauvres et vulnérables. Le Projet de protection sociale compte sur un financement d'environ 300 millions USD de la Banque mondiale.

Les mesures d'urgence de 2020 ont révélé certaines lacunes en termes de ciblage, des transferts monétaires ayant été octroyés à des ménages aisés non éligibles, et ils n'ont pas atteint une partie significative des ménages les plus pauvres (Banque mondiale, 2020[24]). Cela montre à quel point il est urgent d'adopter une nouvelle méthode de ciblage (évaluation approximative des ressources) pour améliorer le nouveau programme AMEN social de transferts monétaires (qui a pris la place du Programme national d'aide aux familles nécessiteuses, PNAFN) et qui pourrait atteindre jusqu'à 900 000 ménages. La loi organique en matière de politiques sociales revoit la méthode de ciblage, qui sera désormais basée sur la notion de pauvreté multidimensionnelle qui, au-delà du revenu, touche aussi la santé, l'éducation, l'emploi, les conditions de vie et l'accès aux services publiques. Cela demande l'implémentation de l'identifiant numérique individuel pour mettre en relation les differentes bases de données. Le meilleur ciblage permettrait de libérer des ressources pouvant être consacrées à des investissements porteurs de croissance.

Afin de protéger le pouvoir d'achat de la population contre les aléas du marché mondial et les hausses des coûts des intrants, les pouvoirs publics influent directement sur les prix des produits alimentaires et des biens de consommation de base, soit en fixant un prix officiel, soit en subventionnant ces biens et produits. Depuis des décennies, le système de compensation subventionne les produits alimentaires de base (notamment le pain, les pâtes alimentaires, le lait, le sucre et les huiles végétales) ainsi que d'autres produits et services, tels que les hydrocarbures, les transports et les médicaments. Le budget de la Caisse générale de compensation (CGC), qui distribue des subventions aux producteurs de ces biens, a fortement augmenté entre 2011 et 2019 pour atteindre 4.7 % du PIB, en raison de la hausse des importations d'énergie, du renchérissement mondial des produits alimentaires de base et de la dépréciation de la monnaie nationale (Dhakouani, Znouda et Bouden, 2020[40]). Les subventions des produits alimentaires peuvent atténuer les pénuries alimentaires dans les ménages pauvres. Toutefois, du fait de leur caractère régressif, elles ont tendance à bénéficier plus aux ménages aisés, qui consomment davantage de produits subventionnés (Boughzala et al., 2020[41]). Selon des estimations, la contrebande de marchandises subventionnées est équivalente à plus de la moitié des échanges officiels avec la Libye et à plus du total des échanges officiels avec l'Algérie (Ayadi et al., 2014[42]).

Dans la loi de finances 2021, les subventions sont ramenées à 2.8 % du PIB, dont ⅔ sont destinés aux produits alimentaires de base. Une nouvelle formule d'ajustement automatique des prix des trois principaux carburants a été appliquée pour la première fois en avril 2021 et a entraîné une baisse de 1.5 % des prix à la pompe. Dans la nouvelle formule, la valeur des hydrocarbures et du pétrole raffiné importés remplace le prix moyen du baril comme référence pour l'ajustement mensuel, qui évoluera dans une fourchette de +/- 1.5 %. Cette modification ainsi que la décision de rendre l'avis du comité technique contraignant pour le gouvernement vont dans le bon sens : elles devraient rendre le processus d'ajustement plus transparent et moins exposé aux pressions politiques. La formule devrait être appliquée de manière intégrale et symétrique, également lorsque les prix du pétrole augmentent.

Subventionner les revenus plutôt que les producteurs et les prix permettrait de rendre le système plus cohérent avec les objectifs généraux de redistribution des revenus et de réduction de la pauvreté. Dans le sillage de la pandémie, une telle réforme pourrait tirer parti des progrès réalisés en matière de dématérialisation des interventions sociales. Des outils complémentaires, tels que l'identifiant social (IS) et la carte à puce, pourraient notamment être utilisés. En effet, depuis 2017 chaque individu reçoit un IS qui aide à mieux gérer les bénéficiaires de l'ensemble des programmes de protection sociale en digitalisant le processus d'immatriculation. À la mi-2021, 91 % des assurés à la CNSS et de la CNRPS (7.4 millions de personnes) et 853 280 personnes enregistrées dans le programme AMEN ont reçu leur IS.

La fiscalité doit faire l'objet de réformes

Les recettes fiscales ont augmenté pour passer de 25 % du PIB en 2000 à 32 % en 2018, soit un niveau élevé par rapport à la plupart des économies de marché émergentes (OCDE/ATAF/CUA, 2020[43]). La charge pèse de façon disproportionnée sur les salariés et le coin fiscal sur les revenus du travail est relativement élevé par rapport au niveau de la productivité du travail (Ades et Di Tella, 1999[27] ; OCDE, à paraître[44]). La fraude et l'évasion fiscales sont fréquentes, même si la situation s'est améliorée grâce à la création d'un nouveau registre national des entreprises fondé sur un identifiant fiscal unique (le matricule fiscal). Les recettes tirées de la taxe sur la valeur ajoutée (TVA) représentent 7 % du PIB : malgré les avantages que présentent la trace écrite et le mécanisme d'autoliquidation de la TVA, la complexité et l'application lacunaire du code des impôts compliquent le recouvrement de cette taxe (OCDE, à paraître[44]). Dans ce contexte, les priorités sont l'amélioration de l'administration fiscale et l'abolition du régime suspensif, qui autorise un assujetti à la TVA à recevoir, non grevés de cette taxe, certains des produits et des services nécessaires à son exploitation.

L'impôt sur les sociétés ne représente qu'une fraction modeste des recettes collectées, compte tenu de la taille importante de l'économie informelle et du grand nombre de sociétés soumises au régime forfaitaire. Le régime forfaitaire simplifie les procédures de déclaration fiscale pour les indépendants et les petites entreprises jusqu'à un seuil de revenu de 100 000 TND. Cependant, la sous-déclaration est fréquente en raison de l'insuffisance des contrôles fiscaux et certaines caractéristiques du régime pourraient être améliorées. En particulier, la réduction de la période d'éligibilité permettrait d'augmenter la fréquence des contrôles et le régime forfaitaire pourrait utiliser davantage les services en ligne pour la gestion administrative.

Il existe par ailleurs de nombreuses incitations fiscales à l'investissement et à la création d'emplois. Les déductions fiscales régressives (accordées par exemple aux propriétaires-occupants) limitent également la capacité d'augmenter les recettes au titre de l'impôt sur le revenu des personnes physiques et de renforcer la progressivité de ce dernier. En 2021, la Tunisie a publié pour la première fois un rapport sur les dépenses fiscales. Ceci constitue une avancée notable, même si certaines marges d'amélioration existent (calcul des recettes fiscales perdues pour l'ensemble des dépenses fiscales, détail des informations sur leurs bénéficiaires, réalisation d'évaluations d'impact, etc.) (OCDE, à paraître[44]).

La loi de finances 2021 contient des dispositions encourageantes, telles que la réduction de moitié du délai de réponse maximal dont dispose l'administration fiscale pour répondre à une objection d'un contribuable (délai ramené à 90 jours). Des modifications apportées aux cinq codes indépendants sur lesquels repose la fiscalité tunisienne visent à alléger le fardeau de la récession (Encadré 1.9). Les droits d'accise sur le tabac ont été relevés en mars 2021, reprenant la hausse progressive amorcée en 2017 conformément aux recommandations de l'OMS. Cette mesure pourrait générer des recettes supplémentaires d'au moins 200 millions TND (soit 0.2 % du PIB). La loi de finances 2022 prévoit de faire bénéficier les entreprises de bonifications de taux d'intérêt sur les crédits d'investissement et d'assouplir l'éligibilité au statut d'entreprise exportatrice, avec un abaissement du seuil du chiffre d'affaire à l'export de 70 à 50%. La LF-

22 prévoit également une augmentation de la fiscalité indirecte sur plusieurs biens de consommation, y compris la hausse des droits de douanes sur un ensemble de biens importés.

Encadré 1.9. Principales dispositions fiscales contenues dans la loi de finances pour l'année 2021

Les principales dispositions fiscales de la loi de finances pour l'année 2021 sont les suivantes :

Entreprises

- Réduction du taux de l'impôt sur les sociétés, ramené de 25 % à 15 %, et convergence des taux d'imposition entre les secteurs *offshore* et *onshore*.
- Application de la réglementation des prix de transfert uniquement aux entreprises dont le chiffre d'affaires est supérieur ou égal à 200 millions TND (contre 20 millions TND auparavant) et qui entretiennent des relations commerciales avec des sociétés étrangères liées.
- Réduction du taux de retenue à la source : i) de 15 % à 10 % sur les revenus locatifs ; ii) de 5 % à 3 % sur les honoraires ; et iii) de 1.5 % à 1 % sur les montants supérieurs ou égaux à 1 000 TND.
- Mesures spécifiques visant à aider les entreprises touchées par la pandémie de COVID-19, sous réserve du respect des conditions préférentielles (dont le paiement de l'impôt sur les sociétés dû pour 2020 d'ici mai 2022).
- Possibilité de réévaluer les actifs fonciers et immobiliers.
- Déduction des sommes réinvesties dans le capital d'entreprises entièrement exportatrices.
- Incitations en faveur de la recherche-développement.

Ménages

- Doublement du plafond de déduction des sommes versées dans un compte épargne en actions (CEA), porté de 50 000 TND à 100 000 TND par an.
- Relèvement du plafond de déduction des montants payés au titre de contrats d'assurance-vie et d'assurance de capitalisation, porté de 10 000 TND à 100 000 TND par an.
- Transformation de la retenue à la source de 20 % sur les intérêts en une retenue définitive et non susceptible de restitution.

Une réforme fiscale cohérente devrait comporter divers éléments. Actuellement, on compte cinq Codes indépendants ; le Code de l'impôt sur le revenu des personnes physiques et de l'impôt sur les sociétés, le Code de la TVA, le Code des droits d'enregistrement et de timbre, le Code de la fiscalité locale et le Code des droits et procédures fiscaux. Un code général des impôts devrait être exhaustif et simple à comprendre et à appliquer. La création d'un organisme d'État chargé du recouvrement des impôts et des arriérés d'impôt, doté de spécialistes compétents et recourant largement au numérique, pourrait renforcer le cadre institutionnel. Le champ d'application des régimes spéciaux devrait être réduit, en particulier celui de la TVA, pour laquelle une rationalisation des exonérations s'impose, et les différences de taux d'imposition entre les secteurs *onshore* et *offshore* devraient être supprimées, pour permettre à toutes les entreprises d'opérer sur un pied d'égalité. À moyen terme, l'élargissement de l'assiette fiscale, une meilleure application du régime forfaitaire et le renforcement des contrôles, notamment par une utilisation plus efficace des inspecteurs des impôts, pourraient permettre de baisser les taux d'imposition. De manière plus générale, il est souhaitable d'introduire une feuille de route des réformes et de la communiquer de façon claire et rapide pour renforcer la lisibilité du régime fiscal.

D'autres sources de recettes publiques pourraient être mobilisées. Dans le contexte plus large de la réforme des entreprises publiques (voir plus haut), des privatisations pourraient s'avérer utiles. En outre, les enquêtes lancées depuis 2011 n'ont pas permis de vérifier l'estimation initiale de la valeur des biens mal acquis par l'ancien président, sa famille et ses associés (13 milliards USD). Les actifs illicites identifiés et détenus hors du territoire tunisien a au total porté sur des montants sans commune mesure avec l'estimation initiale. En revanche, la quasi-totalité des intérêts financiers contrôlés en Tunisie par le clan de l'ancien président a été confisquée par décret. Les procédures internationales de recouvrement des avoirs illicites, lancées notamment dans divers pays européens et au Moyen-Orient, malgré quelques succès notables, ont vu leur efficacité limitée par l'insuffisante coopération offerte par certains pays, par la difficulté de l'identification d'actifs illicites provenant d'infractions anciennes et par les lenteurs des procédures d'entraide judiciaire.

La santé financière du régime public de retraite est fragile

Le vieillissement de la population, l'augmentation des taux de dépendance, la générosité des taux de remplacement bruts et la faible croissance ont affaibli le régime de retraite par répartition (Graphique 1.26) (Ministère des Finances, 2019). La réforme de 2019 a porté l'âge de la retraite dans le secteur public à 62 ans, tout en donnant la possibilité de travailler jusqu'à 65 ans. Elle a aussi augmenté les cotisations salariales et patronales. Il est entendu que les mêmes règles s'appliqueront au secteur privé, mais les négociations sur cette question piétinent. Des efforts additionnels sont requis pour donner davantage de transparence au déficit du système des retraites, en particulier pour ce qui concerne le traitement des arriérés vis-à-vis du système public de l'assurance santé (FMI, 2021[7]).

Les problèmes de soutenabilité qui caractérisent les régimes de retraites ne sont cependant toujours pas résolus et une réforme de plus grande ampleur s'imposera. Les taux de remplacement sont beaucoup plus généreux que dans la moyenne des pays de l'OCDE, en particulier pour le secteur public où les prestations sont calculées sur la base du dernier salaire (Graphique 1.26). Les pensions sont indexées sur les salaires, alors que dans de nombreux pays de l'OCDE, elles sont indexées sur l'inflation. Le taux d'accumulation devrait être linéaire (c'est-à-dire le même taux pour toutes les années) et le montant de la pension devrait être calculé sur la base du gain moyen sur l'ensemble de la carrière (Banque mondiale, 2020[24]). Dans le régime du secteur privé, la sous-déclaration des recettes et des salaires affecte la perception des cotisations de sécurité sociale. Ce problème devrait être résolu en renforçant les contrôles et en améliorant l'infrastructure numérique pour détecter la fraude (CRES, 2017[45]) (OCDE, à paraître[44]). Les départs à la retraite anticipée, lorsque cela est possible, ne donnent pas lieu à une décote et coûtent plus chers en raison de l'allongement de l'espérance de vie. En outre, la coexistence de plusieurs régimes spéciaux est source d'iniquité. Le financement des importants passifs éventuels liés aux retraites au moyen des recettes fiscales générales implique une forte dégressivité dans un pays où la couverture de retraite est loin d'être universelle et où 46 % de la main-d'œuvre travaillent dans le secteur informel. Le Brésil, qui a récemment réformé son système de retraite, a pu réduire les inégalités entre le régime du secteur public et celui du privé et assurer une plus grande progressivité des cotisations (OCDE, 2020[46]).

Graphique 1.26. Le système de retraite n'est pas viable et de nouvelles réformes sont nécessaires

A. Le nombre de travailleurs contribuant au financement du régime de retraite est en baisse constante

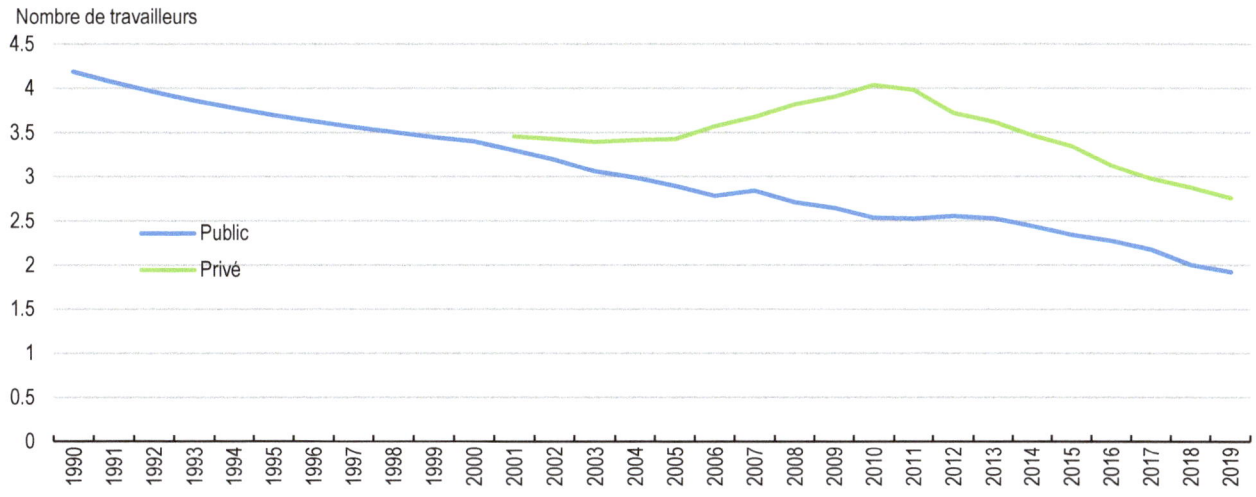

B. Le taux de remplacement brut est élevé, particulièrement dans le secteur public (2018)

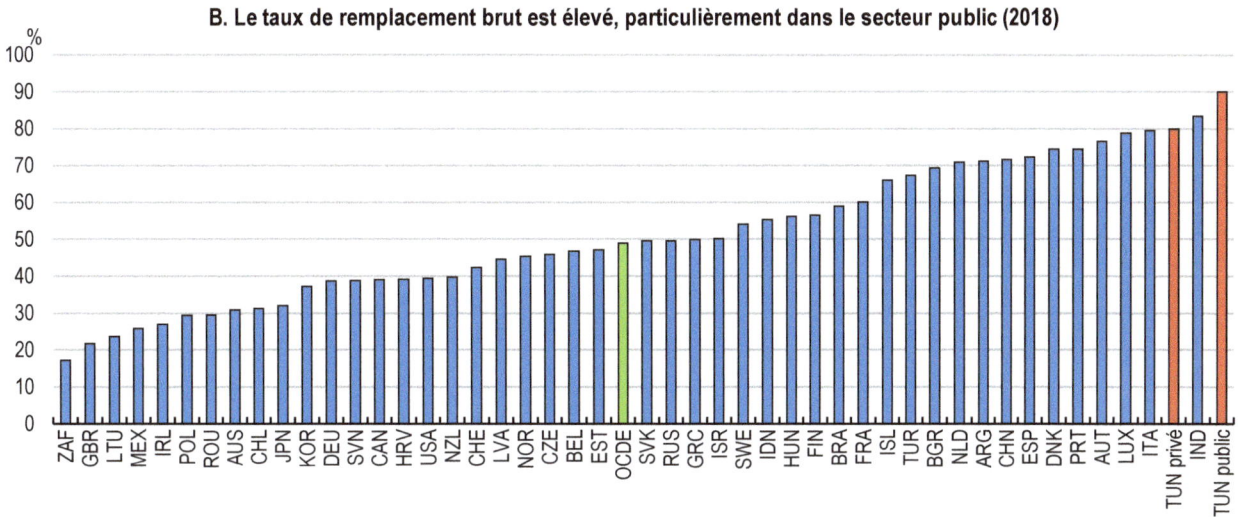

Source : Gouvernement de la Tunisie; et base de données de l'OCDE sur les retraites.

StatLink ⧉ https://stat.link/6x075c

Un environnement des affaires plus favorable et plus juste pourrait favoriser l'investissement

Comme d'autres économies de marché émergentes, la Tunisie souffre depuis longtemps d'un « capitalisme de connivence », une forme de gouvernance économique dans laquelle les décisions publiques sont soumises à l'influence indue d'un petit nombre de groupes d'intérêt. Les entreprises ayant des liens avec la sphère politique, notamment celles appartenant à l'ancien président Ben Ali et sa famille, dominaient de larges pans de l'économie et étaient plus susceptibles d'échapper à l'impôt (Rijkers et al., 2016[47]). Malgré les espoirs d'améliorations tangibles suscités par la transition politique, une poignée d'entités influentes poursuivant leurs propres intérêts ont la mainmise sur la politique et l'économie du pays. L'influence qu'elles exercent est considérable du fait qu'elles détiennent des médias ou des monopoles commerciaux, qu'elles financent des partis politiques ou parce que cette influence s'opère directement au travers de l'exercice de la fonction parlementaire ou gouvernementale. Leur statut leur permet d'influer sur le débat public et de mieux défendre leurs intérêts.

Les possibilités de tirer des rentes économiques peuvent être réduites par une simplification de l'environnement réglementaire, un renforcement du système fondé sur des règles et l'amélioration des politiques menées en ce qui concerne notamment la passation des marchés publics, le crédit subventionné, le commerce international, les privatisations ou encore les régimes fiscaux favorables et les subventions. Les indicateurs de réglementation des marchés de produits (RMP) élaborés par l'OCDE montrent une tendance systématique de l'État à s'immiscer dans l'économie et témoignent des nombreux obstacles réglementaires à l'entrée des entreprises sur le marché et à l'entrepreneuriat (OCDE, 2018[25]). Peu de progrès ont été enregistrés depuis la précédente *Étude* de l'OCDE (Tableau 1.8). Il ressort de l'analyse menée aux fins de la présente *Étude* que ce sont majoritairement des entreprises anciennes qui créent des emplois, signe de la faible dynamique entrepreneuriale et des difficultés que rencontrent les entreprises plus jeunes pour se développer et embaucher (Graphique 1.27). En outre, les taux d'entrée des entreprises sont beaucoup plus faibles en Tunisie que dans les économies de marché émergentes (EME) de référence, et ils ont diminué depuis 2011 (voir le chapitre 2).

Tableau 1.8. Recommandations antérieures sur le climat de l'investissement

RECOMMANDATIONS ANTÉRIEURES DE L'OCDE	MESURES PRISES
Accélérer le processus de réduction des autorisations d'exercice ainsi que des agréments administratifs, licences et permis.	La législation de mise en œuvre de la Loi sur l'investissements de 2017, adoptée en 2018, contient 223 régimes soumis à autorisation. Certaines procédures administratives ont été numérisées, sans que cela ait modifié les obligations préexistantes d'obtention d'une autorisation, qui restent la norme.
Réduire encore les restrictions relatives à la présence de cadres étrangers.	Aucune depuis la Loi sur l'Investissement de 2017.
Simplifier les procédures administratives et douanières lors du passage des marchandises à la frontière.	La numérisation des procédures douanières est en cours.
Améliorer la gestion des infrastructures portuaires, éventuellement via des partenariats public-privé.	La Loi de 2019 sur l'amélioration du climat de l'investissement a entraîné une modification de certaines dispositions de la Loi de 2015 sur les PPP.
Renforcer la gouvernance des entreprises publiques, avec un meilleur respect des contrats de performance et des règles du jeu équitables entre entreprises publiques et privées.	Le décret gouvernemental n° 2020-314 (19 mai 2020) a fixé les grands principes régissant la nomination, l'évaluation et la révocation des administrateurs indépendants représentant l'État.
Autoriser les banques à tarifer les risques en reconsidérant le plafonnement des taux d'intérêt débiteurs.	Aucune.
Accélérer l'adoption et l'application du nouveau « Code des organismes d'investissement collectif ».	Aucune.

Graphique 1.27. L'emploi est concentré dans les entreprises anciennes

Part de l'emploi par classe de taille et par ancienneté pour la Tunisie et les économies de l'OCDE de référence, 2018 ou dernière année pour laquelle des données sont disponibles

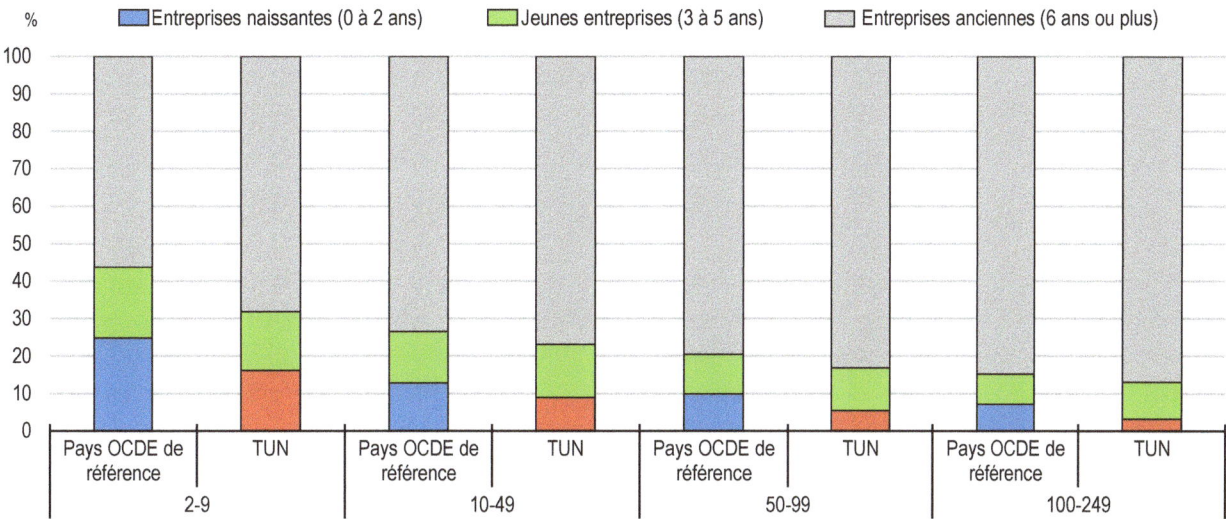

Note : Ce graphique présente la part de l'emploi, exprimée en pourcentage, dans les entreprises naissantes ou *start-ups* (âgées de 0 à 2 ans), les jeunes entreprises (2 à 5 ans) et les entreprises anciennes (plus de 6 ans), séparément pour chaque classe de taille : microentreprises (entre 2 et 9 personnes embauchées), petites entreprises (entre 10 et 49 personnes embauchées) et entreprises de taille moyenne (de 50 à 99 et de 100 à 249 personnes embauchées). Le groupe de pays de référence comprend le Costa Rica, la Hongrie, la Lettonie et la Turquie. Le graphique est basé sur les données relatives à l'industrie manufacturière et aux services marchands non financiers, et couvre la dernière année pour laquelle des données étaient disponibles pour chaque pays (2018 pour la Tunisie et 2015 pour les pays de référence). Il peut s'agir de données provisoires qui diffèrent des données officielles.
Source : OCDE, base de données sur la dynamique de l'emploi au niveau de l'entreprise (DynEmp), www.oecd.org/sti/dynemp.htm.

StatLink https://stat.link/a31qt6

Les formalités requises pour créer une entreprise sont plus nombreuses en Tunisie que la moyenne de la zone OCDE et l'exercice d'activités économiques est pénalisé par les charges administratives (OCDE, 2018[25]). La complexité de la réglementation, y compris la fiscalité, impose en effet aux entreprises des dépenses additionnelles, qui reviennent à une taxe réduisant leur compétitivité et incitant les petites entreprises – pénalisées de manière disproportionnée – à rester dans l'informalité. Dans le secteur des infrastructures numériques par exemple, il faut, pour construire de nouveaux pylônes, remplir toute une série de formulaires papier et suivre des règles dont l'application est complexe. Le processus bureaucratique peut durer jusqu'à deux ans (BERD, 2020[48]).

La numérisation des procédures administratives a progressé et les délais ont été raccourcis mais une autorisation préalable est toujours exigée pour de nombreuses procédures d'entrée sur le marché et d'investissement. Dans bon nombre de secteurs de services, il existe des obstacles rigides à l'entrée sur le marché et à la contestabilité, inscrits dans la législation nationale et la réglementation sectorielle. Même si le code de l'investissement de 2017 a défini un ensemble de principes généraux visant à accroître à la fois la liberté d'investir et les protections des investisseurs, le décret d'application de 2018, le plus long jamais adopté en droit tunisien (222 pages), recense 243 régimes d'autorisation et de licence (Banque mondiale, 2020[49]). Il faut obtenir une autorisation pour pouvoir investir dans 49 secteurs lorsque la part des capitaux étrangers y deviendrait supérieure à 50 % alors que dans d'autres, comme le commerce de gros, les IDE sont frappés d'une interdiction généralisée. Un zèle réformateur peut-être excessif dans la refonte du cadre institutionnel de la promotion et de la facilitation de l'investissement a conduit à la création de plusieurs organes dont les mandats se chevauchent en partie dans certains domaines (OCDE, 2021[50]).

La mise en place de procédures d'autorisation automatique, sous réserve du maintien de contrôles ex-post transparents afin de veiller au respect des réglementations, pourrait considérablement alléger les pesanteurs administratives. Le principe « silence vaut accord » et la centralisation des procédures administratives de création d'entreprise auprès de guichets uniques ont été appliqués dans de nombreux pays, comme le Portugal, et ont remarquablement porté leurs fruits en allégeant la charge administrative à laquelle les entreprises sont confrontées et en facilitant l'entrée sur le marché (OCDE, 2019[51] ; OCDE, 2020[46]). Imposer la réalisation d'une analyse d'impact de la réglementation pour les nouvelles réglementations susceptibles d'avoir un impact économique, notamment sur la concurrence, serait également une bonne chose, en particulier si de telles analyses donnaient lieu à des recommandations contraignantes. De plus, il faudrait procéder systématiquement à des évaluations ex-post afin de déterminer si les réglementations adoptées atteignent le but visé. Le mieux serait que la Tunisie envisage aussi d'appliquer le principe « une pour deux », grâce auxquelles de nouvelles réglementations ne peuvent être instaurées qu'en contrepartie d'un allègement du coût induit par la conformité à d'autres textes réglementaires (OCDE, 2020[52]). D'autres mesures, à faible coût pour le budget de l'État, pourraient être prises pour améliorer le climat des affaires : réduire le nombre d'actes devant être délivrés par huissier de justice, encourager des modes alternatifs de règlement des différends ou encore dépénaliser certains actes (Banque mondiale, 2020[32]).

La loi sur les *start ups* de 2018 introduit une série de changements dans les politiques fiscales et d'immigration ainsi que dans la réglementation visant à éliminer les obstacles et à faciliter l'accès de l'ensemble de la population à l'entrepreneuriat – y compris les personnes vivant dans des zones isolées. Elle prévoit également des exonérations fiscales pendant huit ans maximum, la possibilité offerte aux salariés des secteurs public et privé de prendre une année de congé sabbatique afin de créer leur entreprise, le versement d'un salaire par l'État à trois fondateurs maximum d'une nouvelle entreprise pendant la première année d'activité et l'autorisation donnée aux entrepreneurs potentiels d'ouvrir un compte multidevises. Cela étant, il faudrait préférer une simplification du régime de taxes et de subventions en vue de réduire la charge administrative pesant sur les jeunes entreprises à l'instauration de nouvelles mesures d'incitation spéciales qui risqueraient de complexifier encore plus le système en place.

La Loi sur la concurrence de 2015 proscrit les pratiques anticoncurrentielles ou discriminatoires et institue un régime de contrôle des concentrations d'entreprises. Elle s'applique à l'ensemble de l'économie, bien que certains secteurs soient soumis à des textes spécifiques appliqués par les autorités de régulations sectorielles (la banque, l'assurance, la microfinance et les médias). La loi de 2015 prévoit aussi un encadrement des prix (pour les biens et services essentiels subventionnés fournis par des monopoles d'État). Il ressort d'une évaluation de la concurrence menée par l'OCDE que l'application du droit de la concurrence doit être renforcée afin de diminuer le pouvoir de marché des opérateurs historiques et de faciliter l'entrée sur le marché et la croissance des jeunes entreprises innovantes.

Le Conseil de la concurrence est doté d'effectifs insuffisants selon les standards internationaux et s'est principalement concentré sur les enquêtes relatives aux abus de position dominante dans un petit nombre de marchés pour lesquels il dispose actuellement des compétences nécessaires (OCDE, à paraître[53]). De plus, le ministère du Commerce exerce une influence considérable sur le Conseil dont le budget est rattaché au ministère qui nomme également son président et ses membres et joue les intermédiaires dans le cadre de toute coopération entre le Conseil et d'autres organismes publics, ce qui allonge les échanges d'informations. Pour améliorer nettement l'application du droit de la concurrence, il faudrait renforcer l'indépendance du Conseil de la concurrence, améliorer son organisation et diversifier ses ressources, notamment à travers une combinaison de différentes sources telles que des recettes générales et des commissions prélevées dans le cadre de ses activités (OCDE, à paraître[53]). En outre, les délais d'appel des décisions rendues par le Conseil sont actuellement longs et aboutissent à une immunité de fait dans de nombreuses affaires. Il faudrait donc éliminer l'effet suspensif automatique lorsqu'un recours est engagé et investir dans la formation économique des juges administratifs qui auront un rôle dans le domaine concurrentiel (OCDE, à paraître[53]).

Toutefois, des progrès ont été accomplis et certains secteurs et produits s'ouvrent davantage à la concurrence. Par exemple, 2012 a vu la libéralisation des prix de trois boissons chaudes (express, direct et capuccino), mais ce n'est qu'en 2021 que cette mesure a été étendue à trois autres produits (café filtre, café crème et thé), et ce uniquement dans les établissements qui ne vendent pas de boissons alcoolisées. Toujours en 2021, les supermarchés ont obtenu le droit de vendre des cigarettes (celui-ci était auparavant réservé à environ 14 000 buralistes). Les autorités espèrent que cette libéralisation permettra de réduire la contrebande qui, selon les estimations, représente jusqu'à la moitié de la consommation totale. Il est important de maintenir la dynamique des processus de réforme et continuer à ouvrir les marchés dans lesquels les contrôles sur l'accès et les prix sont encore contraignants. La mise en œuvre des 220 recommandations spécifiques formulées en 2019 pour lever les obstacles potentiels et améliorer la concurrence dans divers secteurs, dont le commerce de détail, reste prioritaire (OCDE, 2019[54]).

Il est essentiel de favoriser l'intégration internationale de l'économie tunisienne

Depuis les années 80, le développement de la Tunisie est étroitement associé au fait que la libéralisation de la politique commerciale a réussi à stimuler la diversification et la sophistication de la structure de production des exportations, ainsi que la participation aux chaînes de valeur mondiales (Joumard, Dhaoui et Morgavi, 2018[55]). L'intensité des échanges commerciales, mesurée par le poids des exportations et des importations dans le PIB, est similaire en Tunisie et dans les pays de l'OCDE (Graphique 1.28). Pourtant, le pays n'arrive pas à exploiter tous ses atouts. Si on tient compte d'autres éléments qui ont une influence sur l'intensité de la mondialisation économique – tels que la concentration géographique des échanges, la prévalence des obstacles non tarifaires aux échanges et des coûts induits par le respect des réglementations, les droits de douane et le nombre d'accords de libre-échange bilatéraux et multilatéraux (Gygli et al., 2019[56]) – la Tunisie n'est pas très bien classée au niveau globale (95e en 2018). Cela s'explique par la réserve relative du pays à l'égard de la libéralisation effective des échanges et les négociations commerciales approfondies.

La majorité des échanges commerciaux se font avec l'UE, les principaux biens concernés étant les composants et pièces de machines (Graphique 1.29), ce qui tient au fait que la Tunisie participe aux chaînes de valeur mondiales par le biais de liens en amont ((Joumard, Dhaoui et Morgavi, 2018[55]) et (Sammoud et Dhaoui, 2019[57])). Par ailleurs, les lenteurs dans la libéralisation des échanges et des investissements entre les pays du Maghreb et la faiblesse des infrastructures des transports et numériques entravent le développement du commerce régional et la mise à profit des gains associés à la spécialisation. Les exportateurs tunisiens pâtissent particulièrement de la crise politique et économique en Libye, leurs ventes dans ce pays voisin ayant chuté de 832 million USD en 2009 (5.8 % de l'export total) à 539 million USD en 2019 (3.6 %).

Graphique 1.28. L'ouverture commerciale de la Tunisie est relativement élevée

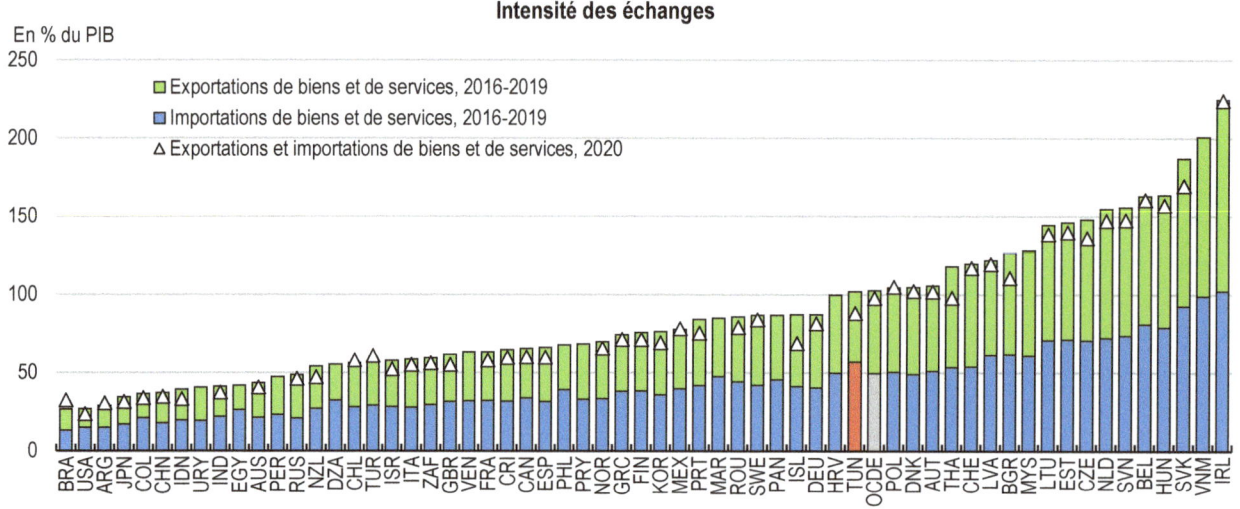

Source : Banque mondiale, base de données WDI.

StatLink 🔗 https://stat.link/ug8hyz

Graphique 1.29. La Tunisie exporte principalement vers l'Europe

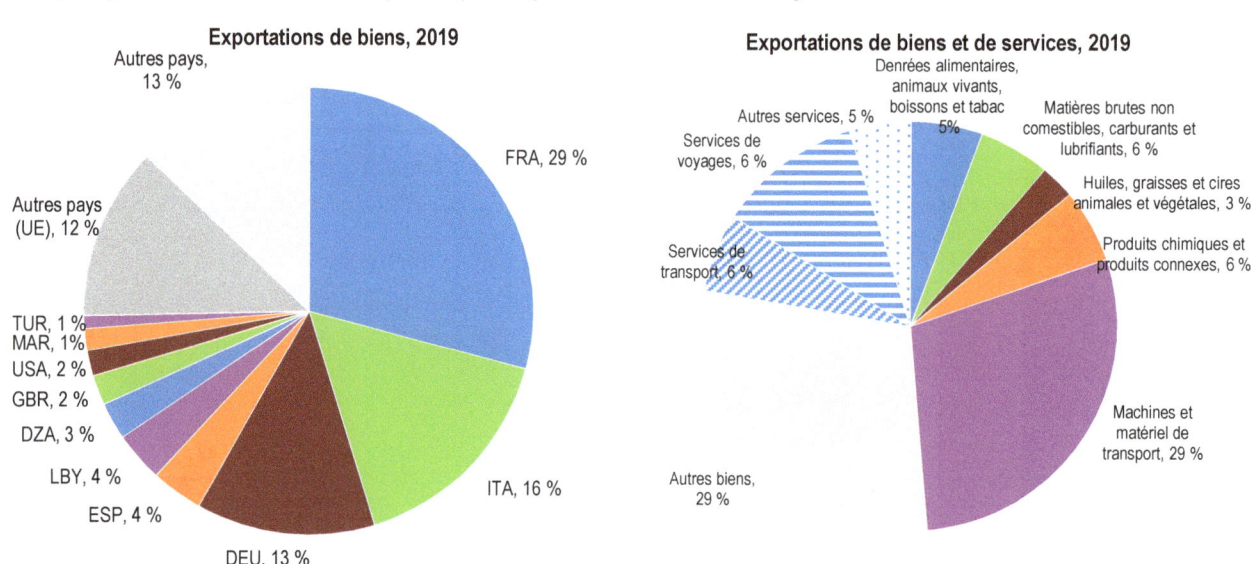

Source : Base de données statistiques des Nations Unies sur le commerce des marchandises (COMTRADE) ; et CNUCED.

StatLink 🔗 https://stat.link/5tl40k

La composition des exportations tunisiennes a changé sensiblement depuis les années 1990, avec le boom des ventes de pièces détachées pour l'industrie des équipements de transport. En parallèle, le textile et les vêtements ont vu leur importance relative diminuer (voir le chapitre 2). Plusieurs produits dont le poids dans les exportations était traditionnellement élevé ont aussi connu un recul ces dix dernières années. La production de pétrole a enregistré une chute annuelle de -7.4% depuis 2009 et celle de gaz diminue depuis 2018 (BP, 2021[58]), car les gisements les plus anciens ont été fermés, l'investissement direct est resté modeste et aucune découverte majeure n'a été enregistrée au cours de ce siècle. Le nombre de permis de prospection et d'exploration est passé de 56 en 2010 à seulement 23 en 2020, le déficit de la balance énergétique s'est creusé de 13.6 % au premier semestre 2021 par rapport à l'année précédente et le taux d'indépendance énergétique (c'est-à-dire la part de la consommation nationale couverte par les ressources d'énergie primaire disponibles dans le pays) est passé de 93 % en 2010 à 36 % au premier semestre 2021. La production globale de gaz et de liquide du gaz naturel devrait quant à elle décliner au cours de cette décennie (Wood Mackenzie, 2021[59]), malgré l'ouverture récente de nouveaux gisements, notamment celui de Nawara. Les volumes d'exportation de phosphates et de ses dérivés ont fortement chuté depuis 2011 en raison de troubles sociaux persistants sur les sites de production et de transport. Dans le classement mondial de la production de phosphate naturel, la Tunisie est passée de la cinquième place en 2008 à la dixième en 2020 (U.S. Geological Survey, 2021[60]). Pour ce qui est du tourisme, en 2018 les arrivées avaient rebondi après les attaques terroristes de 2015, même si les dépenses moyennes par visiteur en 2019 étaient inférieures aux niveaux d'avant 2015 (voir le chapitre 2). Les importations de denrées alimentaires ont augmenté rapidement, aggravant le déficit commercial (ONAGRI, 2021[61]).

La détérioration de la qualité des infrastructures physiques et de la facilitation du commerce pèse sur la compétitivité de la Tunisie (Graphique 1.30). Les entreprises orientées vers l'exportation souffrent en particulier du manque d'investissements adéquats dans les ports, qui concentrent 98 % des expéditions vers l'étranger. Selon une étude récente, 70 % des entreprises ont perdu des commandes en raison de retards dans les ports et plus de la moitié ont été contraintes de se tourner vers le fret aérien, plus fiable mais aussi plus coûteux (AHK, 2021[62]). Malgré la législation relative à l'attribution de concessions dans ce secteur, la participation du secteur privé demeure limitée jusqu'à présent. Si l'Office de la Marine Marchande et des Ports (l'entreprise publique responsable des concessions) se porte bien financièrement, les autres entreprises publiques responsables des infrastructures subissent de lourdes pertes financières en dépit des subventions considérables qu'elles reçoivent (Banque mondiale, 2019[29]). Un accord a été conclus avec la Millennium Challenge Corporation pour améliorer la gestion, élargir et numériser le port de Radès. La Loi de 2020 sur les PPP a clarifié le cadre réglementaire régissant ces partenariats, en allant généralement dans le sens de l'évaluation du texte de loi antérieur menée par l'OCDE (OCDE, 2015[63]) et a rationalisé le dispositif institutionnel en instituant l'Instance générale de partenariat public-privé. Compte tenu des problèmes ayant parfois caractérisé les PPP dans d'autres pays, comme les dépassements de coûts et les renégociations de contrats, il importera de choisir avec soin les projets d'infrastructure qui seront à la fois viables et compatibles avec ce mode de financement.

Après le COVID-19, qui a vu le commerce électronique gagner d'importance, l'accès aux infrastructures numériques et la qualité de celles-ci constituent un autre problème crucial pour les exportateurs (Graphique 1.30). Une fiscalité lourde (taux standard des taxes à l'importation auquel s'ajoutent les taxes spéciales appliquées à l'équipement téléphonique et aux entreprises de télécommunications) et l'imprévisibilité du régime nuisent à l'investissement dans ce secteur (BERD, 2020[48]). Pour accélérer l'expansion du haut débit fixe, il est temps de mettre en œuvre le dégroupage de la boucle locale, qui a été approuvé, de proposer une offre de collecte activée (« bit-stream »), ainsi que de promouvoir le partage de l'infrastructure. L'analyse microéconomique menée pour les besoins du présent rapport montre que la productivité des entreprises bénéficiant de l'infrastructure numérique nécessaire et ayant leur propre site web est de 2.7 % plus élevée que celle des autres entreprises tunisiennes (voir le chapitre 2).

Graphique 1.30. La qualité des infrastructures est médiocre

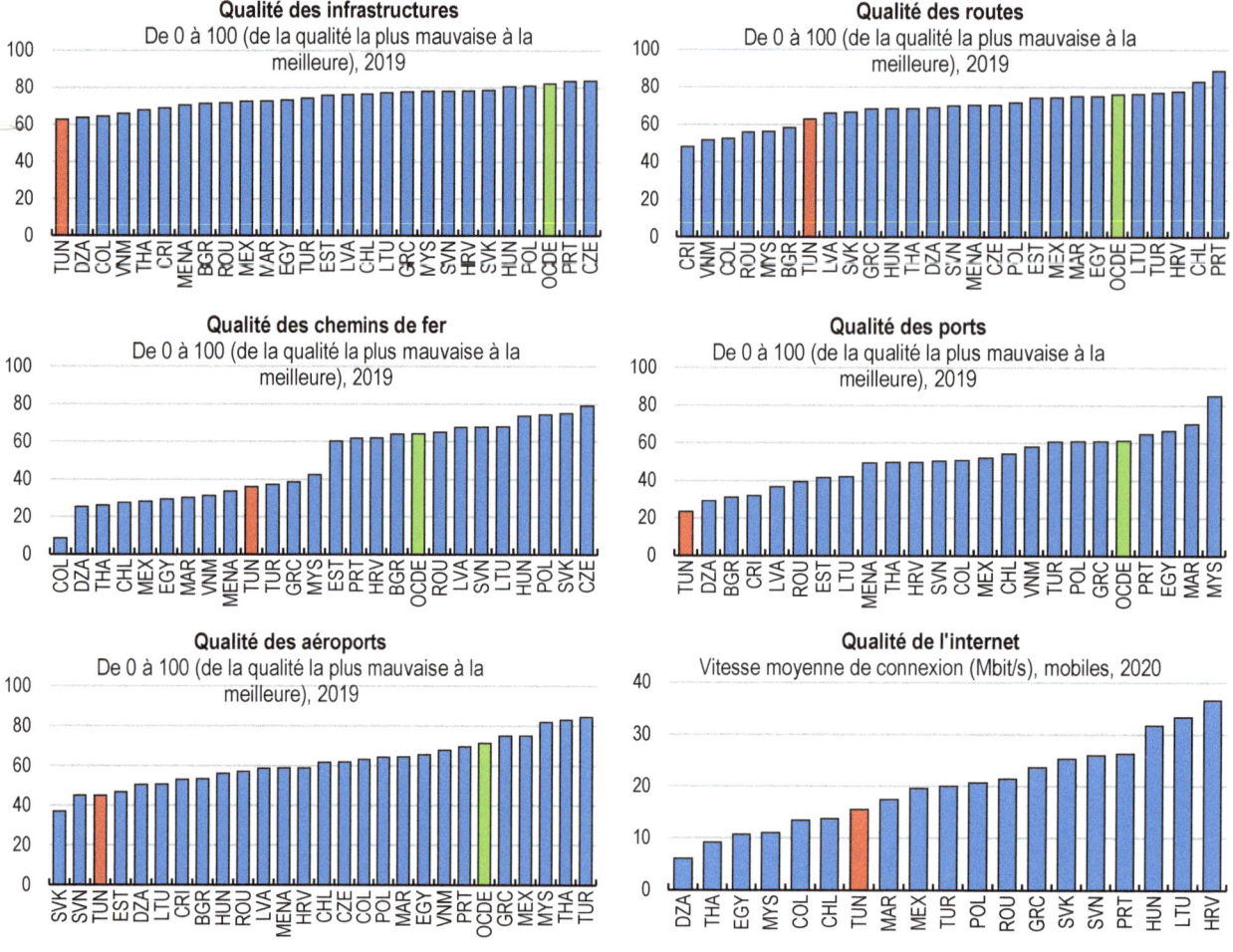

Source : Forum économique mondial, base de données de l'indice de compétitivité mondiale ; et Opensignal, 2020.

StatLink https://stat.link/y5mgv6

Les entreprises *offshore* ont joué un rôle de moteur de la création d'emplois et de croissance des exportations. Bien qu'elles ne représentent que 4 % de toutes les entreprises du pays, elles réalisent plus des trois quarts des exportations hors énergie de la Tunisie. Il s'agit d'entreprises sous contrôle étranger qui bénéficient d'une série d'avantages spécifiques, sous réserve d'exporter au moins 70 % de leur production. Elles sont exemptées des règles strictes de contrôle des changes, des droits de douane et de nombreuses taxes, et bénéficient d'un accès privilégié aux infrastructures du commerce et de procédures douanières simplifiées (Joumard, Dhaoui et Morgavi, 2018[55]). Leurs liens avec l'économie nationale sont très faibles. De leur côté, les entreprises axées sur le marché local ou *onshore* sont confrontées à des droits de douane et taxes d'accise, ainsi que des barrières non-tarifaires, relativement élevés pour acheter les intrants et les biens d'équipement importés, et sont peu intégrées dans les chaînes de valeur mondiales.

L'analyse réalisée pour les besoins de cette *Étude* montre que l'accès à des biens d'équipement et des intrants moins coûteux et de meilleure qualité rendrait les entreprises nationales plus productives et plus compétitives à l'exportation (voir le chapitre 2) (Cassimon et Grundke, á paraître[64]). La simplification des procédures douanières et l'amélioration de l'infrastructure du commerce renforceraient le potentiel d'exportation des entreprises nationales, mais profiteraient également aux entreprises *offshore* (Banque mondiale, 2020[49]). En dépit de l'élimination des différences dans le taux d'imposition sur le revenu des sociétés entre les secteurs *offshore* et *onshore* en 2021, une harmonisation des taux d'imposition et l'instauration de règles du jeu équitables favoriseraient l'intégration internationale de l'économie tunisienne.

Par ailleurs, les obstacles tarifaires et non tarifaires aux échanges de produits finis, comme les taxes d'accise et les licences d'importation non-automatiques, sont importants au regard de ceux observés dans les autres pays et protègent les entreprises nationales de la concurrence internationale (Graphique 1.31). De tels obstacles à l'importation ont pour effet de réduire les incitations aux gains d'efficacité et à l'innovation pour les entreprises opérant sur le marché national, ce qui se traduit par des prix élevés et des produits de piètre qualité et peu variés sur les marchés protégés (Amiti et Khandelwal, 2013[65] ; De Loecker et al., 2016[66]). En outre, ils entravent la réaffectation des facteurs de production vers les activités les plus productives, avec pour résultat un déclin de la productivité du travail et des salaires (Pavcnik, 2002[67] ; Hsieh et Klenow, 2009[68]).

L'analyse effectuée dans le cadre de cette *Étude* montre que, dans les secteurs protégés par d'importantes barrières à l'importation, les ressources sont bloquées dans des entreprises à faible productivité (voir le chapitre 2) (Cassimon et Grundke, á paraître[64]). Réalisée à l'aide du modèle d'équilibre général METRO de l'OCDE, la simulation d'une réduction unilatérale de 50 % des droits de douane et des mesures non tarifaires indique que la baisse des obstacles à l'importation entraînerait une augmentation significative du PIB, de la production, de la consommation privée, des exportations ainsi que de l'emploi (Graphique 1.32) (voir le chapitre 2) (Cassimon, Grundke et Kowalski, á paraître[69]). L'ampleur de l'impact de cette mesure sur la création d'emplois, autour de 7%, met en évidence la nécessité de renforcer l'intégration internationale de l'économie tunisienne pour créer plus d'emplois de qualité et réduire le chômage (voir le chapitre 2).

Graphique 1.31. Les droits de douane sont élevés

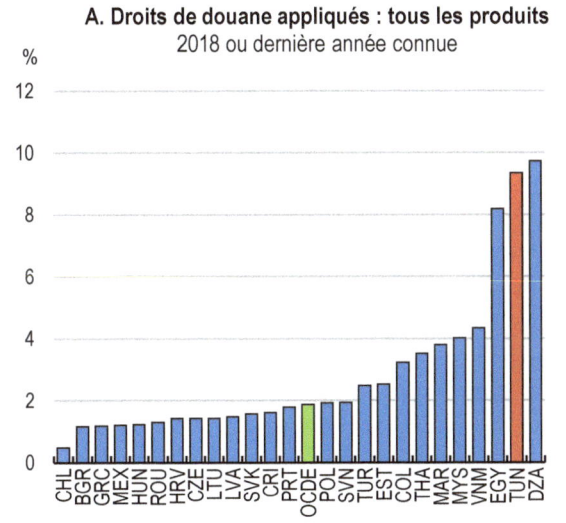

A. Droits de douane appliqués : tous les produits
2018 ou dernière année connue

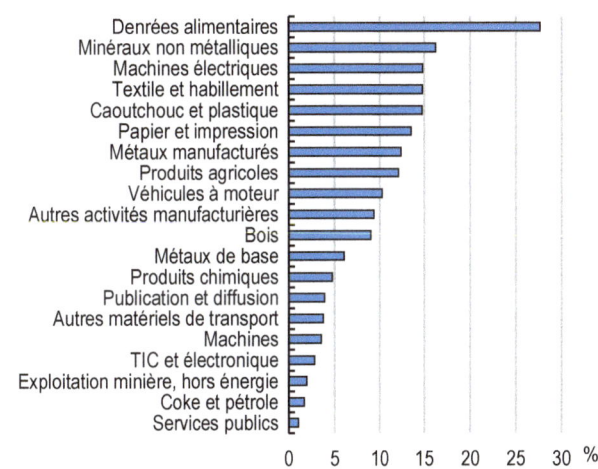

B. Droits de douane par secteur pour la Tunisie, 2016

Source : Système WITS.

StatLink ⋙ https://stat.link/cv4fqj

Graphique 1.32. Abaisser les obstacles aux échanges stimulerait l'emploi, la production et les exportations

Simulation, réalisée à partir du modèle METRO de l'OCDE, d'une diminution de 50 % des mesures tarifaires et non tarifaires

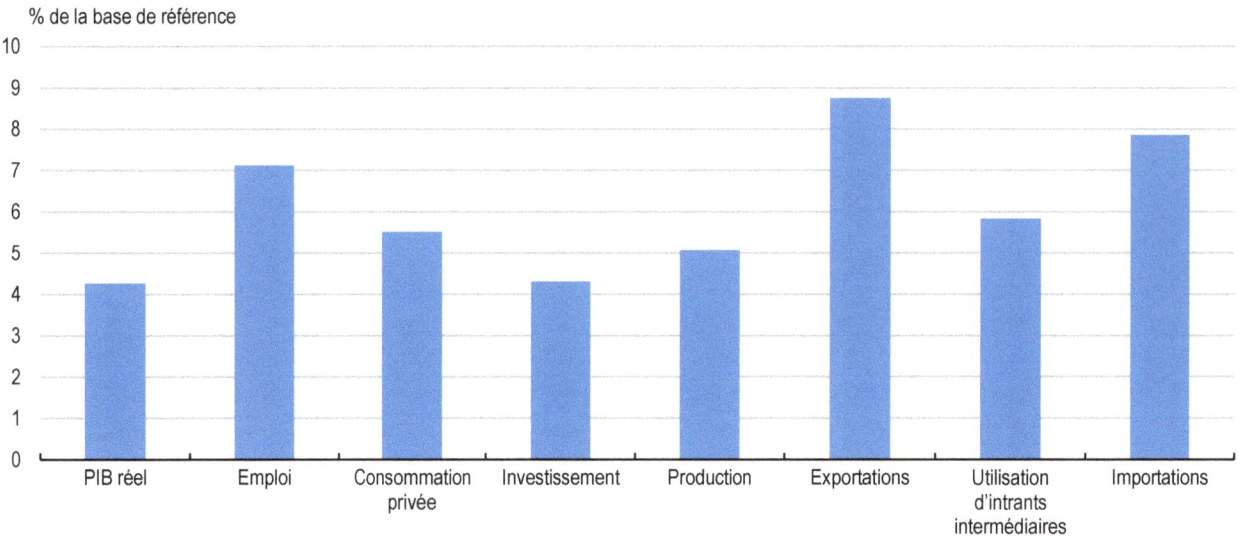

Note : La simulation tient compte du taux de chômage élevé en Tunisie et part de l'hypothèse que les salaires sont fixes et que l'augmentation de la demande de main-d'œuvre est satisfaite par l'offre de main-d'œuvre existante, notamment par le réservoir de chômeurs (Cassimon, Grundke et Kowalski, á paraître[69]). Une réduction de 50 % des droits de douane et des mesures non tarifaires (MNT) est appliquée unilatéralement.
Source : Calculs de l'OCDE à partir du modèle METRO de l'OCDE (Cassimon, Grundke et Kowalski, á paraître[69]).

StatLink ▇▇▇ https://stat.link/t9df8j

En outre, l'amélioration de l'accès aux biens de consommation importés, conjuguée aux gains de productivité induits par les échanges, pourrait se traduire par une baisse des prix pour les consommateurs. Selon les estimations, les consommateurs tunisiens pourraient voir leur pouvoir d'achat augmenter de 4 % en moyenne si le scénario d'une division par 2 des droits de douane se concrétisait (Graphique 1.33) (Cassimon et Grundke, á paraître[64]). En outre, ces avantages sont progressifs, étant donné que les ménages à bas revenu consacrent la majeure partie de leurs revenus à l'achat de biens exportables tels que les denrées alimentaires, l'électroménager, le mobilier et l'habillement. Une analyse détaillée d'une réduction des mesures de protectionnisme commercial, tenant compte des différences de paniers de consommation entre ménages, suggère qu'un ménage situé dans le décile inférieur des revenus pourrait voir son pouvoir d'achat augmenter de 4.6 %, contre 2.5 % pour un ménage du décile supérieur (Graphique 1.33). Ces résultats correspondent à ceux qui ont été observés dans d'autres pays (Fajgelbaum et Khandelwal, 2016[70]). Outre les réductions de prix, une intégration plus forte permettrait aux consommateurs d'accéder à des produits et services plus diversifiés et de meilleure qualité (Broda et Weinstein, 2006[71]).

Graphique 1.33. La réduction des obstacles aux échanges bénéficierait davantage aux ménages les plus démunis

Augmentation du pouvoir d'achat réel (par rapport aux dépenses totales) résultant d'une réduction de 50 % des droits de douane, par décile de distribution des revenus des ménages

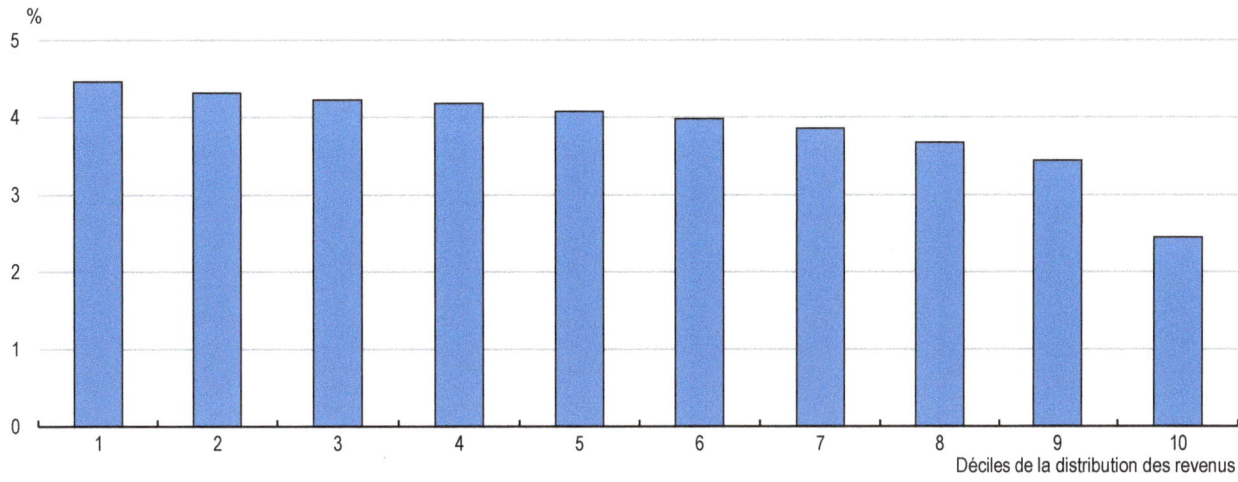

Note : L'axe des abscisses représente les dix déciles de la distribution des revenus des ménages, en commençant par le décile des ménages les plus pauvres (1-10). Les droits de douane par produit sont tirés du système WITS. Les données et la méthodologie sont décrites en détail dans (Cassimon et Grundke, á paraître[64]). Ces résultats ne se basent pas sur les variations de prix relatifs à partir des simulations avec le modèle METRO de l'OCDE ; mais sur une simulation simple où la réduction des obstacles tarifaires existants se traduit directement par une baisse des prix à la consommation.
Source : Calculs de l'OCDE à partir de l'Enquête Nationale sur le Budget, la Consommation et le Niveau de vie des ménages, 2015 (INS).

StatLink 📊 https://stat.link/c1g59y

Les entrées d'investissement direct étranger (IDE) ont connu une tendance générale à la baisse ces dernières années et n'ont pas retrouvé leurs niveaux d'avant la crise financière mondiale. La chute de l'IDE est alarmante car en Tunisie, les multinationales étrangères jouent un rôle important dans le développement durable, la productivité et la création d'emplois, y compris pour les femmes (OCDE, 2019[72]). En moyenne, et comparativement aux entreprises nationales, les filiales de multinationales étrangères sont plus productives, offrent des rémunérations plus élevées, sont plus économes en énergie et emploient un pourcentage plus important de femmes (Graphique 1.34). Une nouvelle stratégie d'investissement, en cours d'élaboration, vise à offrir des conditions compétitives aux investisseurs internationaux qui envisagent une relocalisation ou une délocalisation de proximité de leurs activités de production dans le pays. Il sera en conséquence important d'améliorer les conditions au bénéfice de tous les investisseurs, et d'éviter le renforcement d'un modèle d'économie duale (voir le chapitre 2).

Graphique 1.34. Les multinationales étrangères contribuent au développement durable

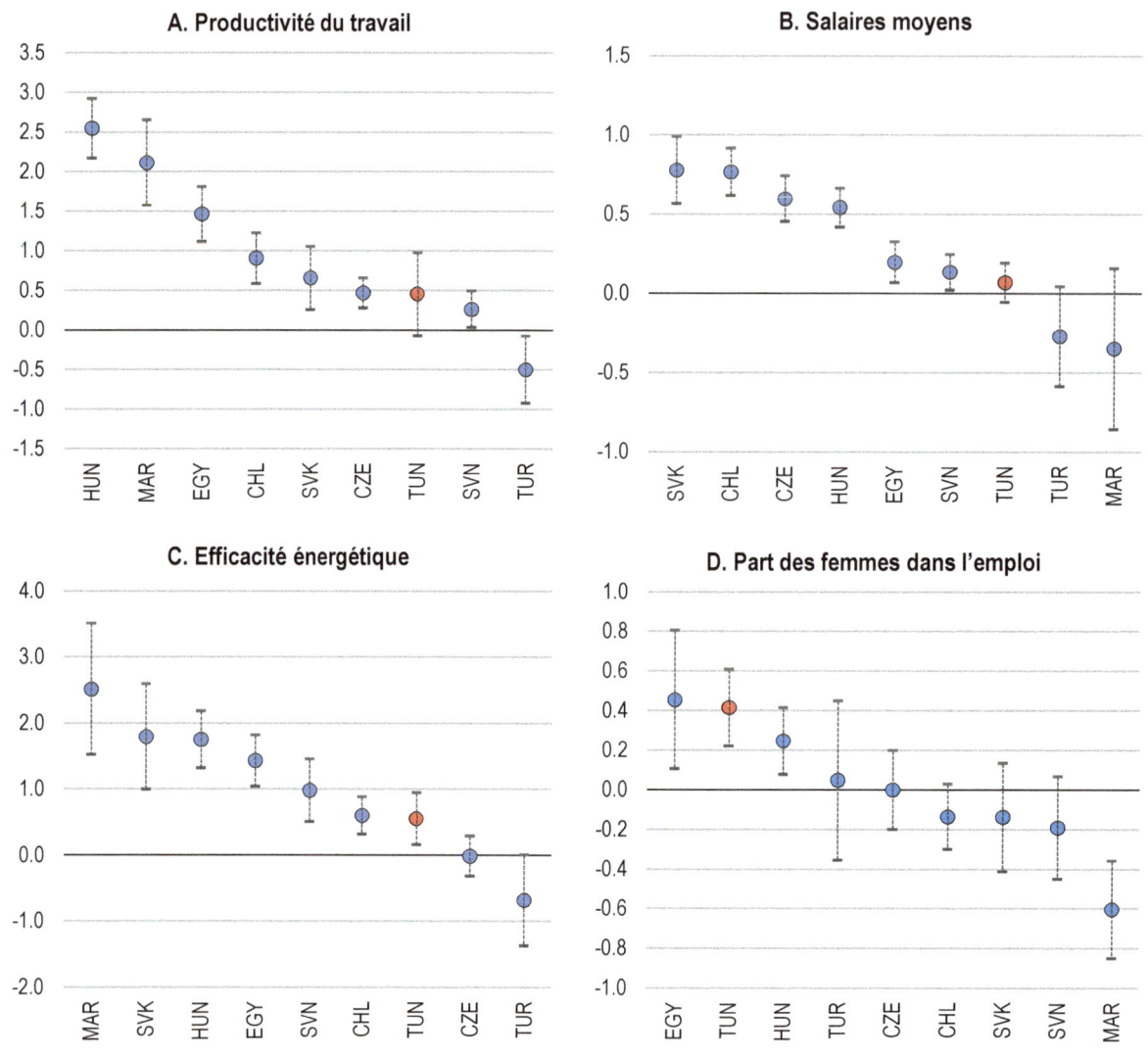

Note : Chaque indicateur mesure la performance des entreprises étrangères par rapport aux entreprises domestiques pour un résultat donné. Il a une valeur positive si les résultats des entreprises étrangères sont supérieurs, et une valeur négative si les résultats des entreprises étrangères sont inférieurs, en moyenne. Voir OCDE (2019b) pour de plus amples informations sur les indicateurs. Données pour 2019, sauf pour l'Égypte et la Tunisie (2020) et le Chili (2010).
Source : Indicateurs de qualité de l'IDE fondés sur les Enquêtes sur les entreprises de la Banque mondiale.

StatLink 🖳🖳 https://stat.link/q8wot3

La Tunisie a récemment signé plusieurs accords commerciaux préférentiels, mais des mesures plus audacieuses, y compris des reformes unilatérales, bénéficieraient aux consommateurs et aux producteurs nationaux. L'accord d'association entre le Royaume-Uni et la Tunisie, conclu en 2019 et entré en vigueur le 1er janvier 2021, est l'un des premiers à avoir été signés par le Royaume-Uni après sa décision de quitter l'Union européenne (FCO, 2019[73]). En mars 2019, la Tunisie a également adhéré au Marché commun de l'Afrique de l'Est et de l'Afrique australe (COMESA, une zone de libre-échange comptant 20 États membres). La Tunisie et l'Union européenne négocient depuis octobre 2015 un accord de libre-échange complet et approfondi (ALECA), visant à mieux intégrer l'économie du pays au marché unique de l'UE. Les négociations ont été suspendues en 2019, après quatre cycles, en raison de certains désaccords, concernant notamment le chapitre de l'ALECA sur la transparence qui couvre l'accès à l'information et à des documents tels que des textes de loi, règlements, décisions judiciaires, procédures administratives et décisions susceptibles d'avoir un impact sur le commerce et l'investissement. Si toutes les préoccupations qui subsistent de part et d'autre sont prises en compte, la poursuite de l'intégration au marché de l'UE entraînerait des avantages importants en termes de PIB, d'emploi et de salaires (Rudloff, 2020[74] ; European Commission, 2021[75]).

Le développement financier contribuerait à dynamiser l'investissement

Le développement financier est essentiel pour réduire la pauvreté et parvenir à une croissance économique inclusive. Lorsque les citoyens peuvent accéder au système financier, ils sont mieux à même de créer des entreprises, de développer leurs activités, d'investir dans l'éducation de leurs enfants et d'absorber les chocs financiers. L'analyse microéconomique menée pour les besoins du présent rapport montre que la productivité des entreprises ayant accès au système financier est 1.9 % plus élevée que celles des autres entreprises tunisienne (voir le chapitre 2). Si le secteur bancaire tunisien est relativement bien développé, avec des actifs représentant environ 90 % du PIB, seulement 37 % de la population possédait un compte bancaire en 2017 (Graphique 1.35). Les femmes sont 17 % moins nombreuses que les hommes à être titulaires d'un compte bancaire, tandis que l'écart est de 26 % entre les personnes à revenu élevé et à faible revenu (base de données Global Findex). Enfin, le rapport entre les primes d'assurance brutes versées et le PIB est de 2.2 %, ce qui indique que le degré de pénétration de l'assurance est également très faible (données de la FTUSA, 2017).

Graphique 1.35. Malgré un secteur bancaire plutôt développé, de nombreuses personnes ne possèdent pas de compte bancaire

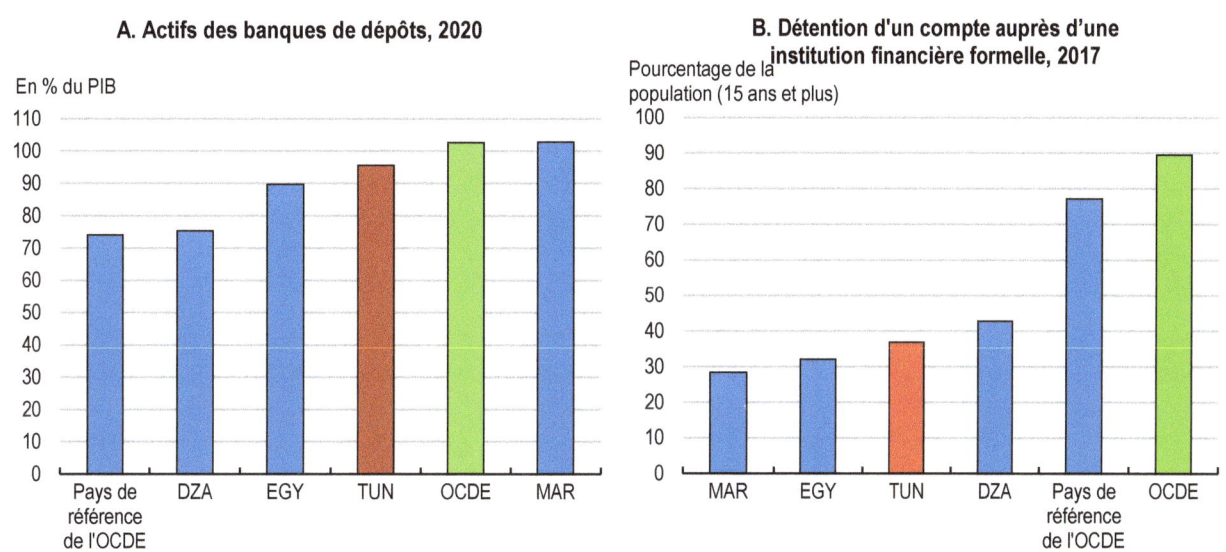

Note : Les pays de référence sont le Chili, la Colombie, le Costa Rica, l'Estonie, la Hongrie, la Lettonie, la Lituanie, le Mexique, la Pologne, la République tchèque, la Slovaquie, la Slovénie et la Turquie.
Source : Banque mondiale, base de données sur le développement financier dans le monde.

StatLink ⫘ https://stat.link/buejgi

Les entreprises font face à des difficultés importantes dans l'accès au crédit bancaire et aux autres formes de financement et pourraient bénéficier de l'amélioration des droits des créanciers et de la protection des investisseurs minoritaires. En ce qui concerne l'insolvabilité, la réforme de 2016 a simplifié les procédures, mais une accélération de la restructuration des entreprises en difficulté et de la dette faciliterait le redéploiement des ressources en faveur d'entreprises plus viables, élément important pour une reprise solide (Adalet McGowan, Andrews et Millot, 2017[76]). Des mécanismes extrajudiciaires de règlement de l'insolvabilité permettraient de protéger les entreprises pouvant en bénéficier contre les éventuels abus de créanciers, des chambres de tribunal pourraient être instituées pour s'assurer que les affaires relevant du droit des sociétés soient confiées à des magistrats spécialisés, et les délais des jugements pourraient être raccourcis.

Reconnaissant le rôle central du secteur privé et des entreprises sociales et solidaires dans le développement national, la stratégie d'inclusion financière lancée en 2018 fixe des objectifs dans cinq domaines distincts, à savoir la finance numérique, la micro-assurance, le refinancement, l'économie sociale et solidaire, et l'éducation financière. La microfinance a connu une croissance rapide depuis 2011, date à laquelle un cadre sectoriel a été adopté. Certains obstacles ont été éliminés en 2017, tels que des réglementations contraignantes (par exemple, sur le maximum d'encours par client) et des progrès ont été apportés au cadre institutionnel, avec la création de l'Observatoire de l'inclusion financière au sein de la Banque centrale, tandis que le Conseil national de l'inclusion financière auprès du ministère des Finances n'a pas encore vu le jour. D'importantes institutions financières globales ont investi dans le secteur.

Néanmoins, certains problèmes continuent de ralentir la diffusion de la microfinance et en conséquence les progrès en matière d'inclusion financière. Les institutions de microfinance (IMF) ne peuvent pas collecter l'épargne auprès de leurs clients, ce qui limite leur capacité de croissance mais aussi l'accès de leurs clients à un ensemble approprié de services financiers. Les banques qui financent des institutions de microfinance (la principale source de financement du secteur) ne peuvent pas se refinancer auprès de la Banque centrale et financent donc les institutions de microfinance sur leur propre bilan, ce qui représente un risque supplémentaire pour les banques et limite leur capacité à soutenir le secteur. D'autres outils tels qu'un fonds dédié à la microfinance (comme au Maroc avec le fonds Jaida) ou un fonds de garantie pour les financements aux IMF, soutiendraient un meilleur accès aux financements. Il faudrait aussi considérer avec attention la possibilité de transférer les responsabilités de supervision de l'Autorité de Contrôle de la Microfinance (qui siège au Ministère des finances) à la Banque centrale.

Le Covid-19 a accéléré depuis 2020 les paiements digitaux et une dizaine de candidatures ont été déposées entre 2020 et 2021 à la BCT pour offrir ces services. Autoriser les opérateurs de réseaux mobiles à proposer des produits financiers renforcerait la concurrence et favoriserait le développement du FinTech. Depuis avril 2021, un établissement de paiement a été autorisé à transférer les aides sociales via des portefeuilles digitaux avec un réseau d'agents de paiement répartis sur tout le territoire tunisien. Quatre autres établissements de paiement ont des agréments de principe.

À l'avenir, il sera important de garantir des conditions de concurrence équitables entre les prestataires de services de paiement et la Poste tunisienne, celle-ci étant pour l'heure dispensée de se conformer à certaines exigences réglementaires. La création d'une banque postale permettrait de clarifier la question. Accorder aux start-ups de la Fintech un accès direct et complet au système de paiements électroniques permettrait d'accroître la concurrence et de réduire les coûts des transactions. Convaincue que la synergie avec les acteurs de l'innovation financière est un levier fondamental pour parfaire l'accès et l'usage des services financiers, la BCT a lancé maints mécanismes pour collaborer étroitement avec l'écosystème des start-up et fintech. Il s'agit à juste de la Sandbox règlementaire, du BCT-LAB et du site Web dédié aux Fintech (www.fintech.bct.gov.tn). Enfin, le renforcement du registre des crédits améliorerait la transparence, tandis que le développement de l'éducation financière permettrait d'éclairer les décisions des citoyens en matière d'épargne et de mieux les préparer à la retraite.

Les interactions financières et commerciales entre les tunisiens résidant à l'étranger et leurs familles peuvent également contribuer de manière significative à l'inclusion financière. Cela dit, envoyer de l'argent en Tunisie coûte cher : les frais (8.7 % de la valeur de la transaction) sont presque trois fois supérieurs à la cible de 3 % fixée parmi les Objectifs de développement durable des Nations Unies (cible 10.c) et bien supérieurs au coût mondial moyen (6.5 %) (Ratha et al., 2021[77]). Une amélioration de l'efficacité de la Tunisian Foreign Bank, la banque publique spécialisée dans les services à la diaspora, contribuerait à faire baisser les coûts des transferts de fonds. Des instruments directs, comme des comptes bancaires spéciaux en devises pour les Tunisiens vivant à l'étranger et des dossiers d'investissement numérisés, qui permettent de réduire les coûts des transactions, ont été mis en place pour accroître les montants et l'impact des investissements de la diaspora. Un renforcement de la concurrence entre les différents acteurs et des actions pour faciliter l'entrée de nouveaux opérateurs sur le marché devraient permettre de réduire les coûts d'intermédiation.

Lancé en avril 2021, le programme #UpTunisia de la FIPA, l'Agence de promotion de l'investissement extérieur, vise à inciter la diaspora tunisienne à investir dans les secteurs manufacturiers, du numérique, de la santé et de l'agriculture. L'émission d'obligations de la diaspora, c'est-à-dire des titres à long terme émis à l'intention de la diaspora du pays et qui ne peuvent être remboursés qu'à leur date d'échéance, serait également bénéfique. Ces instruments font appel à un désir commun aux personnes se trouvant depuis longtemps (ou depuis toujours) éloignées de leur pays d'origine d'agir en faveur de leur pays. En outre, la diaspora a généralement une aversion pour le risque plus faible que les investisseurs étrangers et peut accepter une « décote patriotique ». De tels emprunts obligataires nécessitent de réformer les politiques de taux de change et la gouvernance (en prévoyant, entre autres, des garanties des donneurs et la protection des investisseurs grâce à la participation de gestionnaires de fonds professionnels). La BCT, qui a récemment lancé un « bac à sable » réglementaire et mené avec succès une expérimentation sur la monnaie numérique de banque centrale en coopération avec la Banque de France, devrait exploiter l'innovation financière dans la recherche de canaux alternatifs pour les transferts transfrontières initiés par la diaspora.

Le renforcement de l'intégrité dans les affaires est un défi de longue date

Transparency International a classé la Tunisie au 69e rang sur 180 pays dans son Indice de perception de la corruption (IPC) pour l'année 2020, lui attribuant une meilleure note que les autres pays de la région pour la plupart des mesures évaluées. En dépit des progrès accomplis (Graphique 1.36), parmi lesquels il convient de souligner la ratification de la Convention de l'Union africaine sur la prévention et la lutte contre la corruption en 2020, le coût de la corruption en Tunisie est estimé à 4 % de son PIB (Conseil de l'Europe, 2017[78]). Les citoyens considèrent qu'il s'agit là du troisième problème le plus important du pays, après le chômage et la gestion de l'économie, mais la majorité d'entre eux pensent pouvoir jouer un rôle dans la lutte contre la corruption. Pour autant, l'opacité des processus impliqués dans la prise de décision et l'action publique et les délais trop longs dans le traitement des cas de corruption ont affaibli la confiance de la population dans les institutions et risquent de pérenniser sa désillusion à l'égard de la démocratie. Il est urgent de renforcer la collecte d'information et veiller à l'accélération des procédures et du traitement des dossiers. Il serait aussi utile de développer une méthodologie de vérification juridique d'actes de nature législative ou réglementaire afin de détecter des dispositions qui favorisent ou augmentent la probabilité de corruption et d'abus afférents au cours de leur mise en œuvre et d'en réduire les risques qui en résultent.

Graphique 1.36. Les efforts de lutte contre la corruption se sont intensifiés

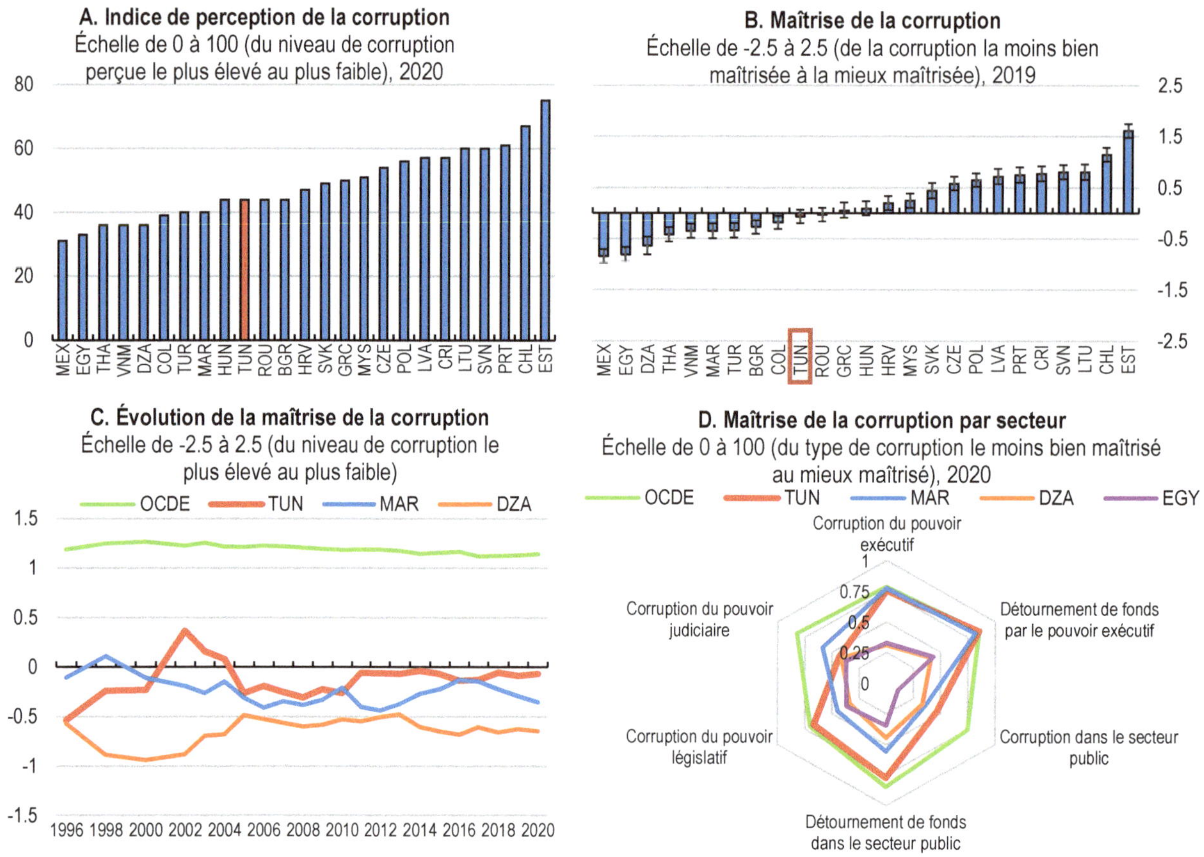

A. Indice de perception de la corruption
Échelle de 0 à 100 (du niveau de corruption
perçue le plus élevé au plus faible), 2020

B. Maîtrise de la corruption
Échelle de -2.5 à 2.5 (de la corruption la moins bien
maîtrisée à la mieux maîtrisée), 2019

C. Évolution de la maîtrise de la corruption
Échelle de -2.5 à 2.5 (du niveau de corruption le
plus élevé au plus faible)

OCDE — TUN — MAR — DZA

D. Maîtrise de la corruption par secteur
Échelle de 0 à 100 (du type de corruption le moins bien maîtrisé
au mieux maîtrisé), 2020

OCDE — TUN — MAR — DZA — EGY

Note : La partie B indique l'estimation ponctuelle pour chaque pays et sa marge d'erreur. La partie D met en évidence les sous-composantes par secteur de l'indicateur de « Maîtrise de la corruption » du projet V-Dem (Varieties of Democracy).
Source : Partie A : Transparency International ; parties B et C : Banque mondiale, Indicateurs de gouvernance mondiaux ; et partie D : Projet V-Dem (Varieties of Democracy), ensemble de données v11.

StatLink ᵍᵐˢᴸ https://stat.link/05tfbz

L'Instance nationale de la lutte contre la corruption (INLUCC), créée en novembre 2011, a rencontré un succès mitigé dans ses efforts de sensibilisation à l'importance de s'investir collectivement dans la lutte contre la corruption et de communication avec le grand public (notamment par le biais d'une station de radio spécialisée, Nazaha). Dans la mesure où elle est dépourvue de pouvoirs de poursuites judiciaires, son efficacité à enquêter sur les affaires suspectes a été fortement limitée, un problème aggravé par la lenteur des progrès de la réforme du système judiciaire (Conseil de l'Europe, 2017[78]). Les lois relatives au droit d'accès à l'information et au signalement des faits de corruption et à la protection des lanceurs d'alerte représentent deux avancées importantes. L'adoption de la charte du citoyen – un outil simple mais puissant de responsabilisation dans les relations entre citoyens et prestataires de services – est désormais obligatoire pour toutes les autorités en contact direct avec le public.

La nomination des nouveaux membres du conseil aiderait l'INLUCC à mieux fonctionner. La création d'un tribunal anticorruption indépendant devrait être la prochaine étape pour compléter le cadre préconisé par la loi sur la prévention de la corruption. Pour l'instant, la lenteur de la justice reste un obstacle important à une meilleure prise en charge du phénomène. D'autres questions doivent encore être résolues concernant la réglementation régissant les conflits d'intérêts, la pratique du « pantouflage » et les mécanismes d'alerte, la gouvernance et la gestion des entreprises publiques, ainsi que l'élaboration d'un code de déontologie des parlementaires. La loi sur la réconciliation dans le domaine administratif pourrait quant à elle se révéler contre-productive du point de vue de la lutte contre la corruption, dans la mesure où elle prévoit une amnistie pour les fonctionnaires justifiant leurs actes au motif qu'ils n'avaient d'autre choix que d'obéir aux ordres de leurs supérieurs par crainte de représailles.

Dans la lutte contre le blanchiment de capitaux, la Tunisie a accompli des progrès mitigés, par rapport à la zone OCDE mais également au Maroc (Graphique 1.37). Si le pays obtient de bons résultats en matière de confiscation des produits de ces activités criminelles, il est à la traîne en ce qui concerne les enquêtes et poursuites, mais également la dépossession des moyens de financement du terrorisme. Néanmoins, il est sorti de la liste des pays sous la surveillance du groupe d'action financière (GAFI) et de celle de l'Union européenne des pays tiers présentant des carences stratégiques dans leurs dispositifs de lutte contre le blanchiment de capitaux et le financement du terrorisme.

Graphique 1.37. Des progrès ultérieurs en matière de lutte contre le blanchiment de capitaux sont possibles

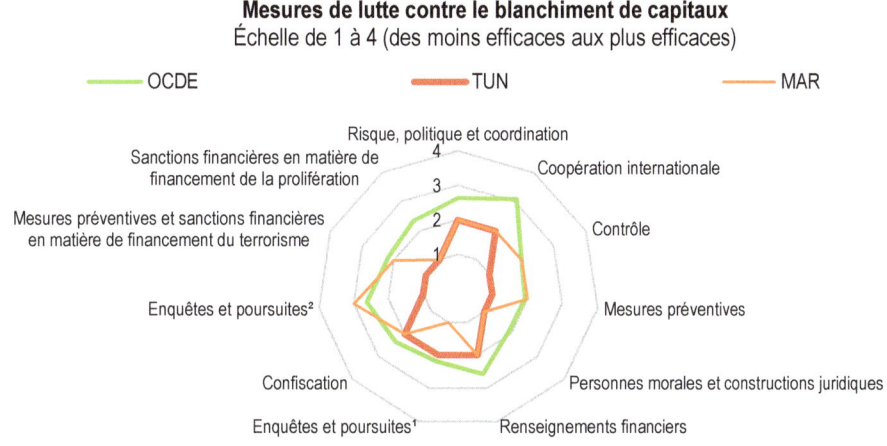

Mesures de lutte contre le blanchiment de capitaux
Échelle de 1 à 4 (des moins efficaces aux plus efficaces)

Note : Le graphique montre les notations attribuées dans le cadre du processus d'évaluation mutuelle du Groupe d'action financière (GAFI), mené pour chacun de ses membres afin d'évaluer la mesure dans laquelle le pays applique les Recommandations du GAFI. Les notations indiquent l'efficacité des mesures prises au regard de 11 résultats immédiats. « Enquête et poursuites[1] » se rapporte au blanchiment de capitaux. « Enquête et poursuites[2] » se rapporte au financement du terrorisme.
Source : Calculs effectués par le Secrétariat de l'OCDE à partir de données provenant du Forum mondial de l'OCDE sur la transparence et l'échange de renseignements à des fins fiscales ; et Groupe d'action financière (GAFI).

StatLink https://stat.link/egtaz0

En Tunisie, les marchés publics représentent au minimum 14 % du PIB, ce qui est supérieur à la moyenne de la zone OCDE, à savoir 12 %, et 40 % des dépenses publiques (HAICOP, 2019[79]). Opérationnel depuis 2013, TUNEPS, le système intégré de passation électronique de marchés publics supervisé par la Haute Instance de la Commande Publique (HAICOP) a été mis en place en vue d'offrir, entre autres, une plus grande transparence grâce à la traçabilité, une gestion plus efficace des dépenses publiques et un accès simplifié des PME aux marchés publics. Cependant, la plupart des marchés de faible valeur, qui représentent 40 % des biens, services et prestations de conseil et 20 % des travaux de construction achetés par le ministère de l'Équipement, n'ont pas été traités via TUNEPS. Depuis septembre 2019, la passation électronique des marchés publics est obligatoire pour toutes les entités, y compris les communes. Il reste des défis à relever concernant la prévention des ententes au sein des marchés publics et le niveau insuffisant de la concurrence. Parmi les priorités figurent le contrôle des appels d'offres publics non concurrentiels (contrats inférieurs aux seuils) et de la participation à ceux-ci afin d'éviter les abus, et le renforcement des ressources et des compétences des autorités publiques concernées. Il serait aussi opportun de donner accès à TUNEPS aux entreprises étrangères qui ne sont pas établies en Tunisie, ce qui leur permettrait d'obtenir le certificat électronique nécessaire afin de soumettre leurs offres.

Mieux protéger l'environnement passe par l'abaissement des émissions de carbone

La croissance économique, le changement climatique, la surexploitation des ressources naturelles et les limites dans l'application du droit de l'environnement ont entraîné une dégradation dans les 69 écosystèmes naturels du pays, ses 12 agroécosystèmes et ses zones protégées, qui occupent plus de 6 % du territoire national. La Tunisie est en particulier en proie à une pénurie d'eau : entre le 1er juin 2020 et le 1er juin 2021, le niveau de l'eau a baissé de 19 % dans ses 36 barrages, et même de 29 % dans le plus grand d'entre eux, celui de Sidi Salem, qui contient près d'un quart de l'eau stockée dans le pays (ONAGRI, 2021[61]). Le littoral, qui abrite le plus gros de la population et des activités économiques, dont le tourisme et l'agriculture, est très vulnérable face à la montée du niveau de la mer (Strauss, Kulp et Levermann, 2015[80]).

À l'avenir, la croissance économique devra être découplée des émissions de CO₂

Confrontée au changement climatique, notamment la hausse des températures et des niveaux de précipitations fluctuants, ainsi qu'au risque de multiplication des événements météorologiques extrêmes, la Tunisie a été le troisième pays du monde à inscrire la lutte contre le changement climatique dans sa Constitution, adoptée en 2014. L'article 45 de celle-ci fait obligation à l'État de garantir le droit à un environnement sain et équilibré et de fournir les moyens nécessaires à l'élimination de la pollution (Graphique 1.38).

Graphique 1.38. La population est exposée à une pollution considérable

Source : OCDE, base de données sur l'environnement.

StatLink ⬛ https://stat.link/d5ilez

La Tunisie a ratifié l'Accord de Paris en février 2017 et créé l'année suivante une unité consacrée spécialement à l'action climatique au sein du ministère de l'Environnement. Sa contribution déterminée au niveau national (CDN) consiste à réduire l'intensité d'émission (émissions de CO_2 par unité de PIB) de 41 % en 2030 par rapport à 2005. Les émissions de gaz à effet de serre ont doublé depuis 1995 et l'efficacité énergétique progresse lentement (Graphique 1.39). Dans ces conditions, en plus des efforts d'amélioration de l'efficacité énergétique, il est primordial de réduire les émissions dues à la production d'électricité et de chaleur (qui représentaient 23 % des émissions nationales en 2016). L'objectif est une baisse de 30 % d'ici à 2030 grâce à de vastes mesures d'atténuation, telles que le renforcement des incitations à l'efficacité énergétique et au développement des énergies renouvelables ainsi que la pénalisation du gaspillage de l'énergie et la taxation du transport privé en faveur des transports en commun.

Graphique 1.39. Les performances environnementales s'améliorent lentement

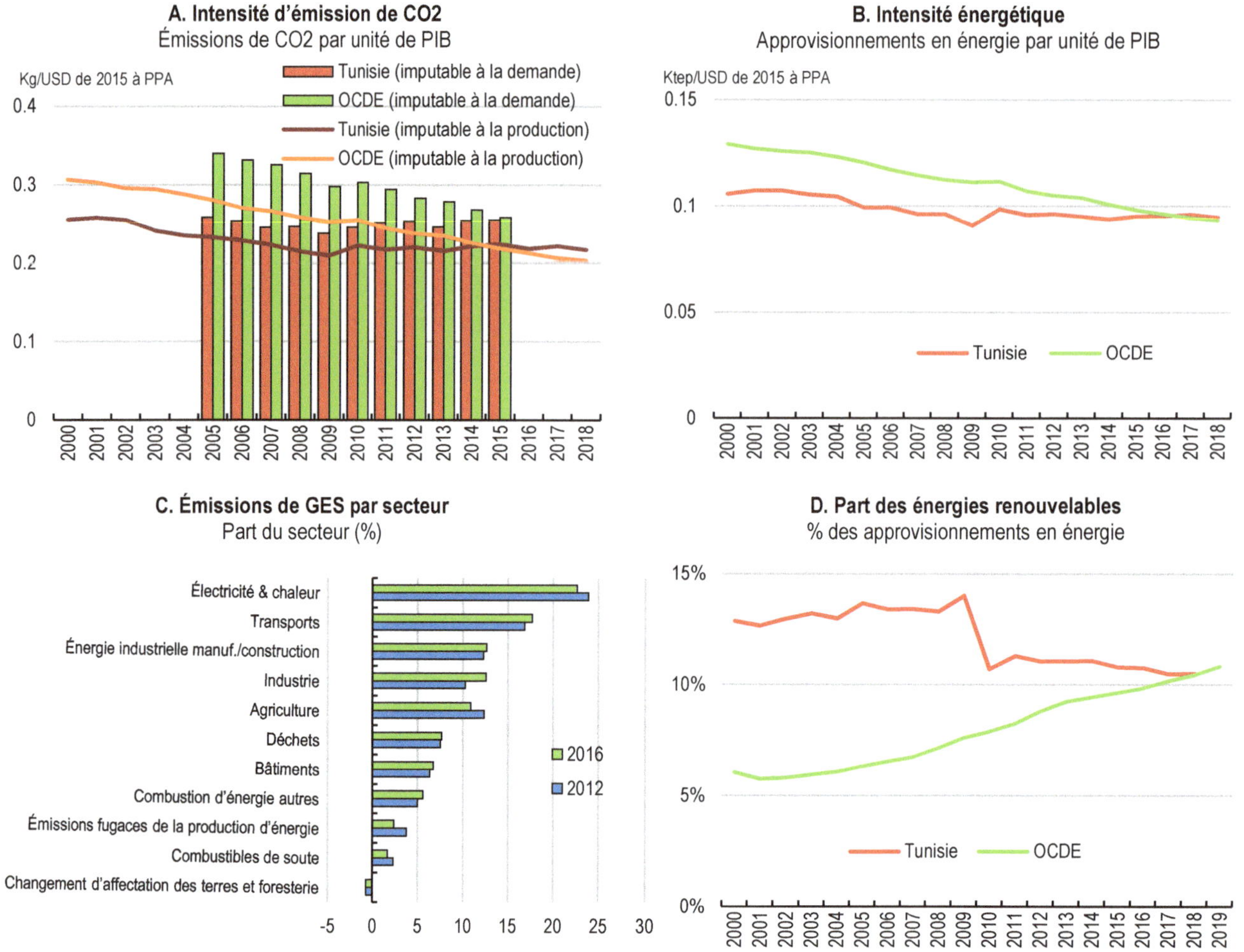

A. Intensité d'émission de CO2
Émissions de CO2 par unité de PIB

Kg/USD de 2015 à PPA

- Tunisie (imputable à la demande)
- OCDE (imputable à la demande)
- Tunisie (imputable à la production)
- OCDE (imputable à la production)

B. Intensité énergétique
Approvisionnements en énergie par unité de PIB

Ktep/USD de 2015 à PPA

Tunisie   OCDE

C. Émissions de GES par secteur
Part du secteur (%)

Électricité & chaleur
Transports
Énergie industrielle manuf./construction
Industrie
Agriculture
Déchets
Bâtiments
Combustion d'énergie autres
Émissions fugaces de la production d'énergie
Combustibles de soute
Changement d'affectation des terres et foresterie

2016   2012

D. Part des énergies renouvelables
% des approvisionnements en énergie

Tunisie   OCDE

Source : OCDE, base de données sur l'environnement ; et Hannah Ritchie et Max Roser (2020), « CO_2 and Greenhouse Gas Emissions ». Publié en ligne sur le site OurWorldInData.org. Consulté à l'adresse : 'https://ourworldindata.org/co2-and-other-greenhouse-gas-emissions'.

StatLink ⟡ https://stat.link/51r7to

Réaliser les objectifs de la croissance durable et « verte » pourrait avoir des effets de levier importants sur la productivité et l'inclusion. Au vu de ce qu'elle a accompli jusqu'à présent, la Tunisie pourrait atteindre plus rapidement ses ambitieux objectifs nationaux en recourant à un vaste ensemble de dispositions comprenant des règlementations respectueuses du jeu du marché qui encouragent l'investissement dans les énergies propres, des mesures d'ajustement des prix du carbone et des mesures de soutien aux ménages dans le besoin, du moins initialement, le temps que les comportements s'adaptent. À cet égard, les mesures de politique économique qui seront appliquées pour orienter la reprise lui donnent l'occasion d'accélérer la transformation verte.

La promotion des énergies renouvelables peut être renforcée en liaison avec la libéralisation du marché

Le gouvernement ambitionne de porter la part des renouvelables dans la production d'électricité de 3 % en 2016 à 30 % en 2030. En vertu de la loi 2015-12, les entreprises privées et les particuliers peuvent utiliser la cogénération et les énergies renouvelables pour produire de l'électricité à des fins d'autoconsommation et vendre leurs excédents de production jusqu'à hauteur de 30 %, à prix fixe et exclusivement à la STEG. Les décrets d'application de la loi et un contrat type d'achat d'électricité ont été publiés début 2017, et l'arrivée des premiers producteurs indépendants d'électricité d'origine renouvelable a été annoncée la même année. La loi de mai 2019 relative à l'amélioration du climat de l'investissement permet aux entreprises de créer des entités distinctes consacrées entièrement à la production d'électricité. En tout, 17 projets solaires et quatre projets éoliens ont été attribués à des entreprises privées. Différentes initiatives sont consacrées au financement des énergies renouvelables, de l'efficacité énergétique et des substitutions interénergétiques, dont le Fonds de transition énergétique (FTE) et le programme PROSOL-ELEC (RCREEE, 2020[81]). Cependant, en 2019 les renouvelables entraient pour 6.6 % dans la production d'électricité, ce qui est nettement en deçà de l'objectif (MEMTE, 2020[82]).

La Tunisie a connu une certaine libéralisation, mais elle devrait hâter la création d'une autorité de régulation indépendante, dont l'expérience acquise au niveau international montre qu'elle est indispensable pour assurer la transparence et l'équité des achats d'électricité auprès des producteurs. En outre, les financements nécessaires devraient être mobilisés auprès des secteurs public et privé pour permettre un fonctionnement efficace du Fonds de Transition Énergétique (IRENA, 2021[83]), le monopole public en matière de transport, de distribution et de vente au détail de l'électricité devrait au moins s'accompagner d'une séparation comptable, et un tarif d'achat devrait être fixé avant la création d'un marché de gros.

Il convient d'améliorer la gestion des déchets pour lutter contre la pollution de l'air et de la mer

La production de déchets solides a augmenté avec la croissance économique, de sorte qu'il est désormais urgent de prendre des mesures adaptées et de les appliquer efficacement pour rendre l'économie plus respectueuse de l'environnement. La Tunisie a adopté dès 1996 une loi relative aux déchets et au contrôle de leur gestion et de leur élimination et créé l'Agence nationale de gestion des déchets (ANGed). Les sacs en plastique à usage unique sont interdits depuis mars 2020. Néanmoins, des améliorations sont nécessaires. Les déchets organiques sont pour la plupart collectés mélangés avec d'autres déchets, puis mis en décharge sans aucun traitement. Les huit décharges existantes sont exploitées au maximum de leur capacité et le système de recyclage Eco-lef, jadis exemplaire au sein de la région MENA, pâtit de la diminution du nombre de points de collecte (45 en 2018 contre 63 en 2010) ainsi que d'un déficit de financement et de sensibilisation du public (Chaabane, 2020[84]).

La mauvaise gestion des déchets solides, conjuguée à un contrôle défaillant des produits chimiques, est une cause majeure de pollution de l'air et de la mer. Dans la plupart des villes pour lesquelles des données de bonne qualité sur la pollution de l'air sont disponibles, des concentrations annuelles moyennes de PM10 supérieures à la valeur-guide de l'OMS de 20 µg/m³ ont été enregistrées (OMS, 2015[85]). La valorisation énergétique des déchets suscite un intérêt grandissant en Tunisie, mais les incinérateurs sont peu nombreux et aucun n'assure une telle valorisation. La responsabilité pour la gestion des déchets est partagée entre les niveaux de gouvernement, y compris les collectivités locales, mais le manque de précision et clarté dans la définition des compétences respectives, ainsi que la faiblesse des ressources financières et techniques au niveau local, pénalisent les investissements. Faute d'une stratégie nationale, la valorisation des déchets souffre de défauts similaires.

Par ailleurs, le pays aurait intérêt à se doter d'un système de responsabilité élargie des producteurs (REP). L'élargissement des obligations des producteurs à l'égard des produits jusqu'au stade de leur cycle de vie situé en aval de la consommation est utile pour réduire la quantité de déchets solides grâce au recyclage des matériaux réutilisables. La REP est un moyen de transférer une partie des coûts de gestion des déchets supportés par les contribuables vers les producteurs et les consommateurs. En revanche, il ne ressort guère des données aujourd'hui disponibles qu'elle stimule l'écoconception (OCDE, 2021[86]).

Recommandations figurant dans les Principaux éclairages sur l'action publique

PRINCIPALES CONCLUSIONS	RECOMMANDATIONS (Principales recommandations en gras)
Mettre les politiques macro-économiques au service d'une reprise durable	
Malgré la forte accélération durant l'été, le taux de vaccination demeure inférieur à celui des pays de l'OCDE. L'accès à certaines activités est conditionné à la présentation du pass sanitaire ou d'un test négatif.	**Envisager d'étendre le pass sanitaire à la plupart des activités et à l'exercice de certaines professions. Intensifier les efforts pour mieux couvrir les zones rurales, notamment grâce aux centres mobiles de vaccination et à l'activation des acteurs locaux.**
Une résurgence de la pandémie de COVID-19 ne peut être exclue et des risques considérables pèsent sur les perspectives.	**Continuer d'appliquer des mesures de soutien budgétaire pour les foyers et les secteurs de l'économie les plus vulnérables jusqu'à ce que la reprise économique soit bien engagée.**
L'inflation pourrait s'accélérer à court terme du fait des prix élevés pour les ressources naturelles et des goulets d'étranglement dans les chaînes d'approvisionnement.	**Veiller au maintien d'une inflation modérée en consolidant l'indépendance de la Banque centrale de Tunisie et en évitant de recourir au financement monétaire du déficit budgétaire.**
Le ciblage explicite de l'inflation permettrait à la Banque centrale de garder l'augmentation des prix à un niveau bas, stable et prévisible et inciterait à une meilleure coordination entre la politique monétaire et la politique budgétaire.	**Afin d'adopter une politique monétaire de ciblage d'inflation, suivre une feuille de route qui comprenne une stratégie de communication transparente et crédible, la capacité de produire des prévisions d'inflation à partir de plusieurs indicateurs, y compris des enquêtes régulières sur les anticipations d'inflation, et une approche opérationnelle donnant des indications sur l'orientation future de la politique monétaire.**
Du fait du niveau élevé de l'endettement, il est urgent d'adopter un ensemble de mesures destinées à accroître les recettes, à maîtriser les dépenses et à ramener le ratio dette/PIB à un niveau soutenable.	**Définir, annoncer et mettre en œuvre un plan budgétaire à moyen terme qui permettra de réduire les dépenses courantes tout en ménageant une marge budgétaire pour faire face à des risques éventuels et augmenter l'investissement public dans les infrastructures.**
Le système fiscal est complexe et comprend de nombreux régimes spéciaux et exonérations ; le taux de recouvrement est faible et l'évasion fiscale est répandue, notamment pour le régime forfaitaire, créant des inégalités entre contribuables.	**Diminuer le nombre des régimes spéciaux et les exonérations de TVA, mieux contrôler le régime forfaitaire, soutenir l'application des règles fiscales et rédiger un code général des impôts complet.**
Le vieillissement de la population, l'augmentation des taux de dépendance, la générosité des taux de remplacement bruts et la morosité de la croissance ont affaibli le régime de retraite par répartition.	Les partenaires sociaux et le gouvernement devraient définir un calendrier clair pour examiner et adopter la réforme du système des retraites dans le secteur privé. Il faudrait envisager de lier les montants des retraites plus directement avec les contributions, surtout dans le secteur public, et pénaliser les départs anticipés à la retraite.
L'emploi et la masse salariale du secteur public sont très élevés en comparaison internationale.	**Limiter les recrutements et les promotions internes dans le secteur public ; faciliter les départs volontaires ; et subordonner les ajustements des traitements au respect de critères de performance.**
Dans l'administration publique, il y a de la marge pour améliorer les performances opérationnelles et réduire les coûts administratifs.	Suspendre les embauches et les promotions dérogatoires et non concurrentielles, rendre la publication des postes vacants obligatoire et appliquer les principes d'uniformité, d'équité, de justice et de transparence pour renforcer les processus d'évaluation des fonctionnaires tout au long de leur vie active.
Les subventions énergétiques sont inefficientes, régressives et non conformes aux objectifs environnementaux.	Achever de mettre en place les infrastructures nécessaires (notamment la base de données relative aux ménages vulnérables) pour remplacer progressivement les subventions énergétiques par des mesures ciblées d'aide au revenu.
Accompagner le développement du secteur financier	
La protection des créanciers et des investisseurs minoritaires est faible à cause de la longueur des processus de restructuration des entreprises et des dettes, ce qui limite l'accès aux financements.	**Accélérer les processus de restructuration des dettes à travers les dispositifs extrajudiciaires de traitement de l'insolvabilité et la création de chambres spéciales dans les tribunaux chargés des affaires concernant les entreprises.**
L'exposition des banques au secteur public, via les titres et prêts directs, et les créances douteuses, ainsi que la capitalisation insuffisante de certaines banques publiques, empêchent de nombreuses entreprises d'accéder aux financements.	Renforcer la transparence dans le secteur bancaire grâce à une surveillance étroite, des tests de résistance réguliers, le respect d'une nomenclature appropriée des prêts et la mise en place de filets de sécurité financière efficaces.
Les institutions de microfinance ont connu une forte croissance dans les années 2010 mais, du fait de certaines goulots d'étranglement, peinent à collecter l'épargne et à accroître leur propre assise financière.	Permettre aux institutions de microfinance (IMF) de collecter l'épargne de leurs clients et aux banques qui les financent de se refinancer auprès de la banque centrale et envisager de recourir à d'autres moyens d'action, comme un fonds consacré au microfinancement ou encore un fonds de garantie des financements accordés aux IMF, favoriseraient un meilleur accès aux financements.
Envoyer de l'argent en Tunisie coûte plus cher que dans les autres pays de la région MENA et l'impact des transferts en termes de développement est inférieur à ce qu'il pourrait être.	Favoriser les transferts d'argent par téléphone mobile et les transactions transfrontalières de mobile à mobile et élargir la gamme des instruments financiers disponibles, en particulier en émettant des obligations à long terme destinées à la diaspora.
La concurrence et l'égalité de traitement de tous les acteurs offrant des services financiers mobiles sont des éléments indispensables à l'inclusion financière et au développement des paiements numériques.	Soumettre les services financiers proposés par la Poste tunisienne à la supervision, la surveillance et la réglementation de la BCT et mener à terme le projet de création de la Banque postale.
Ouvrir l'économie et renforcer la concurrence	

Les règles et les procédures réglementaires sont complexes, peuvent avoir des incidences économiques, notamment sur la concurrence et peuvent contribuer à la pratique de la corruption.	**Introduire l'obligation de conduire une évaluation économique ex ante (et si possible ex post) de l'impact de toute nouvelle réglementation.**
Les obstacles à l'importation sont élevés pour les entreprises axées sur le marché local *(onshore)*, ce qui réduit la possibilité d'accéder à des intrants et biens d'équipement de haute qualité pour ces entreprises et augmente les prix à la consommation.	**Réduire les droits de douane et les obstacles non tarifaires pour les entreprises *onshore*, en commençant par les biens d'équipement et les intrants intermédiaires.**
Le déficit d'infrastructures demeure important, et les procédures douanières sont aujourd'hui longues et coûteuses.	**Améliorer le cadre d'investissement dans les infrastructures et accélérer la conversion numérique des procédures douanières, y compris par la mise en place ds licences d'import-export automatiques pour tous les produits, avec des contrôles *a posteriori* transparents fondés sur des procédures d'évaluation des risques.**
Différents accords de libre-échange ont été récemment signés, ou bien sont en cours de discussion. Ces accords sont de portée générale (puisqu'ils couvrent des thématiques autre que le commerce extérieur) et peuvent être avantageux pour les consommateurs tunisiens.	Accélérer les négociations d'accords de libre-échange.
Dans des secteurs clés comme le commerce de gros et de détail et le transport de marchandises maritime et routier, le nombre élevé d'obstacles réglementaires à la concurrence freine les entrées et pèse sur la conduite des affaires. Le Conseil de la concurrence placé sous la tutelle administrative du ministère du Commerce ne dispose pas de ressources suffisantes.	Renforcer la mise en œuvre des dispositions en matière de concurrence en accroissant l'indépendance et les ressources du Conseil de la Concurrence. Retirer les dispositions anti-concurrentielles de textes légaux et administratifs.
Réformer les entreprises publiques	
Les entreprises publiques génèrent des risques budgétaires et financiers, les performances opérationnelles et financières de nombreuses entreprises publiques sont médiocres, la qualité de leurs services est faible et les prix sont élevés.	**Créer une agence des participations publiques, dotée de ressources suffisantes, pour évaluer les performances financières et les options de restructuration, y compris la privatisation, et renforcer les objectifs de performance.**
Les entreprises publiques sont présentes dans de nombreux secteurs, y compris certains où le maintien de la participation et du contrôle de l'État se justifie peu.	Adopter et appliquer une stratégie d'actionnariat public reposant sur la nature de l'activité des entreprises publiques, leur importance stratégique et leur viabilité financière.
Au sein des instances dirigeantes des entreprises publiques, le taux de rotation est élevé, la grande majorité des administrateurs sont des personnes issues des milieux politiques et non des personnes possédant des compétences professionnelles appropriées et pertinentes, et la gouvernance d'entreprise est médiocre.	Adopter une approche fondée sur le mérite pour les nominations aux conseils d'administration, relever le nombre minimum d'administrateurs indépendants et engager des chasseurs de têtes spécialisés pour proposer à l'État des candidats appropriés.
Renforcer la bonne gouvernance et la lutte contre la corruption	
L'Instance nationale de lutte contre la corruption (INLUCC) a été saisie dans de nombreuses affaires mais ses ressources humaines et financières sont insuffisantes.	**Préserver l'indépendance de l'INLUCC et la doter des ressources nécessaires.**
La collecte d'information sur les cas de corruption est insuffisante. Le traitement des cas de corruption est long.	Renforcer la collecte d'information et veiller à l'accélération des procédures et du traitement des dossiers.
Les relations entre le monde des affaires et la sphère politique sont marquées par un manque d'information et de transparence.	Obliger les représentants du monde des affaires à déclarer les financements des partis politiques et les contacts avec des représentants de l'État.
Concrétiser la transition verte	
Le mix énergétique de la production d'électricité repose principalement sur le gaz naturel.	**Promouvoir la transition écologique et les énergies renouvelables en encourageant les investissements et les partenariats public-privé; en ajustant le cadre réglementaire et la fiscalité sur le carbone ; en réduisant les subventions énergétiques ; et en augmentant les transferts directs aux ménages nécessiteux.**
La Tunisie s'est engagée à porter à 30 % d'ici 2030 la part de diverses sources d'énergie renouvelable telles que le solaire et l'éolien dans la production d'électricité, mais les progrès sont lents à cause des difficultés d'accès au réseau électrique de l'opérateur public.	Mettre en place une instance indépendante de régulation de l'électricité, pour encourager l'investissement privé et les partenariats public-privé dans les énergies renouvelables.
La plupart des déchets solides sont mis en décharge et les incinérateurs sont peu utilisés. Une part importante des eaux usées est rejetée dans la mer sans traitement.	Renforcer les capacités de traitement des eaux usées et les installations d'incinération des déchets solides à haut rendement énergétique, ainsi que les capacités de collecte et de valorisation énergétique des gaz de décharge.

Références

Adalet McGowan, M., D. Andrews et V. Millot (2017), « Insolvency Regimes, Technology Diffusion and Productivity Growth : Evidence from Firms in OECD Countries », *OECD Economics Department Working Papers*, n° 1425, OECD Publishing, Paris, https://dx.doi.org/10.1787/36600267-en. [76]

Ades, A. et R. Di Tella (1999), « Rents, Competition, and Corruption », *American Economic Review*, vol. 89/4, pp. 982-993, https://www.hbs.edu/faculty/Pages/item.aspx?num=3719 (consulté le 23 décembre 2021). [27]

AfDB (2019), *Revising Reforms in the Power Sector in Africa*, African Development Bank, Abidjan, https://www.afdb.org/sites/default/files/documents/publications/power_reforms_report_english.pdf (consulté le 23 décembre 2021). [28]

AHK (2021), *World Business Outlook*, https://www.dihk.de/resource/blob/32524/874596011b1a682731da3817d21f0433/ahk-world-business-outlook-fall-2020-data.pdf. [62]

Amiti, M. et A. Khandelwal (2013), « Import Competition and Quality Upgrading », *The Review of Economics and Statistics*, vol. 95/2, pp. 476-490, https://www.mitpressjournals.org/doi/pdf/10.1162/REST_a_00271 (consulté le 22 septembre 2018). [65]

Ayadi, L. et al. (2014), « An Attempt to Estimating Informal Trade Across Tunisia's Land Borders », *Journal of Urban Research*, https://journals.openedition.org/articulo/2549. [42]

Banks, G. (1998), « Committing to Trade Liberalisation in Australia », *Agenda*, vol. 5/2, pp. 147-164, http://press-files.anu.edu.au/downloads/press/p105231/pdf/article02.pdf (consulté le 23 décembre 2021). [23]

Banque centrale de Tunisie (2021), *Note sur l'évolution économiques et monétaires et perspectives à moyen terme*. [3]

Banque mondiale (2020), *Tunisia Economic Monitor: Rebuilding the Potential of Tunisian Firms*, World Bank, Washington DC, https://documents1.worldbank.org/curated/en/194331608565600726/pdf/Tunisia-Economic-Monitor-Rebuilding-the-Potential-of-Tunisian-Firms-Fall-2020.pdf (consulté le 17 juin 2021). [49]

Banque mondiale (2020), *Tunisia First Resilience and Recovery Emergency Development Policy Financing (P173324)*, https://projects.worldbank.org/en/projects-operations/project-detail/P173324 (consulté le 23 décembre 2021). [32]

Banque mondiale (2020), *Tunisie : Revue des Dépenses Publiques -- Un Nouveau Pacte pour la Transition*, https://openknowledge.worldbank.org/bitstream/handle/10986/33854/149126FR.pdf?sequence=12&isAllowed=y (consulté le 23 décembre 2021). [24]

Banque mondiale (2019), *Tunisia Infrastructure Diagnostic*, https://doi.org/10.1596/35116 (consulté le 23 décembre 2021). [29]

Banque mondiale (2014), *Pour une meilleure gouvernance des entreprises publiques en Tunisie*, [31]
https://documents1.worldbank.org/curated/en/403271468108834785/pdf/768750WP0P13380
ubliques000Mars02014.pdf.

BERD (2020), *Survey of investor perceptions and the broadband sector 2020*, [48]
https://www.ebrd.com/cs/Satellite?c=Content&pagename=EBRD%2FContent%2FContentLay
out&cid=1395292756036 (consulté le 23 décembre 2021).

Bossone, B. et al. (2021), « Developing Digital Payment Services in the Middle East and North [87]
Africa: A Strategic Approach », https://openknowledge.worldbank.org/handle/10986/36000
(consulté le 23 décembre 2021).

Bouabidi, M. (2020), « The Tunisian exchange rate regime: Is it really floating? », *International* [16]
Journal of Finance & Economics, https://doi.org/10.1002/IJFE.2394.

Boughrara, A. (2007), « Can Tunisia Move to Inflation Targeting? », *The Developing Economies*, [10]
vol. 45/1, pp. 27-62, https://doi.org/10.1111/J.1746-1049.2007.00029.X.

Boughzala, M. et al. (2020), *Les inégalités en Tunisie*, https://www.cairn.info/papiers-de- [41]
recherche--1000000148925-page-1.htm.

BP (2021), *Statistical Review of World Energy | Energy economics | Home*, [58]
https://www.bp.com/en/global/corporate/energy-economics/statistical-review-of-world-
energy.html (consulté le 23 décembre 2021).

Broda, C. et D. Weinstein (2006), « Globalization and the Gains From Variety », *The Quarterly* [71]
Journal of Economics, vol. 121/2, pp. 541-585, https://doi.org/10.1162/qjec.2006.121.2.541.

Cassimon, S. et R. Grundke (á paraître), « Improving skills and employment opportunities in [64]
Tunisia », *OECD Economics Department Working Papers*.

Cassimon, S., R. Grundke et P. Kowalski (á paraître), « The opportunities associated with [69]
Tunisia's greater integration with international markets », *OECD Economics Department*
Working Papers.

CESAO (2014), *Arab middle class: measurement and role in driving change*, [36]
https://archive.unescwa.org/sites/www.unescwa.org/files/publications/files/e_escwa_edgd_14
_2_e.pdf.

Chaabane, W. (2020), *Gestion des déchets plastiques en Tunisie: vers une responsabilite* [84]
partagée, https://tn.boell.org/fr/2020/03/05/gestion-des-dechets-plastiques-en-tunisie-vers-
une-responsabilite-
partagee#:~:text=Gestion%20des%20d%C3%A9chets%20plastiques%20en%20Tunisie%3A
%20Vers%20une%20responsabilit%C3%A9%20partag%C3%A9e,-
Atlas%20du%20Plastique&te.

Conseil de l'Europe (2017), *Tunisie : diagnostic du cadre anti-corruption*, https://rm.coe.int/snac- [78]
ii-publication-diagnostic-anti-corruption-programme-sud/1680792c0f.

CRES (2017), *Évaluation de la performance des programmes d'assistance sociale en Tunisie*, [45]
Centre de Recerce des Études sociales,
https://socialprotection.org/fr/discover/publications/%C3%A9valuation-de-la-performance-des-
programmes-d%E2%80%99assistance-sociale-en-tunisie.

De Loecker, J. et al. (2016), « Prices, Markups, and Trade Reform », *Econometrica*, vol. 84/2, pp. 445-510, https://doi.org/10.3982/ECTA11042. [66]

Derbali, A. et C. Eugène-Rigot (2021), « The misalignment of real effective exchange rate: Evidence from Tunisia », https://ideas.repec.org/p/gii/giihei/heidwp04-2021.html (consulté le 23 décembre 2021). [17]

Dhakouani, A., E. Znouda et C. Bouden (2020), « Impacts of Electricity Subsidies Policy on Energy Transition », *Lecture Notes in Energy*, vol. 77, pp. 65-98, https://doi.org/10.1007/978-3-030-43578-3_4. [40]

El Abassi, M. (2021), *Hearing of the BCT Governor on the economic and monetary situation, in front of the Assemblée des Représentants du Peuple (ARP)*. [18]

El Hamiani Khatat, M., N. End et R. Kolsi (2020), « Tunisia Monetary Policy Since the Arab Spring: The Fall of the Exchange Rate Anchor and Rise of Inflation Targeting », https://www.imf.org/en/Publications/WP/Issues/2020/08/21/Tunisia-Monetary-Policy-Since-the-Arab-Spring-The-Fall-of-the-Exchange-Rate-Anchor-and-Rise-49701. [11]

European Commission (2021), *Ex-post Evaluation of the impact of trade chapters of the Euro-Mediterranean*, Directorate-General for Trade,European Commission, https://doi.org/10.2781/984285. [75]

Fajgelbaum, P. et A. Khandelwal (2016), « Measuring the Unequal Gains from Trade », *The Quarterly Journal of Economics*, pp. 1113-1181, https://doi.org/10.1093/qje/qjw013. [70]

Fanizza, D. et al. (2002), « Tunisia's experience with real exchange rate targeting and the transition to a flexible exchange rate regime », *document de travail du FMI*, vol. n° 02/190, https://www.imf.org/external/pubs/ft/wp/2002/wp02190.pdf. [15]

FCO (2019), « Continuing the United Kingdom's Trade Relationship with Tunisia Agreement establishing an association between the United Kingdom of Great Britain and Northern Ireland and the Republic of Tunisia ». [73]

Fitch Rating (2021), *Tunisian Banks' Near-Term Prospects Still Very Challenging*, https://www.fitchratings.com/research/banks/tunisian-banks-near-term-prospects-still-very-challenging-21-06-2021 (consulté le 23 décembre 2021). [6]

FMI (2021), *Tunisia : 2021 Article IV Consultation-Press Release; Staff Report; and Statement by the Executive Director for Tunisia*, https://www.imf.org/en/Publications/CR/Issues/2021/02/26/Tunisia-2020-Article-IV-Consultation-Press-Release-Staff-Report-and-Statement-by-the-50128 (consulté le 23 décembre 2021). [7]

Guillemette, Y. et D. Turner (2018), « The Long View: Scenarios for the World Economy to 2060 », Editions OCDE, https://doi.org/10.1787/2226583X. [21]

Gygli, S. et al. (2019), « The KOF Globalisation Index – revisited », *Review of International Organizations*, vol. 14/3, pp. 543-574, https://doi.org/10.1007/S11558-019-09344-2/TABLES/7. [56]

HAICOP (2019), « Stratégie de Management des Risques dans les Marchés Publics en Tunisie ». [79]

Hsieh, C. et P. Klenow (2009), « Misallocation and Manufacturing TFP in China », *The Quarterly Journal of Economics*, vol. 124/4, pp. 1403-1448, https://www.jstor.org/stable/pdf/40506263.pdf (consulté le 17 janvier 2019). [68]

INC (2019), *Premiers résultats d'une enquête sur l'endettement des ménages tunisiens*, Institut National de la Consommation. [8]

INS (2021), *Indicateurs de l'emploi et du chômage*, http://ins.tn/sites/default/files/publication/pdf/Note_ENPE_2021T1.pdf (consulté le 15 juillet 2021). [5]

IRENA (2021), *Renewable Readiness Assessment: The Republic of Tunisia*. [83]

Jahan, S. (2012), « Inflation Targeting: Holding the Line », *Finance & Development*, https://www.imf.org/external/pubs/ft/fandd/basics/pdf/jahpan-inflation-targeting.pdf. [13]

Joumard, I., S. Dhaoui et H. Morgavi (2018), « Insertion de la Tunisie dans les chaînes de valeur mondiales et rôle des entreprises offshore *», Documents de travail du Département des Affaires économiques de l'OCDE*, n° 1478, Éditions OCDE, Paris, https://dx.doi.org/10.1787/546dbd75-fr. [55]

Kaufmann, D., A. Kraay et M. Mastruzzi (2010), « The Worldwide Governance Indicators : Methodology and Analytical Issues », https://openknowledge.worldbank.org/handle/10986/3913. [22]

Kokas, D. et al. (2020), « Impacts of COVID-19 on Household Welfare in Tunisia », https://doi.org/10.1596/1813-9450-9503. [37]

MEMTE (2020), *Conjoncture énergétique*. [82]

Ministère de l'économie, des finances et de l'appui à l'investissement (2021), *Rapport sur les entreprises publiques*. [26]

Mouelhi, R. (2020), « L'urgence d'une stratégie de relance », *L'économiste maghrébine*, https://www.leconomistemaghrebin.com/2020/05/24/desindustrialisation-lurgence-dune-strategie-de-relance-1/. [20]

OCDE (2021), *Middle East and North Africa Investment Policy Perspectives | OECD iLibrary*, https://www.oecd-ilibrary.org/finance-and-investment/middle-east-and-north-africa-investment-policy-perspectives_6d84ee94-en (consulté le 23 décembre 2021). [50]

OCDE (2021), *OECD Investment Policy Reviews: Uruguay*, OECD Investment Policy Reviews, OECD Publishing, Paris, https://dx.doi.org/10.1787/1135f88e-en. [30]

OCDE (2021), *The Size and Sectoral Distribution of State-Owned Enterprises | en | OECD*, https://www.oecd.org/publications/the-size-and-sectoral-distribution-of-state-owned-enterprises-9789264280663-en.htm (consulté le 23 décembre 2021). [35]

OCDE (2021), « Working Party on Resource Productivity and Waste Modulated fees for extended producer responsibility schemes (EPR) », https://www.oecd.org/officialdocuments/publicdisplaydocumentpdf/?cote=ENV/EPOC/WPRPW(2020)2/FINAL&docLanguage=En (consulté le 23 décembre 2021). [86]

OCDE (2020), *Études économiques de l'OCDE : Brésil 2020*, Editions OCDE, https://www.oecd-ilibrary.org/economics/etudes-economiques-de-l-ocde-bresil_19990839. [46]

OCDE (2020), *OECD Economic Surveys: Brazil 2020*, https://www.oecd-ilibrary.org/economics/oecd-economic-surveys-brazil-2020_250240ad-en;jsessionid=JkLae8rDjyURrXR0cUhE_bXx.ip-10-240-5-9 (consulté le 23 décembre 2021). [52]

OCDE (2019), *Études économiques de l'OCDE : Portugal 2019*, Editions OCDE, https://www.oecd-ilibrary.org/economics/etudes-economiques-de-l-ocde-portugal-2019-version-abregee_8b2deb06-fr (consulté le 17 février 2020). [51]

OCDE (2019), *Examens de l'OCDE pour l'évaluation de l'impact sur la concurrence Tunisie*, https://www.oecd.org/fr/pays/tunisie/examens-ocde-evaluation-concurrence-tunisie.htm#:~:text=En%202018%2D2019%2C%20l%27,qui%20peuvent%20restreindre%20la%20concurrence. [54]

OCDE (2019), *FDI Qualities Indicators: Measuring the sustainable development impacts of investment - OCDE*, Editions OCDE, https://www.oecd.org/fr/investissement/fdi-qualities-indicators.htm (consulté le 23 décembre 2021). [72]

OCDE (2018), *Études économiques de l'OCDE : Tunisie 2018: Évaluation économique*, Éditions OCDE, Paris, https://dx.doi.org/10.1787/eco_surveys-tun-2018-fr. [25]

OCDE (2018), *Talents à l'étranger : Une revue des émigrés tunisiens*, Éditions OCDE, https://www.oecd-ilibrary.org/social-issues-migration-health/talents-a-l-etranger_9789264308855-fr (consulté le 23 décembre 2021). [4]

OCDE (2016), *Being an Independent Regulator*, https://www.oecd.org/gov/regulatory-policy/being-an-independent-regulator-9789264255401-en.htm (consulté le 23 décembre 2021). [33]

OCDE (2015), *Les partenariats public-privé en Tunisie: Analyse des cadres juridique, institutionnel et budgétaire*, https://www.oecd.org/fr/daf/inv/politiques-investissement/PPP-Tunisie-Volume-1.pdf. [63]

OCDE (à paraître), *Études sectorielles de l'OCDE – Le secteur bancaire en Tunisie*. [9]

OCDE (à paraître), *Fostering Competition in Tunisia*, Editions OCDE. [53]

OCDE (à paraître), *Soutenir la Tunisie dans la mise en œuvre de mesures fiscales - Encourager la formalisation des entreprises, des travailleurs indépendants et des salariés*, Editions OCDE. [44]

OCDE/ATAF/CUA (2020), *Revenue Statistics in Africa 2021*, https://www.oecd.org/tax/tax-policy/revenue-statistics-in-africa-2617653x.htm (consulté le 23 décembre 2021). [43]

OMS (2015), *Climate and Health Country Profile – Tunisia 2015*, https://apps.who.int/iris/handle/10665/246121. [85]

ONAGRI (2021), *Le Tableau de Bord*, Observatoire National de l'Agriculture, http://www.onagri.nat.tn/uploads/dash-board/Tableau-de-bord.pdf. [61]

ONU-FEMMES (2017), « La Tunisie adopte une loi historique pour mettre fin à la violence envers les femmes », https://www.unwomen.org/fr/news/stories/2017/8/news-tunisia-law-on-ending-violence-against-women (consulté le 23 décembre 2021). [1]

Pavcnik, N. (2002), « Trade Liberalization, Exit, and Productivity Improvements: Evidence from Chilean Plants », *The Review of Economic Studies*, vol. 69/1, pp. 245-276, https://doi.org/10.1111/1467-937X.00205. [67]

PNUD (2021), *L'indice global de pauvreté multidimensionnelle 2021*, http://hdr.undp.org/sites/default/files/2021_mpi_report_fr.pdf. [39]

Przystupa, J. et E. Wróbel (2016), *Modelling monetary transmission in less developed emerging markets: the case of Tunisia*, https://ideas.repec.org/a/nbp/nbpbik/v47y2016i5p395-434.html (consulté le 23 décembre 2021). [12]

Rassaa, B. et al. (2020), « Le régime de l'autoproduction d'électricité à partir des énergies renouvelables en Tunisie : situation et perspectives de développement Auteurs (Par ordre alphabétique) », https://www.leaders.com.tn/uploads/FCK_files/PP_Le%20re%CC%81gime%20de%20l%27autoproduction%20ER%20en%20Tunisie%20-%20Situation%20et%20perspectives.pdf (consulté le 23 décembre 2021). [34]

Ratha, D. et al. (2021), *Resilience COVID-19 Crisis Through a Migration Lens*, https://openknowledge.worldbank.org/handle/10986/33634#:~:text=The%20economic%20crisis%20induced%20by,when%20viewed%20through%20amigration%20lens.&text=Migrant%20remittances%20provide%20an%20economic,to%20much%E2%80%90needed%20health%20services. (consulté le 23 décembre 2021). [77]

RCREEE (2020), « Energy Efficiency and Renewable Energy Strategies and Policies », https://www.rcreee.org/fr/node/4344 (consulté le 23 décembre 2021). [81]

Redissi, H. (2020), *La Tunisie à l'épreuve du COVID-19*, FES and Observatorie Tunisien de la Transition Démocratique. [2]

Rijkers, B. et al. (2016), « Are Politically Connected Firms More Likely to Evade Taxes? Evidence from Tunisia », *The World Bank Economic Review*, vol. 30, pp. 166-175, https://doi.org/10.1093/wber/lhw018. [47]

Rodrik, D. (2016), « Premature Deindustrialization », *Journal of Economic Growth*, vol. 21, https://drodrik.scholar.harvard.edu/files/dani-rodrik/files/premature_deindustrialization.pdf. [19]

Romelli, D. (2022), « The Political Economy of Reforms in Central Bank Design: Evidence from a New Dataset », *Economic Policy*. [14]

Rudloff, B. (2020), « A Stable Countryside for a Stable Country? The Effects of a DCFTA with the EU on Tunisian Agriculture », *Stiftung Wissenschaft Politik Research Paper*, vol. 2, https://doi.org/10.18449/2020RP02. [74]

Sammoud, I. et S. Dhaoui (2019), « The Tunisian Integration into Global Value Chains The role of offshore regime & FDI », https://www.euneighbours.eu/en/south/stay-informed/publications/emnes-working-paper-21-tunisian-integration-global-value-chains (consulté le 23 décembre 2021). [57]

Social Progress Imperative (2021), *Social Progress Index*, https://www.socialprogress.org/global-index-2021. [38]

Strauss, B., S. Kulp et A. Levermann (2015), *Mapping Choices: Carbon, Climate, and Rising Seas, Our Global Legacy*, https://sealevel.climatecentral.org/research/reports/mapping-choices-carbon-climate-and-rising-seas-our-global-legacy. [80]

U.S. Geological Survey (2021), *Phosphate Rock Statistics and Information* |, https://www.usgs.gov/centers/national-minerals-information-center/phosphate-rock-statistics-and-information (consulté le 23 décembre 2021). [60]

Wood Mackenzie (2021), « Tunisia Upstream », https://www.woodmac.com/reports/upstream-oil-and-gas-tunisia-upstream-summary-954735/. [59]

2 Améliorer les compétences et les perspectives d'emploi en Tunisie

Robert Grundke, OCDE

Steven Cassimon, OCDE

Les taux de chômage restent élevés, surtout chez les jeunes arrivant sur le marché du travail. Le développement de l'accès à l'éducation a permis d'accroître l'offre de main-d'œuvre hautement qualifiée, mais, dans le secteur privé, la majorité des emplois ont été créés dans des activités peu productives et à faible intensité de main-d'œuvre qualifiée, si bien que le taux de chômage est élevé parmi les diplômés de l'enseignement supérieur, particulièrement chez les femmes. En outre, les systèmes d'enseignement et de formation professionnels ne tiennent pas compte des besoins du marché du travail et ne dotent pas les travailleurs des compétences exigées par les entreprises. Les politiques et la réglementation relatives au marché du travail entravent la création d'emplois formels et ne sont pas propices à une bonne adéquation entre les offres et les demandes d'emploi. Pour renforcer la dynamique des entreprises et l'innovation, mais aussi promouvoir la création d'emplois plus nombreux et de meilleure qualité, il est essentiel d'abaisser les obstacles réglementaires à l'entrepreneuriat et à l'entrée de nouveaux acteurs, d'accroître l'intégration internationale des entreprises et d'ajuster les impôts sur le travail. Il faut améliorer la qualité du système d'enseignement et de formation professionnels et favoriser la coopération avec le secteur privé pour mieux préparer les jeunes et les jeunes adultes aux besoins du marché du travail. Un meilleur ciblage des politiques actives du marché du travail (PAMT) et une réduction des obstacles à la mobilité de la main-d'œuvre sont indispensables pour rapprocher l'offre et la demande de travail.

Les différentes dimensions de l'inadéquation entre offre et demande de travail en Tunisie

Depuis des décennies, l'économie tunisienne se caractérise par un niveau élevé de chômage, avec un taux qui se maintient au-dessus de 12 % depuis les années 90 (Graphique 2.1). Un large éventail de facteurs structurels complique l'ajustement de l'offre et de la demande de main-d'œuvre et empêche donc de parvenir à l'équilibre sur le marché du travail. Il s'agit notamment des facteurs institutionnels qui freinent la dynamique entrepreneuriale, les investissements et la création d'emplois, des systèmes d'enseignement et de formation professionnels qui ne dotent pas les travailleurs des compétences exigées par les entreprises, et des politiques et de la réglementation relatives au marché du travail qui ne sont pas propices à une bonne adéquation entre les offres et les demandes d'emploi.

Graphique 2.1. Le taux de chômage reste élevé

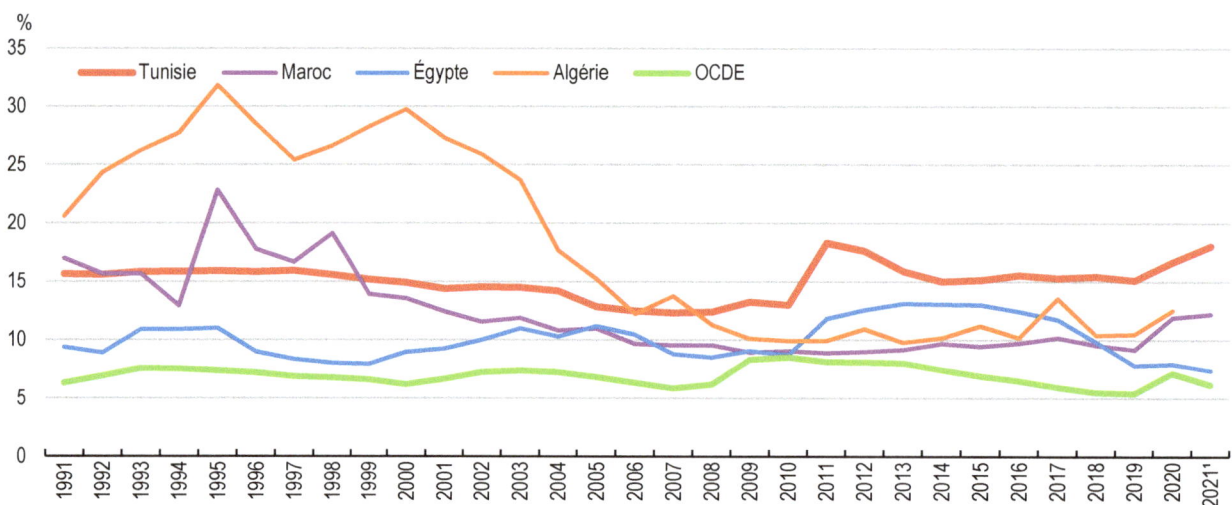

Note : Le taux de chômage correspond à la part des chômeurs dans la population active. Les estimations nationales n'étaient pas disponibles pour l'Algérie après 2017 et les estimations de l'OIT ont été utilisées.
1. Le taux de chômage pour 2021 en Tunisie est calculé comme la moyenne des trois premiers trimestres.
Source : Banque mondiale ; Organisation internationale du travail (OIT) ; Institut national de la statistique (INS) ; CEIC ; et base de données des Perspectives économiques de l'OCDE.

StatLink ▉▉▉ https://stat.link/uo4x8p

L'augmentation de la population en âge de travailler ne s'est pas accompagnée d'une hausse suffisante de la demande de main-d'œuvre, si bien que le taux de chômage est particulièrement élevé parmi les jeunes (Graphique 2.2) (Boughzala, 2019[1]). Dans cette catégorie, le taux de chômage est passé de 25 % dans les années 90 à 35 %, au début des années 2010 (ONEQ, 2013[2]). En 2018, plus de 85 % des chômeurs avaient moins de 35 ans et plus des deux tiers avaient moins de 30 ans. Il faut environ 26.5 mois aux jeunes arrivant sur le marché du travail pour décrocher leur premier contrat (Boughzala, 2019[1]). Cette période de transition s'est allongée depuis 2011, ce qui indique que l'insertion est de plus en plus difficile (calculs de l'OCDE effectués à partir de données de l'agence nationale tunisienne pour l'emploi ANETI). La pandémie a entraîné une forte baisse de la demande de main-d'œuvre, aggravant les difficultés structurelles existantes et faisant augmenter le chômage, particulièrement chez les jeunes (voir le chapitre 1).

Graphique 2.2. Les nouveaux arrivants sur le marché du travail ont du mal à trouver un emploi

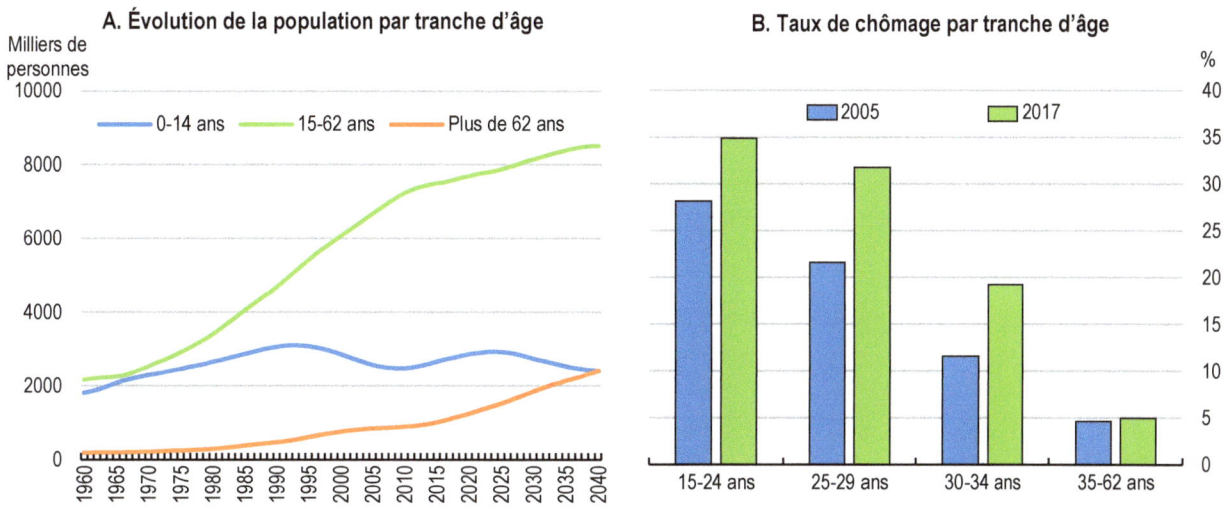

Source : Statistiques de la population mondiale des Nations Unies ; et calculs de l'OCDE d'après les données de l'enquête nationale sur la population et l'emploi (INS).

StatLink https://stat.link/69bpdw

Grâce à l'amélioration de l'accès aux études secondaires et supérieures, le niveau d'instruction des nouveaux arrivants sur le marché du travail progresse régulièrement (UNICEF et INS, 2019[3]). La part des diplômés de l'enseignement supérieur dans la population en âge de travailler a été pratiquement multipliée par quatre depuis les années 90 pour atteindre 28 % en 2017. Cependant, dans le secteur privé, la majorité des emplois ont été créés dans des activités à faible intensité de main-d'œuvre qualifiée et peu productives, si bien que l'offre croissante de main-d'œuvre hautement qualifiée a entraîné des taux de chômage particulièrement élevés parmi les diplômés de l'enseignement supérieur (Graphique 2.3) (Angel-Urdinola, Nucifora et Robalino, 2015[4]). Les femmes ayant un niveau d'éducation élevé sont particulièrement touchées, car elles représentent plus des deux tiers des diplômés de l'enseignement supérieur. Les normes culturelles, qui conduisent à une faible mobilité des femmes célibataires, ainsi que les offres d'emploi proposant des salaires particulièrement bas en raison de discriminations sur le marché du travail, contribuent également au taux de chômage élevé des femmes diplômées de l'enseignement supérieur (Boughzala, 2019[1]).

Graphique 2.3. Le chômage parmi les diplômés de l'enseignement supérieur est élevé, surtout chez les femmes

Taux de chômage en répartition par sexe, niveau de qualification et tranche d'âge, 2005 et 2017

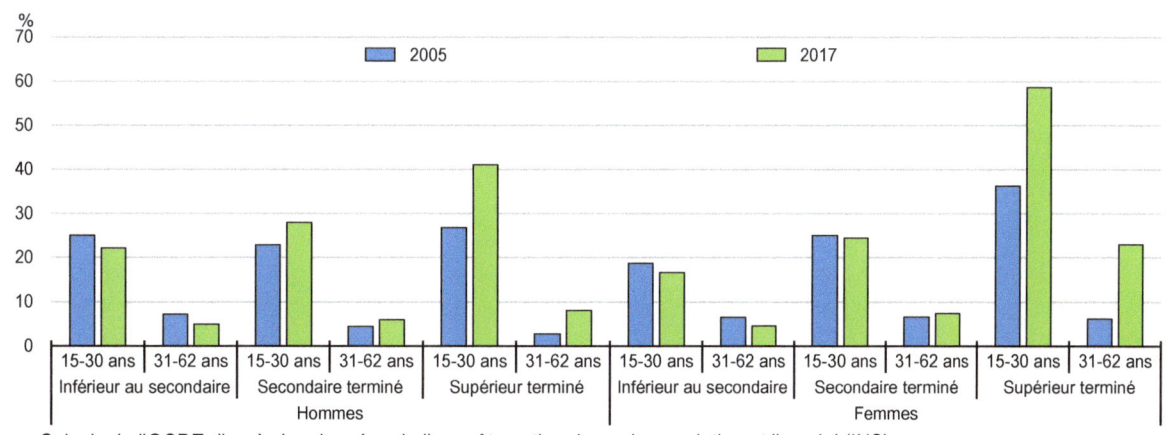

Source : Calculs de l'OCDE d'après les données de l'enquête nationale sur la population et l'emploi (INS).

StatLink https://stat.link/gnqt6r

Bien que le taux de chômage des diplômés de l'enseignement supérieur soit bien plus élevé que celui des autres catégories, environ 60 % des chômeurs n'ont pas poursuivi d'études supérieures (Graphique 2.4). C'est particulièrement le cas des hommes jeunes qui ont quitté le système d'enseignement secondaire ou l'ont terminé avec des résultats relativement bas (Boughzala, 2019[1]). En raison de leur faible niveau de compétences techniques et non techniques et du savoir-être (*soft skills*), dont la communication et les langues, ils rencontrent de grandes difficultés à trouver un emploi formel et finissent généralement par occuper des emplois mal rémunérés dans le secteur informel, devenir chômeurs de longue durée ou participer à des programmes de travaux d'intérêt public (UNICEF, 2020[5] ; Boughzala, 2019[1]). Les jeunes hommes peu qualifiés sont particulièrement nombreux dans le secteur informel (voir ci-après). Bien que particulièrement vulnérable, ce groupe n'a, jusqu'à présent, pas bénéficié des politiques actives du marché du travail et des programmes de formation et les autorités doivent s'attacher à faciliter son insertion sur le marché du travail formel (Angel-Urdinola, Nucifora et Robalino, 2015[4]).

Graphique 2.4. De nombreux jeunes hommes peu qualifiés sont au chômage

Nombre de chômeurs en répartition par âge, niveau de qualification et sexe, 2017 (en chiffres absolus et en pourcentage du total des chômeurs)

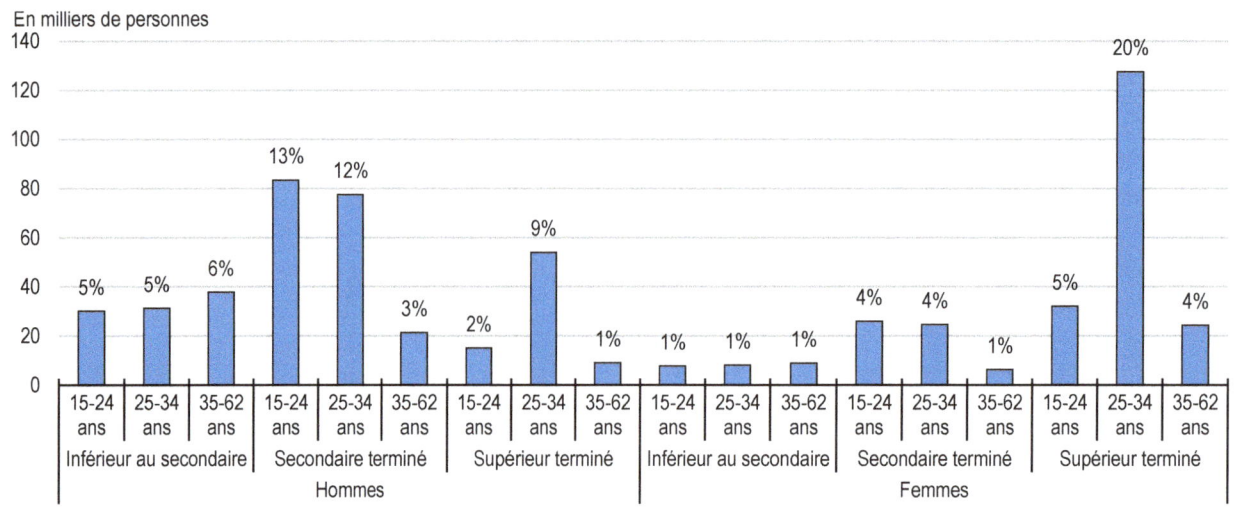

Source : Calculs de l'OCDE d'après les données de l'enquête nationale sur la population et l'emploi (INS).

StatLink ⬛⬛⬛ https://stat.link/a7suyo

Par ailleurs, un autre groupe souffre des faiblesses structurelles du marché du travail : une part importante des jeunes ont été découragés par leur recherche d'emploi et ont quitté le marché du travail (Graphique 2.5). Bien que les raisons culturelles liées à la famille et aux tâches ménagères jouent un rôle important dans le cas des femmes, les difficultés à trouver un emploi sont la raison prédominante de la sortie du marché du travail (Boughzala, 2019[1]). Les jeunes femmes non diplômées de l'enseignement supérieur ont un taux d'activité inférieur à 25 %, alors qu'il est d'environ 50 % pour celles qui possèdent un diplôme de l'enseignement supérieur et de plus de 70 % en moyenne pour les hommes (Graphique 2.5). Plus d'un demi-million de jeunes femmes ne sont ni en emploi, ni scolarisées, ni en formation (NEET) et ne recherchent pas d'emploi (Boughzala, 2019[1]). Si on compte également les plus de 400 000 jeunes hommes au chômage, c'est plus d'un tiers de la population en âge de travailler âgée de 15 à 29 ans qui n'est ni en emploi, ni scolarisé, ni en formation (OCDE, 2015[6]) Cela a de graves conséquences pour le capital humain, la cohésion sociale et le potentiel de croissance économique du pays.

Graphique 2.5. De nombreuses femmes non diplômées de l'enseignement supérieur sont exclues de la population active

Taux d'activité (en %) et nombre d'individus inactifs par sexe, niveau d'instruction et âge, 2017

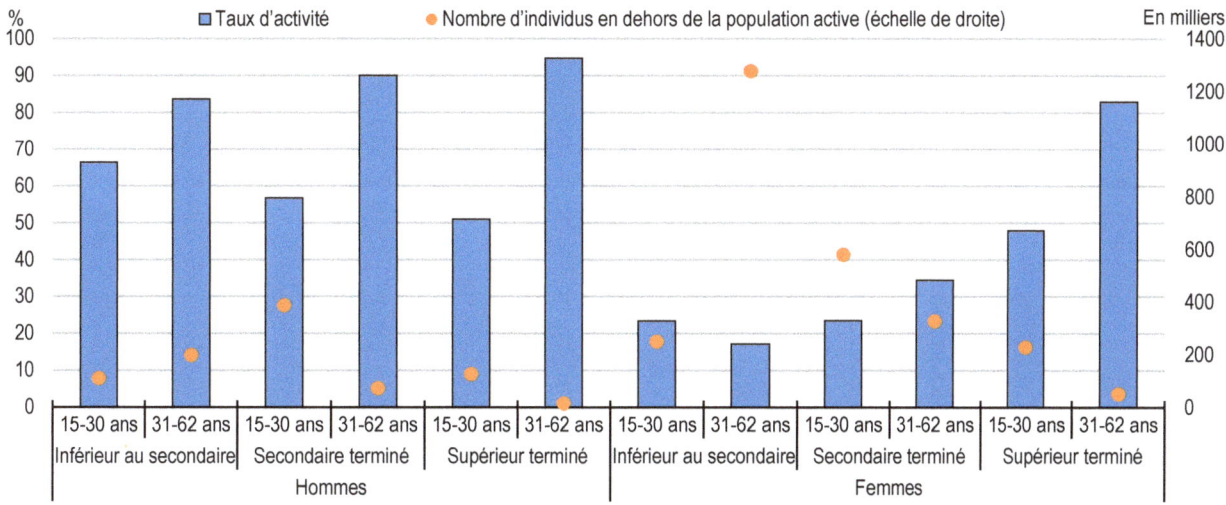

Note : Le taux d'activité correspond à la part des travailleurs et des chômeurs dans la population en âge de travailler, par tranche d'âge.
Source : Calculs de l'OCDE d'après les données de l'enquête nationale sur la population et l'emploi (INS).

StatLink 🔗 https://stat.link/al1os8

La dimension régionale est un élément clé pour comprendre le déséquilibre entre offre et demande de travail en Tunisie. Les taux de chômage vont de moins de 10 % dans certains gouvernorats côtiers à près de 30 % dans certains gouvernorats du sud (Graphique 2.6). Cette situation est principalement due à une forte concentration de l'activité économique et de la création d'emplois dans les régions côtières. Ce phénomène, qui ne date pas d'hier, est avant tout lié à la proximité au commerce maritime et aux conditions favorables à l'agriculture (Angel-Urdinola, Nucifora et Robalino, 2015[4]). Les politiques économiques du passé ont renforcé ces disparités régionales en favorisant le développement de pôles industriels et de zones d'exportation spéciales (« offshore ») près des côtes (OCDE, 2015[7]). Les politiques relatives aux infrastructures, à l'industrie et à l'innovation ont favorisé les régions littorales et il existe peu de liens économiques entre les entreprises de ces régions et celles de l'intérieur du pays (OCDE, 2018[8] ; Angel-Urdinola, Nucifora et Robalino, 2015[4]). La forte centralisation de l'État et de l'administration publique et l'adaptation insuffisante des politiques économiques et sociales aux contextes régionaux ont contribué à ces inégalités (OCDE, 2018[8]).

Les disparités régionales persistantes en matière de taux de chômage sont le signe d'une mobilité interne relativement faible de la main-d'œuvre (Graphique 2.6). Malgré les mouvements migratoires de l'intérieur vers les régions côtières et en particulier vers le Grand Tunis au cours des dernières décennies, des obstacles importants à la mobilité de la main-d'œuvre subsistent. En raison des aides au revenu limitées pour les chômeurs, nombreux d'entre eux dépendent du soutien de leur famille pour le logement et la nourriture, ce qui réduit leur rayon d'action géographique sur le marché du travail (Angel-Urdinola, Nucifora et Robalino, 2015[4]). En outre, les normes culturelles renforcent ces obstacles pour les femmes célibataires, car elles rencontrent parfois des difficultés pour voyager et vivre seules loin de leur famille (Bouchoucha, 2018[9]). Ce problème concerne non seulement les jeunes femmes moins qualifiées, mais aussi les diplômées de l'enseignement supérieur, qui doivent retourner dans leur famille immédiatement après l'obtention de leur diplôme si elles ne trouvent pas d'emploi (OCDE, 2015[6]). La hausse des prix des logements et des loyers complique la migration des régions intérieures vers les centres urbains (voir le premier chapitre). La faible qualité des infrastructures routières et des transports publics rend difficiles les trajets entre le domicile et le lieu de travail, en particulier pour les travailleurs peu qualifiés et pauvres, qui ne peuvent pas s'acheter une voiture ou une moto. Le niveau élevé des droits de douane et d'accise ainsi que le caractère restrictif des licences d'importation et de distribution rendent ces produits plus coûteux, contribuant d'autant à la faible mobilité de la main-d'œuvre (OMC, 2016[10]).

Graphique 2.6. Les taux de chômage varient fortement d'un gouvernorat à l'autre

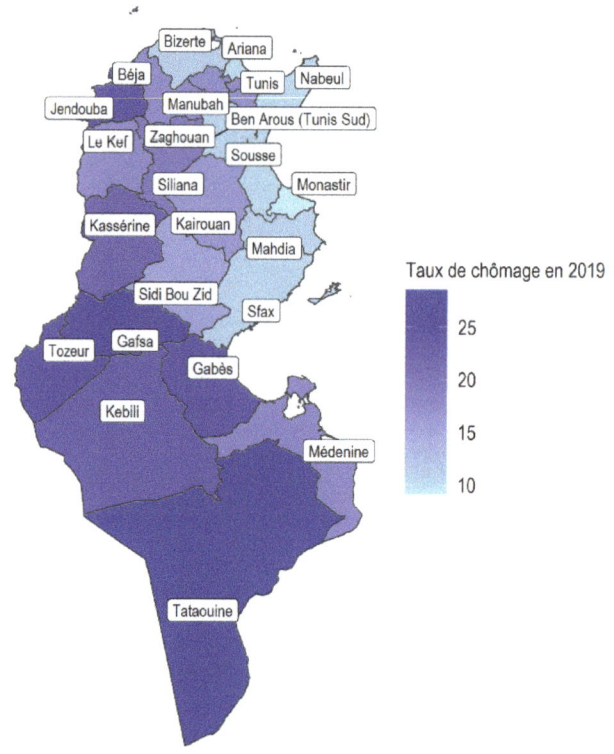

Source : Institut national de la statistique de Tunisie (INS).

StatLink 🔢 https://stat.link/pbzf5o

Malgré le niveau élevé du chômage, les entreprises dans les secteurs à faible intensité de qualification, comme le textile, le secteur du bâtiment et des travaux publics (BTP), le tourisme et l'agriculture sont nombreuses à ne pas trouver de main-d'œuvre possédant les compétences qu'elles recherchent (Boughzala, 2019[1] ; IACE, 2019[11]). Outre les nombreux aspects spécifiques, certains facteurs communs contribuent aussi à ce décalage entre l'offre et la demande. Une première explication est à rechercher du côté de la concentration régionale des activités économiques qui, conjuguée à une faible mobilité inter-régionale, appauvrit l'offre de travail pour ces secteurs. Par exemple, l'industrie textile se trouve principalement dans le gouvernorat de Monastir et les activités touristiques sont avant tout situées dans les zones côtières, notamment dans la baie de Hammamet. Une deuxième explication importante tient à l'inadéquation des compétences et des qualifications résultant de la faible qualité du système d'enseignement de base, de l'enseignement et la formation professionnels (EFP) initiaux et de l'enseignement supérieur, qui ne parviennent pas à prendre en compte les compétences recherchées par le secteur privé (voir la troisième section de ce chapitre).

La troisième explication concerne les bas salaires, les conditions de travail difficiles et des pratiques en matière de ressources humaines (RH) qui laissent à désirer dans les secteurs à faible intensité de qualification et qui rendent les offres d'emploi peu attrayantes (Angel-Urdinola, Nucifora et Robalino, 2015[4]). Les salaires de réserve des diplômés de l'enseignement supérieur au chômage sont relativement élevés en raison de la connotation culturelle négative du travail d'ouvrier et de l'attrait élevé de l'emploi public, qui a fortement progressé depuis 2011. En outre, les politiques actives du marché du travail, principalement axées sur les diplômés de l'enseignement supérieur et les régions côtières, ne réussissent pas à mieux préparer les personnes peu qualifiées et les jeunes diplômés de l'enseignement supérieur de l'intérieur du pays à s'insérer sur le marché du travail formel. Les services publics de l'emploi sont insuffisamment développés et les programmes actifs et institutions du marché du travail en place ne favorisent pas la mobilité de la main-d'œuvre. Ces questions sont examinées de façon plus approfondie dans la quatrième section du présent chapitre. La deuxième section ci-dessous propose un éclairage sur la structure actuelle et future de la demande de main-d'œuvre et sur les politiques visant à améliorer les perspectives d'emploi.

Créer des emplois plus nombreux et de meilleure qualité pour réduire le chômage

La création d'emplois est particulièrement forte dans les activités peu productives

La création nette d'emplois a été trop faible en valeur absolue pour absorber les jeunes arrivant sur le marché du travail et faire baisser le chômage et elle s'est en outre concentrée sur les activités à faible productivité, profitant surtout aux emplois peu qualifiés (Graphique 2.7) (Boughzala, 2019[1]). En comparaison avec d'autres économies de marché émergentes, la part des travailleurs dans les secteurs faiblement productifs est élevée en Tunisie car dans le passé, les politiques économiquesont cherché à attirer des activités à faible valeur ajoutée (Angel-Urdinola, Nucifora et Robalino, 2015[4]). Bien que l'industrie textile ait perdu des emplois, d'autres secteurs à forte intensité de main-d'œuvre peu qualifiée, tels que le commerce de détail et le BTP, ont été les principaux moteurs de la croissance de l'emploi depuis 2007 (Graphique 2.8, Graphique 2.9) (Boughzala, 2019[1]).

Graphique 2.7. L'emploi est concentré dans les activités peu productives

Part de chaque activité dans l'emploi total et productivité du travail par activité normalisée à l'aide de la productivité moyenne du travail, 2019

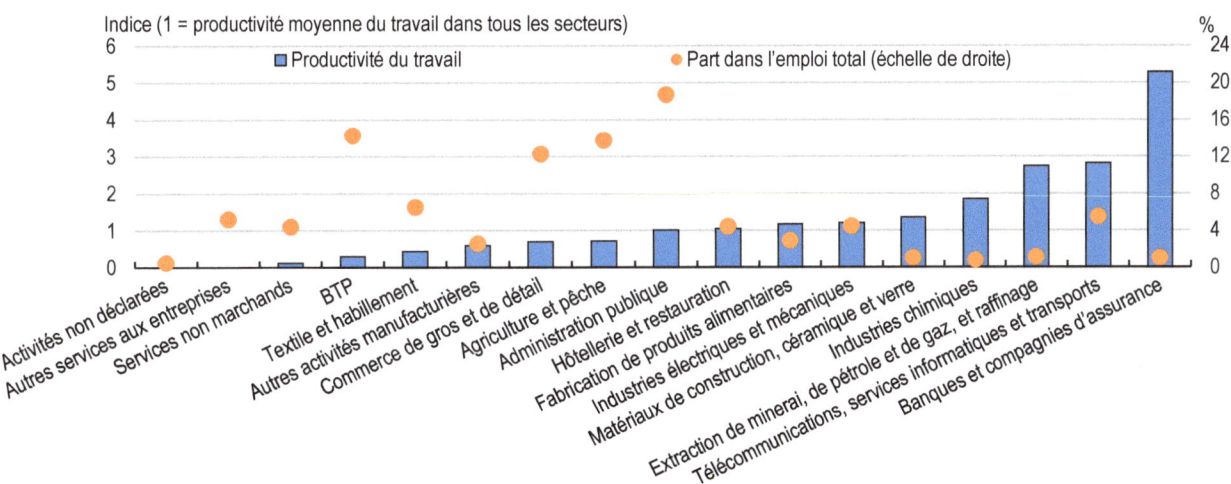

Note : Les chiffres de l'enquête sur la population et l'emploi prennent en compte le secteur formel et le secteur informel. La productivité de la main-d'œuvre correspond au PIB au coût des facteurs (en prix de 2010) divisé par le nombre total d'employés travaillant dans chaque secteur. La productivité du travail a été normalisée en divisant celle de chaque secteur par la productivité moyenne du travail dans tous les secteurs. Ainsi, un indice supérieur à 1 indique que les employés du secteur en question sont plus productifs que la moyenne. Compte tenu de l'impossibilité d'établir des correspondances entre PIB et chiffres de l'emploi pour les catégories sectorielles de l'immobilier, des réparations et des services aux entreprises, aucune estimation de la productivité du travail n'a pu être calculée.
Source : Calculs de l'OCDE d'après les données de l'enquête nationale sur la population et l'emploi (INS).

StatLink 🖾🕮 https://stat.link/b8mkfp

Toutefois, l'emploi a également progressé dans certains secteurs à forte intensité de qualification, notamment dans le secteur public, y compris l'administration publique, l'éducation et la santé, ainsi que dans les entreprises publiques, qui a absorbé la plus grande part des diplômés de l'enseignement supérieur depuis 2007 (Graphique 2.8). Les autres activités créatrices d'emplois pour de nombreux diplômés de l'enseignement supérieur sont les technologies de l'information et de la communication (TIC) et les services aux entreprises, ainsi que le commerce de gros et de détail. Bien que certains secteurs manufacturiers tels que les industries mécaniques et électriques aient recruté davantage de diplômés de l'enseignement supérieur, il n'en reste pas moins que 52 % des emplois dans ces secteurs sont occupés par des ouvriers peu qualifiés et 28 % par des ouvriers hautement qualifiés (Graphique 2.9). Autrement dit, de nombreux diplômés de l'enseignement supérieur pourraient être surqualifiés pour ces emplois et la capacité d'absorption des diplômés de l'enseignement supérieur dans ces secteurs est limitée (Cassimon et Grundke, à paraître[12]). Les contraintes budgétaires freineront toute nouvelle expansion de l'emploi public. La demande croissante de travail très qualifié doit donc provenir d'un secteur privé plus dynamique qui se développe dans des activités à plus forte valeur ajoutée (Boughzala, 2019[1] ; Angel-Urdinola, Nucifora et Robalino, 2015[4]).

Graphique 2.8. Certaines activités à forte intensité de qualification ont créé plus d'emplois

Contribution à la croissance de l'emploi total par activité et niveau d'études, 2007-2019 (en points de pourcentage)

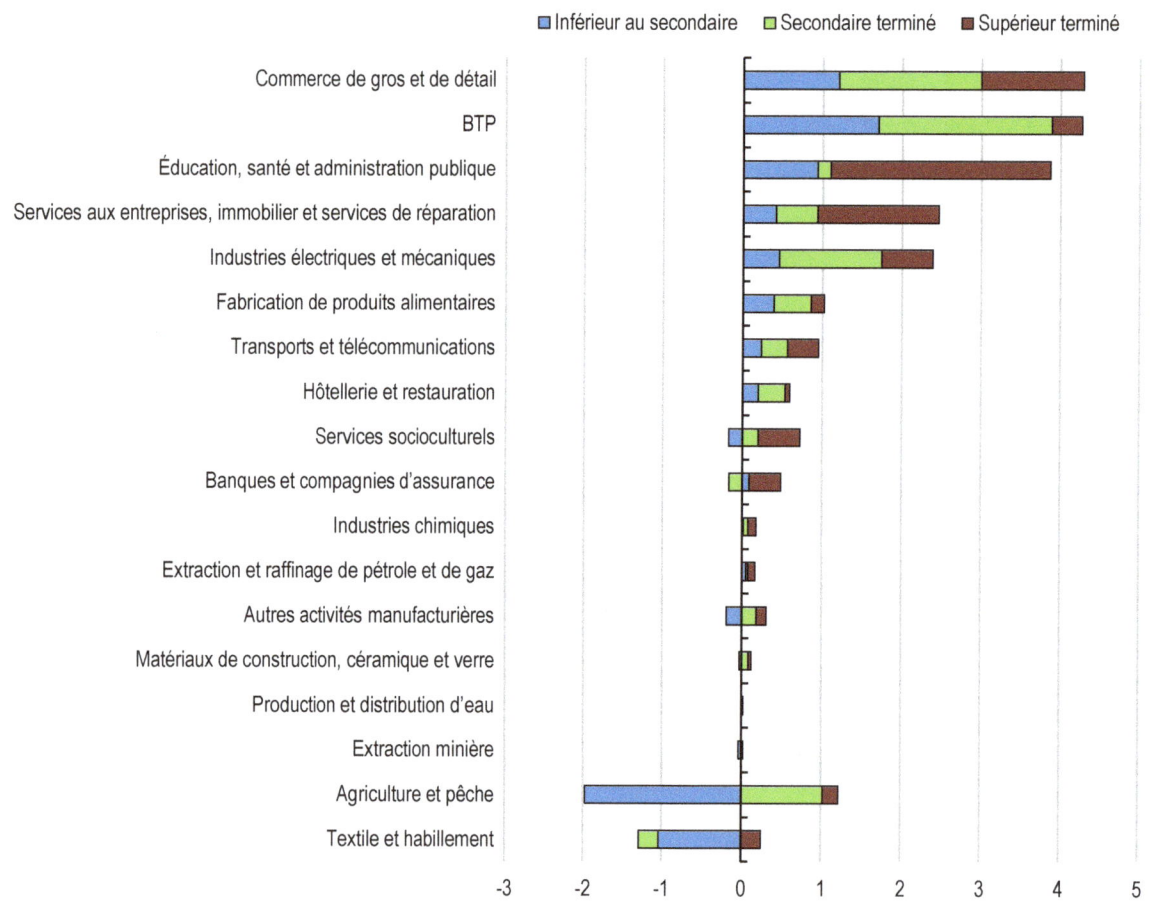

Source : Calculs de l'OCDE d'après les données de l'enquête nationale sur la population et l'emploi (INS).

StatLink 🖳 https://stat.link/p5jn3c

Graphique 2.9. De nombreuses industries manufacturières créent principalement des postes d'ouvriers peu qualifiés

Répartition des travailleurs par activité et par catégorie professionnelle, 2017 (en pourcentage)

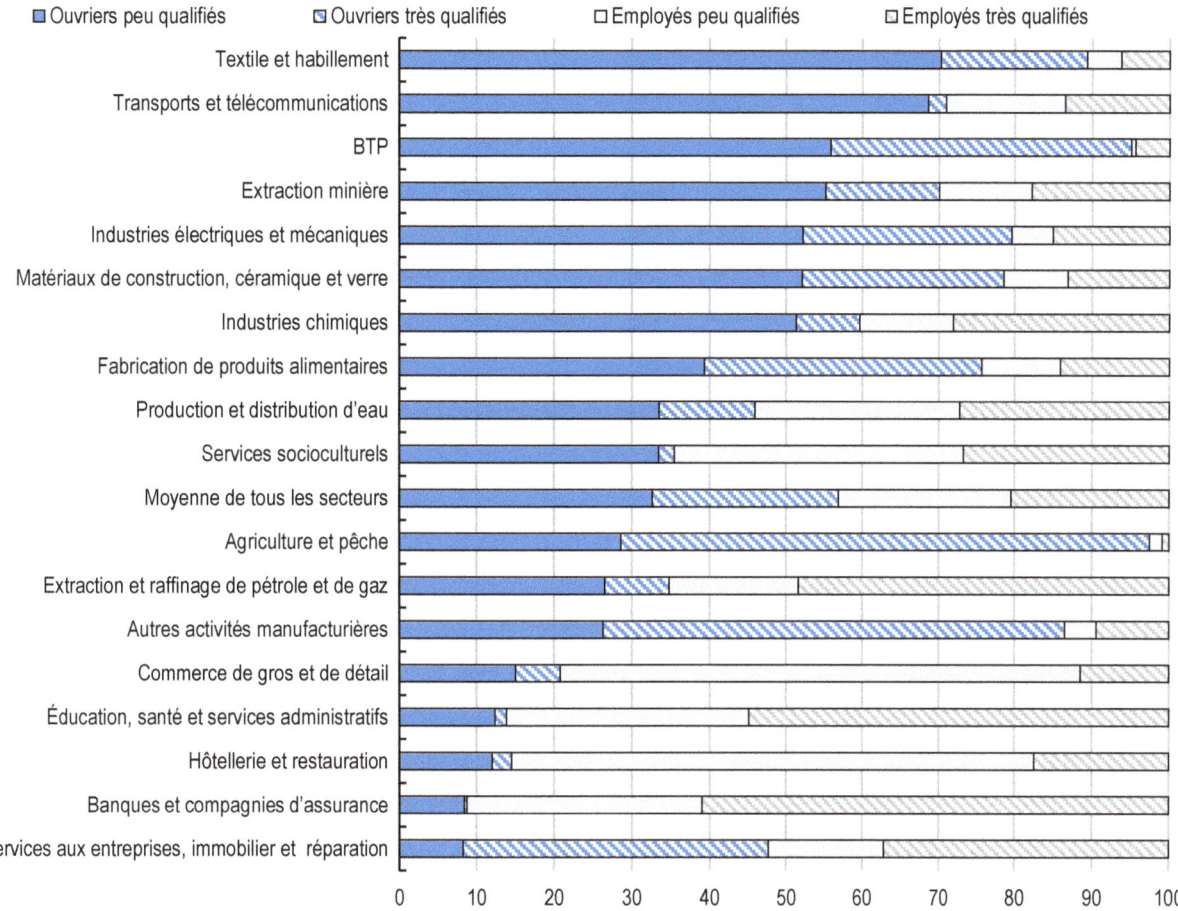

Note : Selon la Classification internationale type des professions (CITP 08), les ouvriers peu qualifiés comprennent les conducteurs d'installations et de machines et ouvriers de l'assemblage et les professions élémentaires. Les ouvriers très qualifiés recouvrent les travailleurs qualifiés de l'agriculture et de la pêche et les artisans et ouvriers des métiers de type artisanal, tandis que les employés peu qualifiés comprennent les employés de type administratif et ceux du secteur des services et les vendeurs des magasins et des marchés. Les employés très qualifiés comprennent les membres de l'exécutif et des corps législatifs, cadres supérieurs de l'administration publique, dirigeants et cadres supérieurs d'entreprise, les professions intellectuelles et scientifiques et les professions intermédiaires.
Source : Calculs de l'OCDE d'après les données de l'enquête nationale sur la population et l'emploi (INS).

StatLink ᐧᐧ https://stat.link/xj1qn0

La création d'emplois formels dans le secteur privé a été dominée par les entreprises offshore, qui se consacrent principalement aux exportations et bénéficient de conditions préférentielles s'agissant de la fiscalité, des droits de douane, des démarches administratives et de l'accès aux infrastructures douanières et commerciales (Joumard, Dhaoui et Morgavi, 2018[13] ; Banque mondiale, 2020[14]). Elles rassemblent 47 % des emplois du secteur formel créés par le secteur privé de 2005 à 2019, tout en ne représentant que 4 % de toutes les entreprises immatriculées (calculs de l'OCDE effectués à partir de données au niveau de l'entreprise tirées du Répertoire National des Entreprises). L'emploi dans les entreprises offshore a augmenté de 60 % entre 2005 et 2019 et leur part dans l'emploi total du secteur privé formel est passée à 35 %. En revanche, l'emploi dans les entreprises axées sur le marché local (*onshore*), qui sont protégées de la concurrence internationale et nationale par d'importantes barrières tarifaires et non tarifaires, des obstacles administratifs à l'entrée et une mise en œuvre peu vigoureuse du droit de la concurrence, n'a augmenté que de 28 % depuis 2005 (Banque mondiale, 2020[14]). La création d'emplois formels dans les entreprises axées sur le marché local a été tirée par le commerce de gros et de détail, l'industrie agro-alimentaire, les services privés d'éducation et les soins de santé (Graphique 2.10).

Le secteur offshore est en train de s'orienter vers des activités à plus forte intensité de qualification et à plus forte valeur ajoutée, comme la fabrication d'équipements électriques et informatiques ou les services aux entreprises et liés aux TIC, qui ont été très créateurs d'emplois depuis 2005 (Graphique 2.10). L'accord d'association de 1998 avec l'Union européenne a amélioré l'accès des entreprises manufacturières à des intrants et des biens d'équipement de meilleure qualité et a ouvert des débouchés pour les produits à plus forte valeur ajoutée (Commission européenne, 2021[15]). Cela a été particulièrement bénéfique pour les industries mécaniques et électriques, dont la part dans le PIB est passée de 3 % en 2002 à 5.4 % en 2019, et dans les exportations totales de marchandises de 19 % à 47 %.

Les industries du textile et de l'habillement, qui nécessitent une main-d'œuvre peu qualifiée nombreuse et sont caractérisées par une faible productivité du travail, ont traditionnellement dominé le secteur offshore, et représentaient encore 44 % de l'emploi offshore total en 2019 (Graphique 2.7), calculs de l'OCDE à partir de données tirées du Répertoire National des Entreprises). En raison de l'élimination progressive de l'accord multifibres (AMF) et de la concurrence croissante de la Chine, leur importance a diminué, leur part dans le PIB revenant de 5.4 % en 2002 à 2.5 % en 2019, et de 49 % à 21 % dans les exportations totales de marchandises (calculs de l'OCDE à partir de données de l'INS). Or, ces industries subissent également un changement structurel au profit d'activités à plus forte valeur ajoutée, car l'emploi dans l'industrie de l'habillement et la chaussure a augmenté alors qu'il a fortement diminué dans la production de fibres textiles (Graphique 2.10). La valeur unitaire des exportations tunisiennes de textiles est parmi les plus élevées parmi les importations de l'UE (Plank et Staritz, 2014[16]).

| 99

Graphique 2.10. Création d'emplois formels dans les entreprises offshore et les entreprises axées sur le marché local

Contribution à la croissance totale de l'emploi formel dans les entreprises offshore et dans les entreprises axées sur le marché local (onshore), par activité (en points de pourcentage), 2005-2019

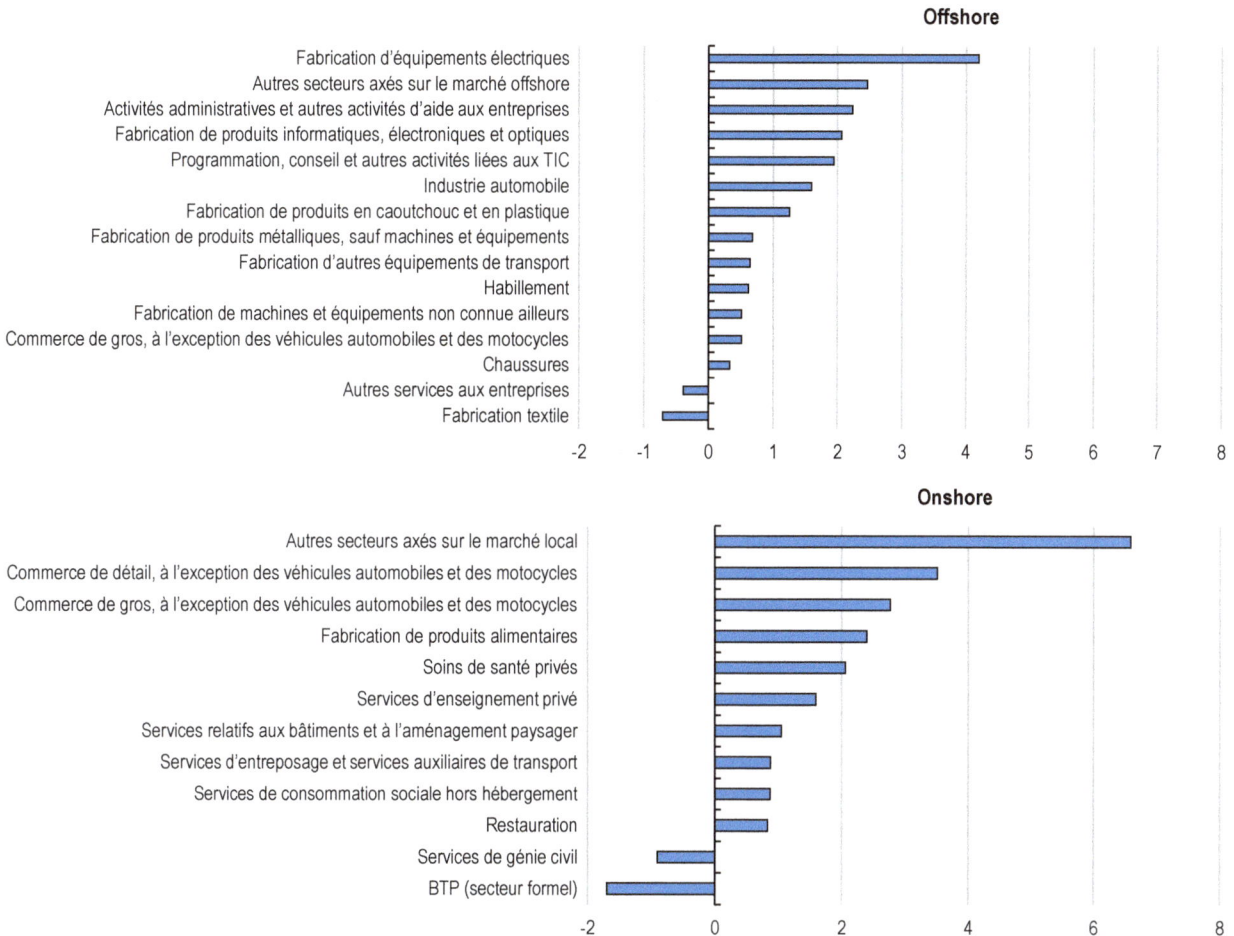

Note : L'emploi formel dans le secteur privé a augmenté de 38 % entre 2005 et 2019. Les entreprises offshore représentaient 47 % de ces emplois et les entreprises axées sur le marché local, 53 %.
Source : Calculs de l'OCDE d'après des données tirées du Répertoire national des entreprises (RNE).

StatLink ⫶ https://stat.link/elkv9h

L'emploi informel, défini comme le fait de travailler sans être inscrit à la sécurité sociale ou dans des entreprises non déclarées, a un poids croissant. Lorsque l'on compare le taux de croissance sectorielle de l'emploi à partir de données sur les entreprises (emploi formel dans le secteur privé) aux chiffres de l'enquête sur la population et l'emploi (formel et informel), il apparaît clairement qu'une part importante des emplois créés par les entreprises axées sur le marché local l'a été dans le secteur informel. En particulier, le BTP, le commerce de gros et de détail, et les hôtels et restaurants ont contribué à cette hausse (Graphique 2.8, Graphique 2.10). La part dans l'économie de l'emploi informel est passée à 45 % en 2019 (INS, 2020[17] ; CRES, 2016[18]). C'est dans l'agriculture que son taux est le plus élevé (86 %), suivie du BTP (69 %) et du commerce de gros et de détail (65 %) (Graphique 2.11). Même dans les industries manufacturières dominées par des entreprises offshore, telles que le textile et l'habillement et les industries mécaniques et électriques, les taux d'informalité sont supérieurs à 15 %. Les emplois dans le

ÉTUDES ÉCONOMIQUES DE L'OCDE : TUNISIE 2022 © OCDE 2022

secteur public sont pour la plupart formels, ce qui les rend très intéressants pour les jeunes diplômés de l'enseignement supérieur (Boughzala, 2019[1]).

Graphique 2.11. L'informalité est élevée dans de nombreux secteurs

Répartition de l'emploi informel dans l'emploi total par catégorie professionnelle, 2019 (en pourcentage)

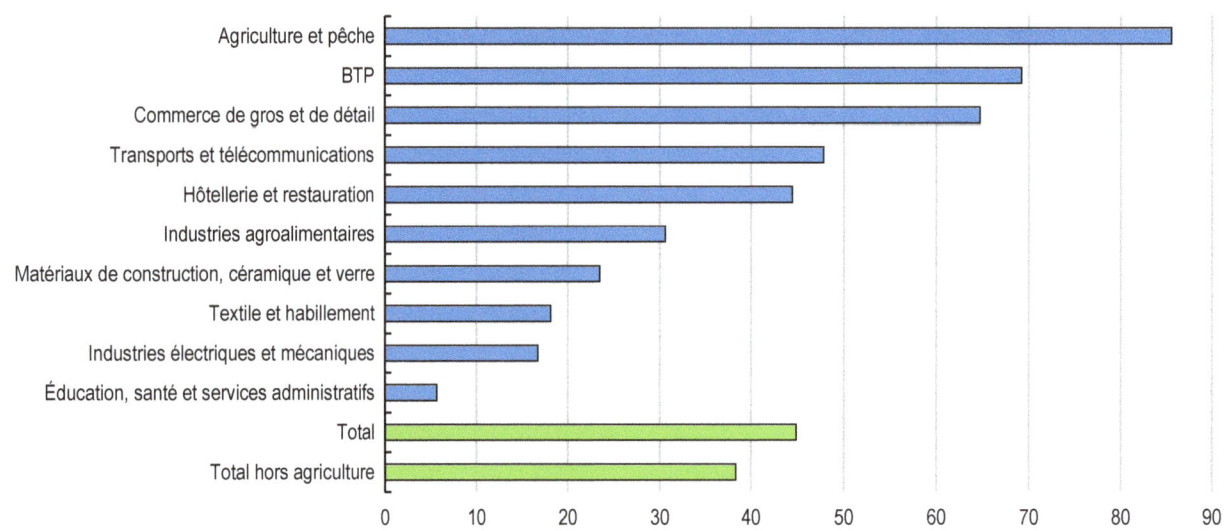

Note : L'emploi informel est défini comme le fait de travailler sans être inscrit à la sécurité sociale ou dans des entreprises non déclarées.
Source : (INS, 2020[17]).

StatLink https://stat.link/vu1csp

L'emploi informel est particulièrement fréquent chez les hommes de moins de 30 ans n'ayant pas dépassé l'enseignement secondaire. La plupart d'entre eux travaillent dans de petites entreprises informelles, perçoivent des salaires modestes, ne bénéficient pas de la sécurité sociale et souffrent de conditions de travail difficiles en raison du non-respect des normes de santé et de sécurité (Boughzala, 2019[1]). Certes, dans de nombreuses économies de marché émergentes, le travail informel peut aider les jeunes à accéder au marché du travail formel, mais les taux de transition du secteur informel vers le secteur formel sont relativement faibles en Tunisie (Angel-Urdinola, Nucifora et Robalino, 2015[4]). En outre, la part de l'emploi informel est très élevée dans les régions frontalières avec l'Algérie et la Libye, un phénomène qui vient s'ajouter à la présence d'activités de contrebande et de commerce de détail illicite (Ayadi et al., 2013[19] ; CRES, 2016[18]). L'incitation à se livrer au commerce transfrontalier illicite est grande, car les écarts de prix de nombreux biens sont importants en raison des différences considérables en matière de subventions et de fiscalité, mais aussi des barrières tarifaires et non tarifaires élevées en Tunisie (Ayadi et al., 2013[19]). En outre, les faibles capacités de contrôle et répression encouragent les activités de contrebande et l'emploi informel.

Même dans le secteur formel, les conditions de travail sont souvent précaires. Plus de 40 % des jeunes occupent des emplois d'ouvrier peu qualifiés, les femmes se consacrant principalement aux activités d'assemblage dans les industries textiles, mécaniques et électriques, et les jeunes hommes occupant des postes d'ouvriers non qualifiés (Boughzala, 2019[1]). Dans plus de 55 % des cas, les contrats de travail des jeunes sont oraux et de courte durée (Boughzala, 2019[1]). La part des contrats à durée indéterminée est modeste, car de nombreuses entreprises des secteurs à faible intensité de qualification cherchent à éviter des coûts de licenciement élevés et puisent dans un vaste réservoir de jeunes chômeurs ou inactifs (Angel-Urdinola, Nucifora et Robalino, 2015[4]). Les diplômés de l'enseignement supérieur qui ont un emploi bénéficient généralement de meilleures conditions de travail et gagnent des salaires plus élevés que les travailleurs moins qualifiés, mais ils doivent souvent accepter des emplois différents de leur domaine d'études, et sont surqualifiés. Cela concerne particulièrement ceux issus des filières techniques et des sciences humaines (Boughzala, 2019[1]).

Améliorer l'environnement des entreprises pour accroître la productivité et créer de meilleures perspectives d'emploi

Des réformes structurelles sont nécessaires pour dynamiser le secteur privé et favoriser le développement d'activités à plus forte valeur ajoutée, de façon à pouvoir exploiter pleinement le potentiel, en termes de croissance économique, du nombre croissant de diplômés de l'enseignement secondaire et supérieur. Seuls des gains de productivité rendront possible une augmentation des salaires réels et des niveaux de vie à long terme. Pour cela, il faut investir davantage et mieux dans le capital physique et humain, mais aussi allouer plus efficacement la main-d'œuvre et le capital à des entreprises et des secteurs plus productifs (Haltiwanger et al., 2013[20] ; Hsieh et Klenow, 2009[21]).

Les obstacles à l'entrée et des réglementations anticoncurrentielles réduisent la concurrence et affaiblissent les incitations aux entreprises en place à innover et à améliorer les processus de production (Morsy, Bassem et Selim, 2018[22]). Les régimes d'autorisation pour entrer sur un nouveau marché ou offrir un nouveau produit ou service sont nombreux et imposent des procédures opaques et longues, ce qui décourage l'esprit d'entreprise et l'investissement (Banque mondiale, 2020[14]). Le système fiscal est trop complexe en raison des différents dispositifs d'incitations et de subventions, ce qui entraîne une charge administrative élevée et décourage l'entrée sur le marché et la régularisation, en particulier pour les petites entreprises (OCDE, 2018[8]). La faiblesse du cadre de la concurrence et des pouvoirs du Conseil de la concurrence rendent plus difficile la lutte contre les pratiques anticoncurrentielles des entreprises en place (Morsy, Bassem et Selim, 2018[22]). En outre, la prédominance des entreprises publiques s'étend aux secteurs non stratégiques. Des contrôles des prix et des subventions aux producteurs faussent le fonctionnement des marchés, entravant l'entrée de nouveaux acteurs sur le marché et la concurrence (voir le chapitre 1).

L'analyse menée pour la présente Étude révèle que les taux d'entrée sur le marché de nouvelles entreprises sont faibles par rapport aux pays de référence et ont diminué au cours de la dernière décennie, en particulier dans les secteurs protégés dominés par les entreprises axées sur le marché local (Graphique 2.12). Cette évolution a coïncidé avec une diminution de la part des entreprises qui conçoivent des produits ou processus de production innovants et qui investissent dans le capital physique et humain ou dans la recherche et développement (Graphique 2.13). La productivité du travail a reculé dans tous les secteurs. Les barrières d'entrée et la charge administrative élevées contribuent également à l'informalité, car les entreprises plus petites et moins productives ne peuvent se permettre d'employer toutes les personnes qu'il faudrait pour respecter des procédures administratives coûteuses, et optent de ce fait pour le secteur informel.

Graphique 2.12. Les taux d'entrée des nouvelles entreprises sur les marchés sont faibles et en baisse

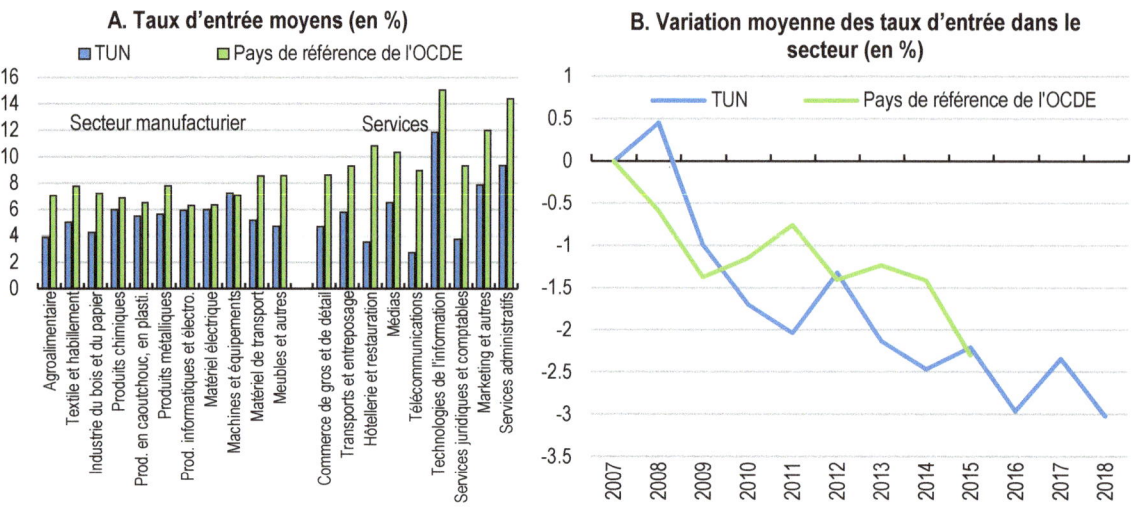

Note: La partie A représente les taux moyens d'entrée des entreprises sur les marchés pour chaque secteur A38 de la nomenclature utilisée dans le SCN. Le taux d'entrée est calculé en divisant le nombre des entreprises entrants dans l'année t par la moyenne du nombre des entreprises dans les années t et t-1. Les moyennes sont calculées sur la période 2007-2018 pour la Tunisie et 2007-2015 pour le groupe de pays de référence (Costa Rica, Hongrie, Lettonie et Turquie). Ce chiffre est calculé à partir des données disponibles pour les activités de fabrication et les services marchands non financiers. La partie B montre la variation cumulée des taux moyens d'entrée des entreprises (la moyenne correspond à la variation moyenne des taux d'entrée par secteur et par pays). Chaque point représente la variation cumulée en points de pourcentage depuis 2007. Les données pourraient être provisoires et différer des données officielles.
Source : OCDE, base de données DYNEMP (https://www.oecd.org/sti/dynemp.htm).

StatLink 🖳 https://stat.link/oiebut

Pour favoriser la concurrence et l'innovation, et accroître la productivité ainsi que la création d'emplois dans le secteur formel, il est crucial d'abaisser les obstacles à l'entrée et d'alléger les formalités administratives liées aux obligations d'autorisation à fournir pour entrer sur un marché ou pour investir, et de réduire la complexité excessive des dispositifs d'incitations fiscales et de subventions (Banque mondiale, 2020[14]). De nombreuses formalités administratives peuvent désormais être effectuées en ligne, ce qui constitue un pas dans la bonne direction. Mais cette transition numérique doit s'accompagner d'une réduction des obligations d'autorisation préalable et de licence, avec introduction d'une règle de consentement tacite chaque fois que possible. De plus, on a vu qu'une centralisation des procédures administratives de création d'entreprise sous la forme d'un guichet unique a permis de réduire les formalités imposées aux entreprises et a facilité l'entrée sur le marché dans de nombreux pays, par exemple au Portugal ((OCDE, 2019[23] ; OCDE, 2020[24]). Parallèlement, il convient de simplifier le système fiscal, car la complexité des nombreux régimes d'incitations et de subventions génère une lourde charge, surtout pour les petites entreprises (voir le chapitre 1). Enfin, une meilleure mise en œuvre du droit de la concurrence contribuerait à réduire le comportement anticoncurrentiel de certaines entreprises en place (voir le chapitre 1). Il faudrait pour cela veiller à garantir l'indépendance du Conseil de la concurrence et à le doter de ressources humaines suffisantes (OCDE, à paraître[25]).

L'import-export est devenu plus compliqué pour les entreprises en Tunisie (Graphique 2.13). La faible qualité des transports et des infrastructures numériques freine l'intégration nationale et internationale de l'économie, à quoi s'ajoutent les droits de douane et obstacles non tarifaires élevés protégeant les entreprises nationales (voir le chapitre 1). En plus d'augmenter les coûts de production de toutes entreprises, cette situation réduit les pressions concurrentielles sur les entreprises en place, diminue les incitations à innover et entrave la réaffectation des travailleurs et du capital vers des entreprises et des activités plus productives (Morsy, Bassem et Selim, 2018[22] ; Bloom, Draca et Van Reenen, 2016[26]).

En particulier, la longueur et la complexité des procédures d'obtention de licences d'importation non automatiques et de dédouanement font augmenter fortement les coûts à l'importation et sont des sources potentielles d'intervention de groupes de pression ou de corruption (Graphique 2.13) (Banque mondiale, 2020[14]). Le passage au numérique et la simplification des formalités douanières et des procédures d'autorisation constitue un progrès considérable, mais il faudrait introduire pour tous les produits un système de licences automatiques assorti de contrôles a posteriori. Les procédures de licences d'importation non automatiques et les contrôles prévus sont censés garantir la santé et la sécurité des consommateurs tunisiens. Néanmoins, le choix des produits soumis à de telles obligations est laissé à la discrétion des autorités et ne respecte pas des critères clairs fondés sur des procédures d'évaluation des risques, si bien que des motivations relevant du protectionnisme peuvent entrer en jeu (Grundke et Moser, 2019[27]). De plus, faute de reconnaissance des certificats étrangers d'évaluation de conformité et de qualité des produits, de nombreux produits importés doivent avoir un certificat tunisien d'évaluation de conformité ou faire l'objet d'une autorisation délivrée par la Tunisie, ce qui nécessite là aussi des procédures administratives longues et complexes (Commission européenne, 2019[28]). La mise en place de licences d'importation automatiques pour tous les produits, avec des contrôles a posteriori transparents fondés sur des procédures d'évaluation des risques permettrait de réduire considérablement les coûts d'importation tout en garantissant la santé et la sécurité des consommateurs (Grundke et Moser, 2019[27] ; OCDE, 2019[29]).

De la même façon, les procédures d'obtention de licences d'exportation, complexes et discrétionnaires, constituent un sérieux obstacle pour de nombreux producteurs dans les secteurs agricole et agroalimentaire (Banque mondiale, 2020[14]). Les licences d'exportation automatiques, qui sont la norme pour les entreprises offshore, ont été récemment étendues aux entreprises axées sur le marché local ayant un mécanisme de test de la qualité des produits ou un label qualité reconnus au niveau national ou international. Cependant, de nombreuses entreprises de petite taille ne sont pas en mesure de remplir cette obligation, ce qui complique leur accès aux marchés d'exportation (voir ci-dessous). Améliorer le système tunisien de test et de certification de la qualité des produits et sa reconnaissance internationale ainsi que les systèmes de contrôle des risques, et mettre en place des procédures de licences d'exportation automatiques assorties de contrôles a posteriori pour toutes les entreprises sont des mesures qui pourraient contribuer à augmenter les exportations agricoles et agroalimentaires et à créer des emplois dans les zones rurales (Rudloff, 2020[30]). Améliorer la reconnaissance mutuelle des procédures et certificats d'évaluation de conformité avec d'importants partenaires commerciaux, par exemple dans le cadre d'accords commerciaux exhaustifs, pourrait faciliter grandement les activités d'import-export des entreprises jusqu'à présent axées sur le marché local (Rudloff, 2020[30]).

Graphique 2.13. Le dynamisme et la productivité des entreprises ont diminué

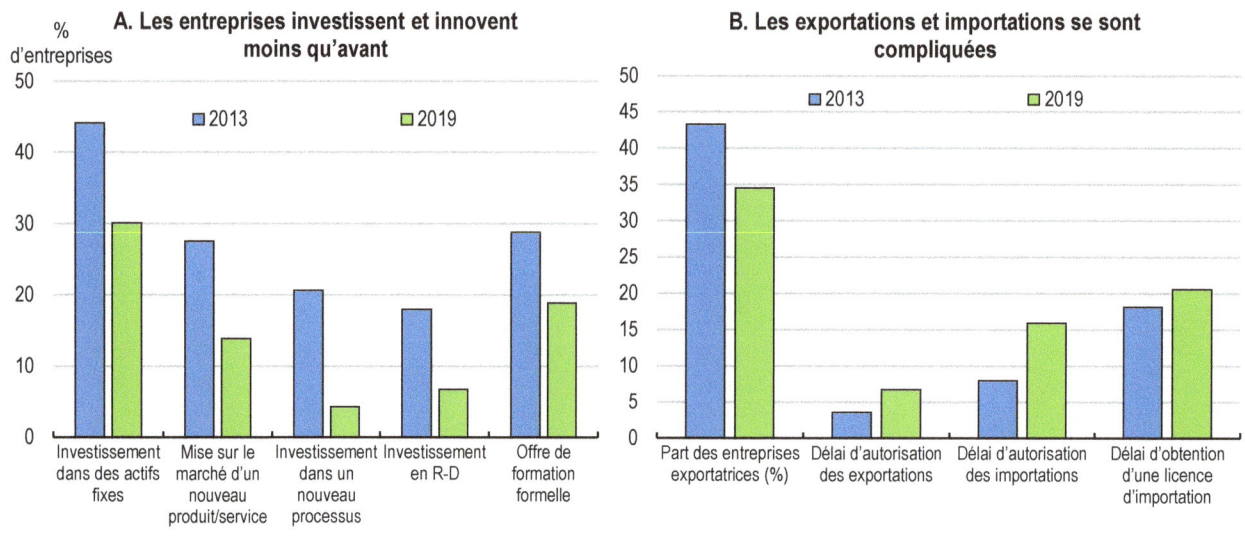

A. Les entreprises investissent et innovent moins qu'avant

B. Les exportations et importations se sont compliquées

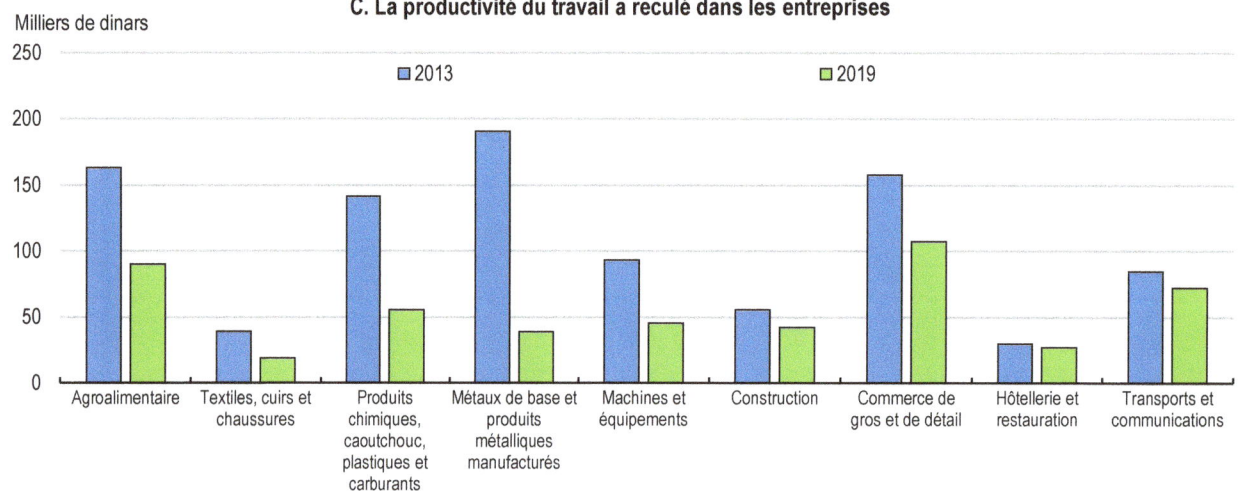

C. La productivité du travail a reculé dans les entreprises

Note : La productivité de la main-d'œuvre au niveau des entreprises est calculée en divisant les chiffres d'affaires par le nombre total d'employés. Les chiffres d'affaires nominaux sont déflatés en utilisant l'indice des prix à la consommation.
Source : Banque mondiale, *enquêtes sur les entreprises pour la Tunisie*.

StatLink ⟶ https://stat.link/trh5s9

Les droits de douane moyens sur les produits intermédiaires et les biens d'équipement sont élevés, ce qui augmente le prix des intrants et entrave la disponibilité de produits et de biens d'équipement de qualité (Graphique 2.14). Cela tient principalement au niveau élevé des droits de douane à l'importation de produits en provenance de Chine, car les droits de douane sur les importations manufacturières venant de l'UE ont été réduits dans le contexte des accords d'association conclus avec l'UE depuis 1998 (Commission européenne, 2021[15]). Cela étant, certaines importations de l'UE comme les véhicules à moteur et pièces détachées sont toujours soumises à des droits d'accise importants et à des quotas d'importations et font l'objet de licences d'importation ou de distribution non automatiques (OCDE, 2019[31] ; Commission européenne, 2019[28]). L'amélioration des conditions d'approvisionnement en intrants intermédiaires et en biens d'équipement réduirait les coûts de production et permettrait aux entreprises nationales d'améliorer leurs processus de production grâce à de nouvelles machines équipées de technologies plus poussées (Goldberg et al., 2009[32] ; Amiti et Konings, 2007[33]). Les analyses au niveau des entreprises menées aux fins de la présente Étude montrent qu'il existe une relation positive forte entre l'utilisation d'intrants intermédiaires importés et la productivité multifactorielle des entreprises tunisiennes (Encadré 2.1) (Cassimon et Grundke, à paraître[12]). De plus, les entreprises qui utilisent une technologie cédée en licence par une entreprise étrangère affichent une productivité multifactorielle supérieure de 5.6 %, ce qui souligne bien l'importance de la réduction des obstacles à l'importation pour faciliter la diffusion de la technologie.

Graphique 2.14. Les droits de douane sur les biens d'équipements et les produits intermédiaires sont élevés

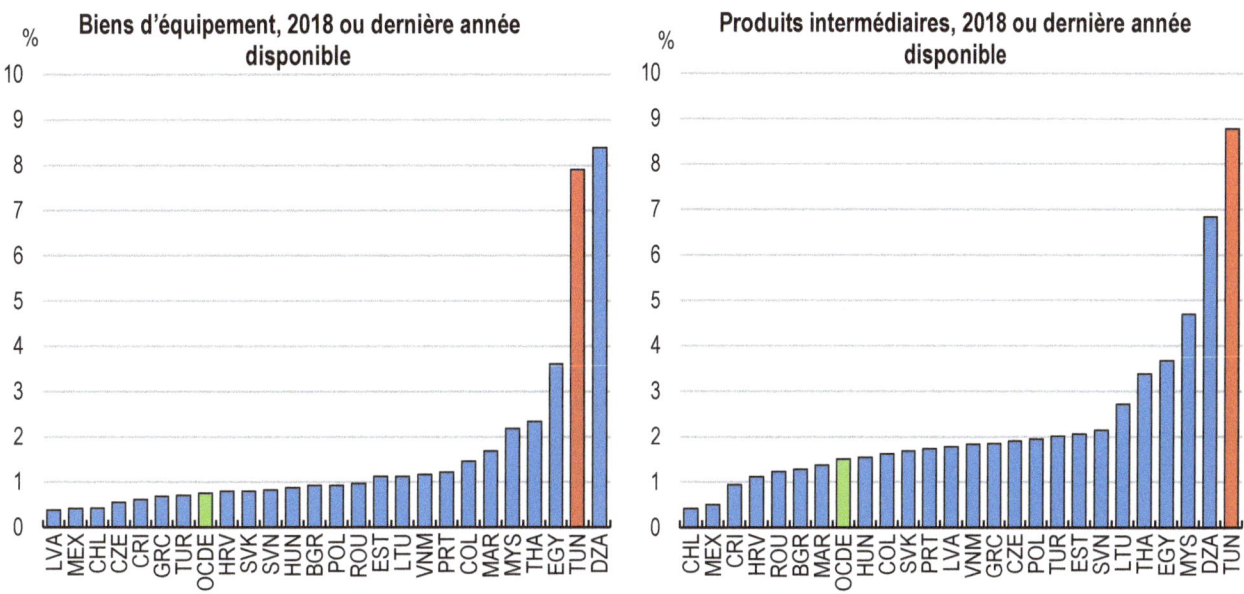

Note : Les droits de douane moyens sur les biens d'équipement et les produits intermédiaires pour la Tunisie portent sur 2016.
Source : Base de données WITS.

StatLink 🔗 https://stat.link/bws8do

> **Encadré 2.1. Analyse au niveau des entreprises : présentation synthétique**
>
> Des données sur les entreprises tunisiennes portant sur les années 2013 et 2019 et tirées des Enquêtes sur les entreprises de la Banque mondiale ont été utilisées pour estimer la productivité multifactorielle (PMF) des entreprises. Les fonctions de production spécifiques à chaque secteur ont été estimées à partir d'informations concernant les recettes, l'emploi, le capital et l'utilisation d'intrants intermédiaires (Cassimon et Grundke, à paraître[12]). Les valeurs résiduelles des fonctions de production estimées ont été utilisées comme mesure de la productivité multifactorielle, et pour rendre les estimations de PMF comparables d'un secteur à l'autre, elles ont été standardisées par la moyenne de chaque secteur. Il n'a été possible de procéder à une estimation de la PMF que pour cinq secteurs d'activité agrégés, l'échantillon ne comprenant pas d'informations suffisantes sur les entreprises des autres secteurs.
>
> Pour étudier dans quelle mesure l'allocation des ressources entre les entreprises contribue à la productivité agrégée d'un secteur, nous avons utilisé la décomposition proposée par Olley et Pakes (1996) (Cassimon et Grundke, à paraître[12]). Pour analyser les déterminants de la productivité des entreprises en Tunisie, des régressions MCO du logarithme de la variable dépendante de PMF ont été estimées pour l'ensemble des entreprises de l'échantillon. Outre les différentes variables présentant un intérêt, ces régressions permettent de tenir compte de variables indépendantes telles que l'âge et la taille de l'entreprise, l'actionnariat étranger, les participations de l'État ou la taille de la population, du lieu dans lequel l'entreprise est implantée, ainsi que des effets fixes liés au secteur d'activité et à l'année d'observation (Cassimon et Grundke, à paraître[12]). Le stock de capital de certaines entreprises n'ayant pas pu être observé, les mêmes régressions ont été estimées en utilisant la productivité de la main-d'œuvre comme variable dépendante, et les résultats obtenus pour cet échantillon plus large d'entreprises sont très similaires (Cassimon et Grundke, à paraître[12]).

Des analyses menées à partir de données sectorielles tunisiennes révèlent qu'une réduction de 50 % des droits de douane sur les intrants augmenterait d'environ 10 % la productivité du travail mesurée par la valeur ajoutée par travailleur (Graphique 2.15). Ces gains de productivité stimuleraient les exportations, en particulier dans les entreprises jusqu'à présent axées sur le marché local, qui augmenteraient leurs exportations de plus de 25% (Graphique 2.15). Les entreprises offshore sont exemptées de droits de douane et donc cette réduction n'aurait que peu d'effet sur leurs exportations (Cassimon et Grundke, à paraître[12] ; Joumard, Dhaoui et Morgavi, 2018[13]).

Pour les entreprises axées sur le marché local, la disponibilité d'intrants et de biens d'équipement moins chers et de meilleure qualité entraînerait des gains de productivité importants et une compétitivité accrue, conditions indispensables d'une progression des salaires réels. De nombreux producteurs nationaux de produits intermédiaires réagiraient au renforcement de la concurrence étrangère en modernisant leurs processus de production et en améliorant leurs produits, et seuls les moins productifs perdraient des parts de marché (Amiti et Khandelwal, 2013[34] ; Topalova et Khandelwal, 2011[35] ; Pavcnik, 2002[36]). Dans les secteurs des services, l'arrivée de concurrents internationaux pourrait également entraîner une baisse des prix et une amélioration de la qualité, contribuant ainsi à des gains de productivité dans les secteurs manufacturiers utilisant ces services comme intrants (Hoekman et Mattoo, 2008[37] ; Arnold et al., 2015[38] ; Eppinger, 2019[39]). En outre, il est démontré que l'augmentation des activités d'importation des entreprises peut contribuer à la création de réseaux à l'étranger et à l'acquisition de connaissances sur les marchés extérieurs, facteur fondamental pour accroître les exportations (Blalock et Veloso, 2007[40] ; He et Dai, 2017[41]).

Graphique 2.15. La réduction des droits de douane sur les intrants augmenterait la productivité et les exportations, en particulier dans les entreprises axées sur le marché local

Augmentation de l'activité économique et des exportations (en pourcentage) lorsque les droits de douane moyens sur les intrants intermédiaires sont réduits de 50 %

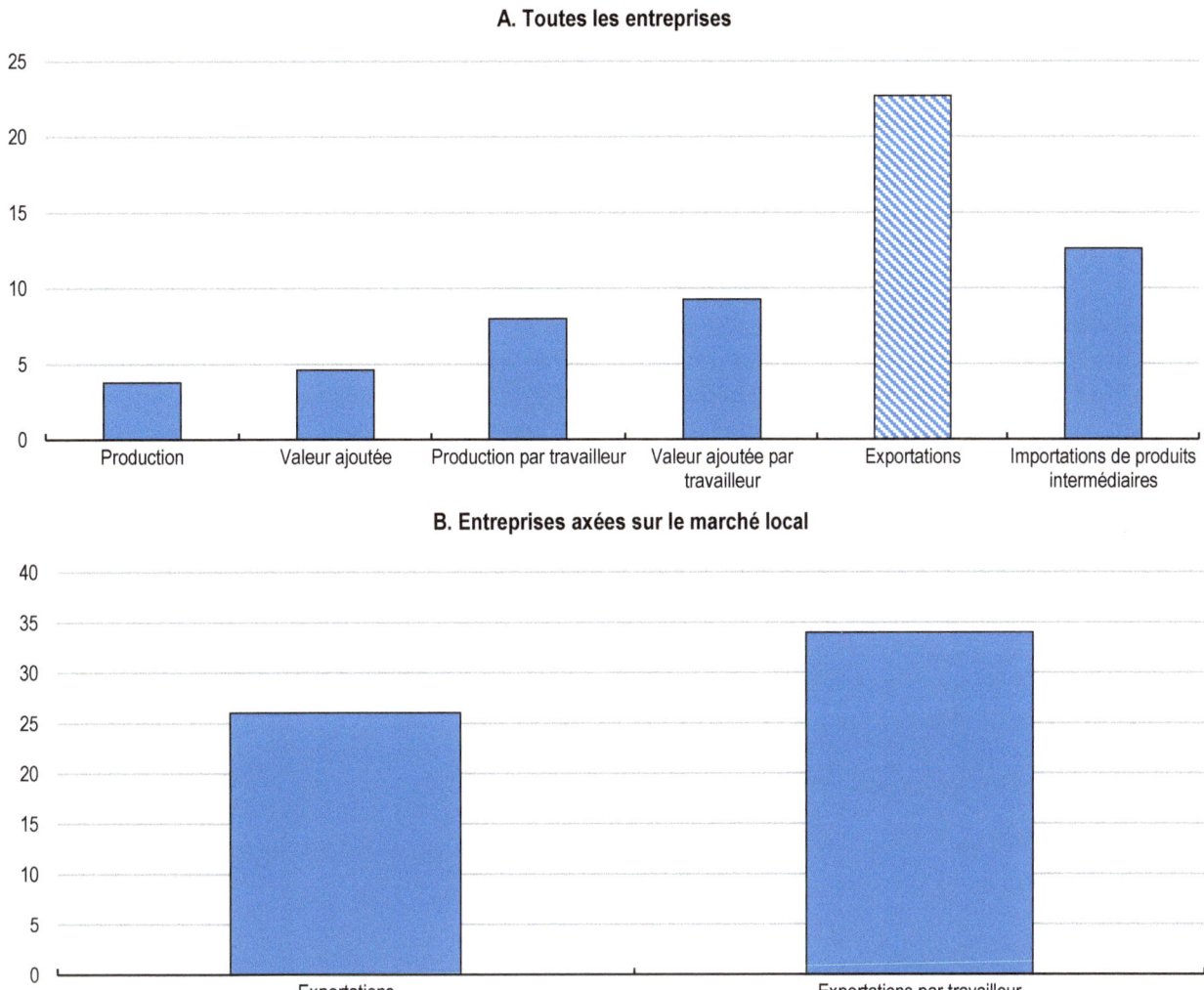

Note : Les simulations sont fondées sur une analyse économétrique réalisée pour la présente Étude (Cassimon et Grundke, à paraître[12]). À partir des données sectorielles tunisiennes de 2005 à 2015, le logarithme des variables de résultat est régressé sur les droits de douane moyens des intrants ainsi que sur les effets fixes du secteur et de l'année. À l'aide de ces coefficients, nous avons modélisé un équilibre partiel, dans lequel une réduction de 50 % des droits de douane des intrants est simulée à la moyenne de l'échantillon des droits de douane des intrants pour la dernière année disponible (2016). Les barres hachurées indiquent que le coefficient utilisé dans les simulations n'est pas significatif à 5 %. Les données sur la production et la valeur ajoutée ne sont pas disponibles pour les entreprises axées sur le marché local et offshore, donc les régressions de la partie A pour ces variables de résultat n'ont pas pu être estimées séparément pour les deux catégories d'entreprises.
Source : Calculs de l'OCDE d'après des données issues de la base OCDE TiVA et du RNE de l'INS.

StatLink 〰️📊 https://stat.link/uibnph

L'ouverture aux échanges commerciaux apportera des gains de productivité, d'emploi et de salaire à long terme, mais elle est susceptible de provoquer des changements structurels dans l'économie. Cette évolution est déterminante s'agissant de la productivité, mais peut être une source de défis lors de la transition. Les entreprises doivent améliorer la qualité de leurs produits et modérer leurs prix élevés, fruits d'une concurrence peu développée sur le marché national (Amiti et Khandelwal, 2013[34] ; De Loecker et al., 2016[42]). Si cela a un effet revitalisant sur les entreprises nationales les plus productives qui profitent de nouveaux débouchés à l'export, se développent, investissent dans de nouvelles technologies et embauchent des travailleurs, certaines entreprises à faible productivité quittent le marché, libérant ainsi des ressources pour la croissance des entreprises et des secteurs plus productifs (Melitz, 2003[43] ; Pavcnik, 2002[36] ; Criscuolo, Gal et Menon, 2014[44] ; Araújo et Paz, 2014[45]). C'est précisément ce processus de réaffectation qui permettra au capital et à la main-d'œuvre de circuler vers des secteurs ou des entreprises plus productifs, où des emplois mieux rémunérés pourront être créés (Brandt, Van Biesebroeck et Zhang, 2012[46] ; Criscuolo, Gal et Menon, 2014[44]). Une fraction importante des gains de productivité obtenus dans les économies avancées peut être attribuée à ces effets de réallocation (Hsieh et Klenow, 2009[21]).

L'analyse menée pour la présente Étude à l'aide des données par entreprise pour la Tunisie concorde avec l'évidence internationale selon laquelle la protection des producteurs nationaux contre la concurrence étrangère tend à figer les structures sectorielles existantes et à entraver la réaffectation des ressources vers des entreprises et activités plus productives (Graphique 2.16, Encadré 2.1). Dans l'industrie agroalimentaire, où les droits de douane et les mesures non tarifaires (MNT) sont relativement contraignants, l'allocation des ressources entre les entreprises n'explique que 5 % de la productivité sectorielle moyenne, qui est beaucoup plus faible que dans l'industrie métallurgique, caractérisée par une protection moindre contre les importations. Autrement dit, dans la fabrication de produits alimentaires, les ressources sont bloquées dans des entreprises à faible productivité, alors qu'elles pourraient être utilisées dans des entreprises plus productives.

Graphique 2.16. L'efficience de l'affectation des ressources est faible dans les activités très protégées

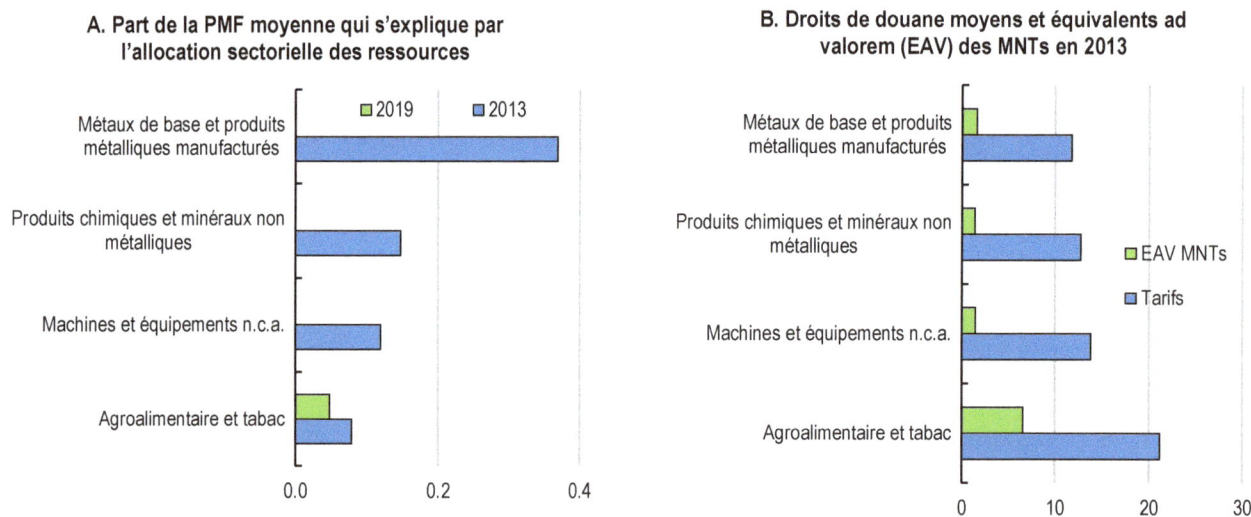

A. Part de la PMF moyenne qui s'explique par l'allocation sectorielle des ressources

B. Droits de douane moyens et équivalents ad valorem (EAV) des MNTs en 2013

Note : La décomposition proposée par Olley et Pakes (1996) offre une mesure quantitative de la contribution de la répartition des ressources entre les entreprises à la productivité multifactorielle (PMF) par secteur. Dans cette décomposition, le terme de covariance représente l'efficience de l'allocation, soit la mesure dans laquelle les entreprises qui affichent une efficience plus élevée s'arrogent davantage de parts de marché (Olley et Pakes, 1996[47]). En raison de la taille réduite de l'échantillon, les estimations n'ont pas été possibles pour les industries du métal, de la chimie et des machines et équipements pour l'année 2019 (Cassimon et Grundke, à paraître[12]). La partie B montre les droits de douane moyens pour l'année 2013, ainsi que les équivalents ad valorem (EAV) des mesures non tarifaires (MNT) estimés pour l'année 2015 d'après (Cadot, Gourdon et van Tongeren, 2018[48]).
Source : Calculs de l'OCDE d'après les données tirées de l'enquête sur les entreprises de la Banque mondiale ; base de données WITS ; et (Cadot, Gourdon et van Tongeren, 2018[48]).

StatLink 🖳 https://stat.link/veuw6d

Une exposition des secteurs protégés à davantage de concurrence nationale et internationale n'aurait pas les mêmes conséquences pour toutes les entreprises. Le renforcement de la concurrence ferait probablement sortir du marché certaines entreprises à faible productivité, mais, en même temps, la dispersion élevée de la productivité dans la fabrication de produits alimentaires fait penser qu'il s'y trouve probablement des entreprises capables de résister à la concurrence étrangère (Cassimon et Grundke, à paraître[12]). La concurrence extérieure les amènerait à moderniser leurs processus de production, à accroître la qualité de leurs produits et à créer des emplois (Pavcnik, 2002[36] ; Criscuolo, Gal et Menon, 2014[44]). Les entreprises les plus productives du secteur pourraient commencer à exporter vers des marchés de niche dans des pays développés ou d'autres pays de la région. Jusqu'à présent, la place importante du secteur informel et les faibles qualifications des travailleurs agricoles dans le segment supérieur de la chaîne d'approvisionnement ont freiné la mise en place d'une gestion moderne des chaînes d'approvisionnement. Or, davantage de pression extérieure en faveur de la mise en place de systèmes de contrôle et de certification de la qualité pourrait déboucher sur la création de nouveaux marchés à l'exportation (Maertens et Swinnen, 2009[49]), et donc sur des créations d'emplois formels dans le secteur, comme l'ont montré de récents projets pilotes dans la filière du secteur laitier.

Les processus de réaffectation déclenchés par le renforcement de la concurrence nationale et internationale obligeraient certains travailleurs à s'orienter vers des entreprises plus productives du même secteur. La formation nécessaire sera probablement moins importante que s'ils avaient été transférés vers d'autres secteurs (OCDE, 2020[50] ; Bechichi et al., 2018[51]). Néanmoins, les entreprises d'un même secteur s'appuient sur des processus de production et des technologies différents (Andrews, Criscuolo et Gal, 2015[52]). L'adoption croissante des technologies dans les entreprises proches de la frontière technologique et hautement productives modifiera les tâches et obligera les travailleurs embauchés par des entreprises plus productives à actualiser leurs compétences (Bechichi et al., 2019[53] ; Hummels et al., 2012[54] ; Hummels, Munch et Xiang, 2018[55]). Les travailleurs qui conservent leur emploi devront également mettre à jour leurs compétences en raison de la transformation numérique des processus de production (Spitz-Oener, 2006[56] ; OCDE, 2020[50]). En outre, la mondialisation rend de plus en plus nécessaire un savant mélange de compétences cognitives et socio-interactives (Grundke et al., 2018[57] ; Hummels, Munch et Xiang, 2018[55]).

Étant donné que les dispositifs actuels de protection contre les importations varient considérablement d'un secteur à l'autre, l'ouverture au commerce international aurait des effets hétérogènes selon les secteurs (Cassimon, Grundke et Kowalski, à paraître[58]). Les simulations effectuées pour cette Étude à l'aide du modèle d'équilibre général METRO de l'OCDE montrent qu'une réduction unilatérale de 50 % des droits de douane et des mesures non tarifaires (MNT) entraînerait une expansion de la production et de l'emploi dans les secteurs des équipements électroniques, de l'automobile, de l'agriculture et de l'agroalimentaire, du textile, des TIC, des services aux entreprises et du tourisme (Graphique 2.17). Un meilleur accès aux intrants et aux biens d'équipement donnerait un coup de pouce à la productivité et à la compétitivité des exportations (Cassimon, Grundke et Kowalski, à paraître[58]). La production de céréales diminuerait, car ce secteur est actuellement fortement protégé et la Tunisie n'y a pas d'avantage comparatif. Cependant, d'autres activités agricoles et la fabrication de produits agroalimentaires se développeraient fortement et absorberaient les travailleurs ayant perdu leur emploi dans la production de céréales.

L'ouverture aux échanges commerciaux entraînerait une forte augmentation de la demande de main-d'œuvre et une diminution du chômage (Graphique 2.17). En particulier, la demande de main-d'œuvre hautement qualifiée augmenterait fortement, car 160 000 emplois additionels seraient creés pour les cadres et les professions intellectuelles et scientifiques, une augmentation de 16% des postes pour cette categorie. L'emploi des cadres administratifs et du personnel des services directs augmenterait de 30 000 unités pour chaque categorie, tandis que pour les techniciens, les professions intermédiaires et les ouvriers l'augmentation serait de 20 000 emplois chaqun. De nombreux chômeurs devraient ainsi rémplir des emplois nouvellement creés dans des secteurs et des professions où ils n'ont aucune expérience (Cassimon, Grundke et Kowalski, à paraître[58]). Cette nécessaire réaffectation de la main-d'œuvre vers les secteurs en expansion nécessitera des investissements substantiels dans la reconversion des travailleurs, car les exigences en matière de compétences et le contenu des tâches diffèrent considérablement entre les secteurs et les professions (Bechichi et al., 2019[53]). En repérant les secteurs et les professions où les besoins de formation seront importants, il devient plus facile de cibler correctement les politiques de formation et d'éducation. En outre, il est souhaitable de recenser les secteurs et les professions présentant un potentiel de création d'emplois particulièrement élevé pour ainsi mieux orienter le contenu des formations.

Graphique 2.17. L'ouverture aux échanges commerciaux aurait des effets hétérogènes selon les secteurs et entraînerait une réduction du chômage

Simulation par le modèle METRO de l'OCDE d'une diminution de 50 % des mesures tarifaires et non tarifaires

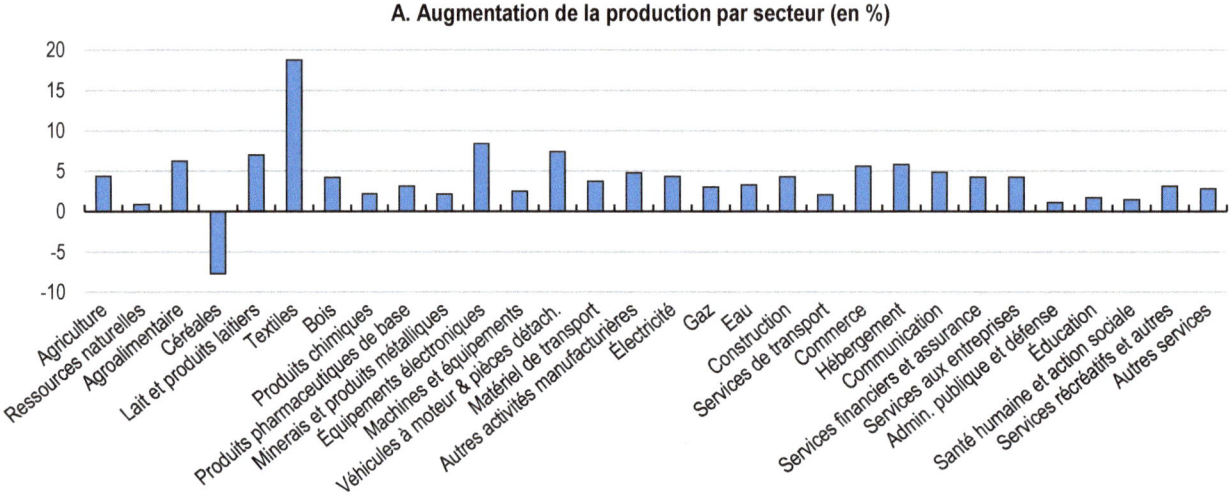

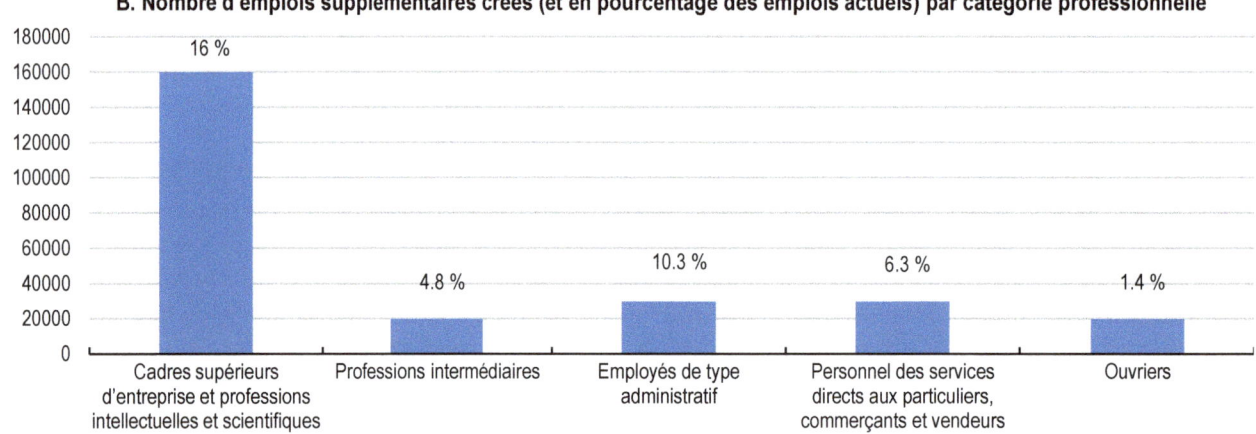

Note : Les simulations prennent en compte le taux de chômage élevé de la Tunisie et partent du principe que les salaires sont fixes et que la demande croissante de travail est satisfaite par l'offre existante, y compris le réservoir de chômeurs. Une réduction de 50 % des mesures tarifaires et non tarifaires (MNT) est décrétée.
Source : Calculs de l'OCDE effectués à l'aide du modèle METRO de l'OCDE (Cassimon, Grundke et Kowalski, à paraître[58]).

StatLink ᐧᐧᐧ https://stat.link/n3vawr

Les TIC et les services aux entreprises, qui sont des activités à forte valeur ajoutée, peuvent créer des emplois de bonne qualité pour un grand nombre de diplômés de l'enseignement supérieur (Encadré 2.2). L'allègement des restrictions pesant sur le commerce des services par la conclusion d'accords commerciaux bilatéraux ou régionaux, notamment avec des partenaires africains, mais aussi avec l'UE, pourrait constituer un levier d'action important pour accroître encore les exportations de services et la demande de main-d'œuvre hautement qualifiée. Par ailleurs, la création d'emplois formels dans les entreprises offshore a concerné presque exclusivement les régions côtières jusqu'à présent, car les politiques industrielles et les coûts commerciaux moins élevés y ont attiré les investissements directs étrangers (OCDE, 2015[7] ; Banque mondiale, 2020[14]). Investir dans les infrastructures numériques des régions de l'intérieur et y attirer des activités liées aux TIC et aux services aux entreprises pourrait contribuer à réduire le taux de chômage élevé des diplômés de l'enseignement supérieur dans ces régions.

Encadré 2.2. Il existe un gisement considérable de création d'emplois de qualité dans les services liés aux TIC en Tunisie

Les services liés aux technologies de l'information et de la communication (TIC) ont contribué de manière importante à la création d'emplois depuis le début des années 2000, en particulier pour les diplômés de l'enseignement supérieur (Graphique 2.8, Graphique 2.10). Le nombre d'emplois formels dans les services informatiques s'est hissé de 2 400 en 2007 à 24 000 en 2019 (calculs de l'OCDE fondés sur des données tirées du Répertoire national des entreprises). La grande majorité de ces emplois (78 %) a été créée dans des entreprises totalement exportatrices (dites « offshore »), qui exportent principalement vers le marché européen. La productivité du travail est plus élevée que dans d'autres secteurs (Graphique 2.7) et les exportations ont fortement augmenté, puisqu'elles représentaient environ 10 % des exportations totales de services en 2018 (d'après les statistiques de la balance des paiements publiées par la Banque centrale de Tunisie).

L'avantage comparatif de la Tunisie réside dans la proximité du marché européen et la disponibilité d'une abondante main-d'œuvre jeune ayant un niveau de qualification élevé. En outre, l'infrastructure numérique s'est nettement améliorée au cours des dernières années, ce qui s'est traduit par une hausse du taux de pénétration des services d'accès fixe et mobile à internet à 71 % et 78 %, respectivement, en 2019 (UNESCO, 2021[59]). Néanmoins, l'accès haut débit à internet reste problématique dans de nombreuses régions de l'intérieur du pays, où le taux de chômage des jeunes diplômés de l'enseignement supérieur est élevé (Graphique 2.3, Graphique 2.6). Il est crucial d'améliorer l'infrastructure numérique et de réduire les coûts d'accès à internet, en renforçant la concurrence sur les marchés des télécommunications (Graphique 2.12), pour exploiter le potentiel de création d'emplois des services liés aux TIC dans les régions de l'intérieur.

Outre l'infrastructure numérique, d'autres dimensions des conditions cadre doivent s'améliorer. Pour les entreprises axées sur le marché local (dites « onshore »), qui ne bénéficient pas des exemptions de droits de douane, des exonérations fiscales et des procédures douanières simplifiées prévues pour les entreprises offshore, l'importation d'équipements liés aux TIC reste relativement coûteuse (Graphique 2.14). Améliorer l'accès aux produits intermédiaires et aux biens d'équipement en réduisant de moitié les droits de douane et les mesures non tarifaires se traduirait par une augmentation de la production et la valeur ajoutée de l'ordre de 5 % dans les services liés aux TIC, et une augmentation de l'emploi de l'ordre de 7% (Graphique 2.17). Cela ouvrirait des perspectives de création de postes correspondant essentiellement à des emplois intellectuels à forte intensité de compétences, tels que les postes de cadres, de professions intellectuelles et scientifiques et de professions intermédiaires, mais aussi à des postes d'employés de type administratif et du secteur des services (Cassimon, Grundke et Kowalski, à paraître[58]).

En outre, il est crucial de réduire les obstacles à l'entrée sur les marchés, en allégeant les obligations d'autorisation préalable ainsi que les charges administratives, et en simplifiant le système de prélèvements et de subventions, pour favoriser le jeu de la concurrence, l'innovation et la création d'emplois. Il est particulièrement important de renforcer la concurrence dans le secteur des télécommunications, dans la mesure où le développement des services liés aux TIC passe par l'amélioration de l'accès à internet et la réduction de son coût (Graphique 2.12). La loi de 2018 relative aux startups améliore les conditions cadre des jeunes entreprises de services liés aux TIC, dans la mesure où elle allège les charges administratives, facilite les opérations en devises et prévoit l'octroi d'une bourse aux fondateurs de startups pendant leur première année d'activité. Cette loi a cependant aussi mis en place de nouvelles incitations fiscales spécifiques, qui risquent d'accentuer encore la complexité du système d'imposition. Améliorer l'accès aux financements des jeunes entreprises innovantes constitue un autre enjeu essentiel, qui concerne également les jeunes entreprises d'autres secteurs et qui est abordé dans le premier chapitre de ce rapport.

De nombreuses entreprises du secteur des services liés aux TIC déplorent par ailleurs régulièrement leurs difficultés à trouver des travailleurs ayant les compétences requises, alors même que le chômage est élevé parmi les diplômés des domaines d'études correspondants (UNESCO, 2021[59] ; IFC et UTICA, 2017[60]). Cela entrave le développement du secteur et s'explique par l'émigration des diplômés les plus qualifiés vers l'Europe, ainsi que par les carences structurelles du système d'enseignement et de formation, qui sont examinées dans la troisième partie de ce chapitre.

L'agriculture et la production agroalimentaire jouent aussi un rôle essentiel dans la création d'emplois plus nombreux et de meilleure qualité dans les zones rurales. C'est pourquoi des accords commerciaux exhaustifs sont indispensables pour ouvrir aux produits agricoles de nouveaux marchés à l'exportation, mais ils doivent être accompagnés par des améliorations, au plan national, de la gestion des chaînes d'approvisionnement et de l'assurance qualité au moyen de procédures de traçage, de test et de certification (Encadré 2.3, voir aussi ci-dessus) (Commission européenne, 2019[28] ; Commission européenne, 2021[15] ; Rudloff, 2020[30]). Le niveau élevé de l'informalité et les faibles qualifications des travailleurs agricoles dans le segment supérieur des chaînes d'approvisionnement ont jusqu'ici rendu difficile l'assurance qualité, et nombreuses sont les entreprises qui ont du mal à accéder à des marchés étrangers du fait de l'absence de certificats reconnus d'évaluation de conformité (Rudloff, 2020[30]). Les analyses au niveau des entreprises menées pour la présente Étude montrent que les entreprises tunisiennes qui possèdent une certification de qualité reconnue au niveau international pour leurs produits affichent en moyenne une productivité multifactorielle supérieure de 2.2 % à celle des entreprises qui ne la possèdent pas (Encadré 2.1) (Cassimon et Grundke, à paraître[12]). Améliorer la gestion de la chaîne d'approvisionnement et les procédures nationales de contrôle qualité et de certification suppose une coordination et une coopération étroites entre les différentes parties prenantes (Encadré 2.3).

Pour que la Tunisie puisse exploiter pleinement son potentiel agricole, il est également indispensable de réduire les facteurs de distorsion des marchés comme l'encadrement des prix, les subventions et les régimes de licences de distribution et d'exportation, afin de mettre en place des incitations adéquates en direction des producteurs de produits agricoles et agroalimentaires (OCDE, 2019[31] ; Rudloff, 2020[30]). Il est également indispensable d'améliorer le fonctionnement des marchés fonciers et de réduire la part des terres arables non utilisées pour inciter l'entrée des entreprises et à créer des emplois plus nombreux et de meilleure qualité dans les zones rurales.

Encadré 2.3. Montée en gamme des chaînes de valeur agricoles en Tunisie : le cas de l'huile d'olive

La production d'olives et d'huile d'olive, très répandue dans tout le bassin méditerranéen, a un rôle social, économique et environnemental très important en Tunisie. Les oliveraies représentent un tiers du total des terres arables du pays, les oléiculteurs sont plus de 300 000 et on estime qu'un million de personnes dépendent de ce secteur. Longtemps un gros exportateur d'huile d'olive en vrac, la Tunisie s'est récemment imposée comme exportateur d'huile d'olive extra-vierge de marque et d'huile certifiée bio, remportant des prix dans des compétitions prestigieuses comme BIOL.

Une bonne coordination dans toute la chaîne de valeur a été fondamentale pour cette montée en gamme en termes de qualité, d'efficacité et de compétitivité. Les olives fraîchement cueillies doivent être traitées dans un délai maximum de 24 heures et tout dommage, même mineur, causé aux olives au moment de la récolte ou toute situation les empêchant de « respirer » pendant leur transport risque de provoquer des réactions enzymatiques qui réduisent les propriétés antioxydantes et ont des conséquences négatives sur les arômes. Les oléicultures ne possédant pas leurs propres pressoirs doivent mettre en place une logistique et organiser le transport pour assurer un traitement rapide. Entre autres difficultés techniques, il a fallu améliorer la gestion des oliveraies et les techniques d'irrigation et de récolte, mais aussi organiser les systèmes de presse et d'extraction pour garantir la traçabilité et mettre en place des systèmes de certification de qualité pour répondre aux exigences des acheteurs internationaux et de la grande distribution. Des innovations telles que des systèmes souterrains d'irrigation au goutte à goutte donnent de très bons résultats, en termes de rendement comme de qualité tout en réduisant considérablement les pressions sur les réserves d'eau.

La BERD et la FAO ont fait en sorte de faciliter le dialogue public-privé pour élaborer une vision commune et une feuille de route entre les acteurs du secteur. Un consortium pour la qualité a été créé et des campagnes promotionnelles et commerciales ont été menées en Asie et sur le continent américain. La BERD et la FAO aident un groupe de PME à obtenir des certifications de sécurité alimentaire de haut niveau comme celle du British Retail Consortium (BRC). Ces efforts doivent être encore renforcés et pour cela, il est nécessaire de continuer à accompagner les nombreuses PME qui sont encore loin d'atteindre les normes du BRC.

La campagne 2019/20 a donné des résultats record, la Tunisie ayant produit selon les estimations 350 000 tonnes d'huile d'olive, soit une multiplication par 2.5 de sa production annuelle. Même avant la pandémie, qui a coïncidé avec une baisse de production qui était retombée à 140 000 tonnes pour des raisons liées au cycle de vie des oliviers, de graves déséquilibres existaient sur les marchés, avec une offre excédentaire, des chutes de prix sur le marché national et à l'exportation et des difficultés d'accès aux financements. La crise a exacerbé ces vulnérabilités. Des mécanismes financiers comme l'affacturage permettraient d'améliorer le soutien à la trésorerie, tandis qu'une meilleure inclusion financière permettrait aux petites entreprises d'accéder au crédit. La Tunisie est de loin le plus gros fournisseur de l'UE, avec une part de marché de 85 % en volume sur la période octobre 2020-mars 2021. Le quota d'importations en franchise de droits de douane négocié dans le cadre de l'Accord de libre-échange complet et approfondi (ALECA) de 1998 a été totalement consommé et la Tunisie a demandé qu'il soit réévalué pour être porté de 56 700 tonnes à 100 000 tonnes (Commission européenne, 2019[28]). En 2020, les exportations à destination des États-Unis ont été multipliées par sept en raison des mesures commerciales de rétorsion concernant l'huile d'olive espagnole.

En résumé, les progrès considérables accomplis au cours de la dernière décennie pour assurer la montée en gamme du secteur tunisien de l'huile d'olive montrent bien qu'il est important d'aider les acteurs concernés à s'engager et à se coordonner tout au long de la chaîne de valeur. Sur le long terme, la transition permettant de passer de l'exportation de produits en vrac à faible valeur ajoutée à celle de produits de plus haute qualité nécessite des efforts supplémentaires sur le plan de la sécurité alimentaire et de la certification de qualité, et de ce point de vue, des accords commerciaux plus larges avec les principaux marchés à l'export auraient des avantages certains, de même que l'adoption de pratiques durables de pression et de production (Rudloff, 2020[30]).

Source : BERD, CE, FAO, FranceAgriMer, OCDE et Onagri.

Réduire l'inadéquation des compétences et améliorer l'offre de travail

Bien que les taux de chômage soient élevés, une part importante et croissante des offres publiées par le service public de l'emploi ne peut pas être satisfaite (Graphique 2.18). Les entreprises des secteurs à faible intensité de qualification, tels que le textile et l'habillement, le BTP, le tourisme et l'agriculture, sont nombreuses à ne pas trouver de main-d'œuvre possédant les compétences qu'elles recherchent (Boughzala, 2019[1] ; IACE, 2019[11]). Cela est d'autant plus surprenant que le nombre de diplômés sans emploi dans les programmes d' éducation et formation professionnelle (EFP) initiaux liés à ces secteurs est plus élevé que dans les autres programmes d'EFP (ONEQ, 2017[61]). Le même phénomène est observé pour les travailleurs plus qualifiés. De nombreuses entreprises, notamment dans le secteur des TIC et des services aux entreprises, ainsi que dans le secteur manufacturier, se plaignent de ne pas trouver de diplômés de l'enseignement supérieur suffisamment qualifiés dans le domaine des sciences, des technologies, de l'ingénierie et des mathématiques (STEM). Cependant, en 2018, 65 % des diplômés de l'enseignement supérieur au chômage détenaient au moins un diplôme technique de trois ans dans ce domaine et 30 % étaient même titulaires d'un master (Boughzala, 2019[1] ; IACE, 2019[11]). Il est également difficile pour les entreprises de recruter des candidats possédant l'ensemble des compétences requises pour pourvoir les autres postes d'employés vacants, notamment dans la gestion d'entreprise.

Graphique 2.18. Malgré un chômage élevé, de nombreux postes vacants ne peuvent être pourvus

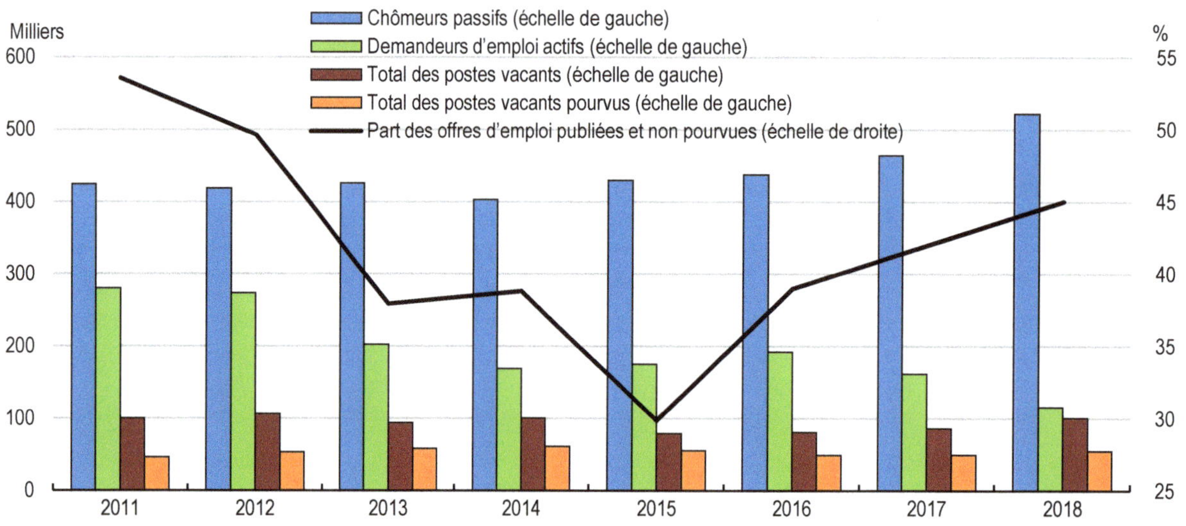

Note : Les données sur les demandeurs d'emploi actifs et les postes vacants proviennent du système d'information de l'agence publique pour l'emploi (ANETI) et ne comprennent pas les chômeurs qui ne sont pas en recherche active selon cette agence. Si les demandeurs d'emploi ne se sont pas rendus à l'ANETI depuis plus de 2 mois, ils sont automatiquement radiés de la base de données. Les chômeurs passifs correspondent à la différence entre le nombre total de chômeurs indiqué par l'enquête sur la population et l'emploi et le nombre de demandeurs d'emploi actifs inscrits à l'ANETI.
Source : ANETI et enquête nationale sur la population et l'emploi pour la Tunisie.

StatLink 🔗 https://stat.link/4qs0pr

Les difficultés de recrutement de travailleurs possédant les compétences adéquates sont dues à la faiblesse de la qualité et des résultats des systèmes d'enseignement de base et des programmes d'EFP initiaux. Les taux de décrochage dans l'enseignement secondaire sont élevés et seuls les élèves les plus en difficulté et ceux qui abandonnent leurs études choisissent les programmes d'EFP initiaux (UNICEF et INS, 2019[3]). En conséquence, de nombreux diplômés de l'EFP ne possèdent pas de compétences techniques et non techniques et le savoir-être (soft skills) de base et ne sont pas en mesure de lire, d'écrire et de communiquer correctement (UNICEF, 2020[5]). L'inadéquation des compétences et des qualifications sur le marché du travail s'explique également par la faible capacité des programmes d'EFP et du système d'enseignement supérieur à prendre en compte les besoins en compétences du secteur privé. De nombreux programmes d'études sont dépassés et les établissements d'enseignement n'apportent pas aux étudiants les connaissances techniques, les outils et les soft skills exigés par les entreprises, ce qui est particulièrement problématique pour les diplômés en STEM (Angel-Urdinola, Nucifora et Robalino, 2015[4]). Par ailleurs, les élèves du deuxième cycle de l'enseignement de base ne sont pas informés correctement sur les tendances du marché du travail ni orientés dans leurs choix éducatifs. Souvent, ils se tournent donc vers des programmes d'EFP et des disciplines de l'enseignement supérieur pour lesquels la demande de main-d'œuvre est relativement faible (Boughzala, 2019[1]).

Outre les compétences techniques et professionnelles, de nombreux candidats manquent de soft skills fondamentales, comme le confirme une enquête en ligne que nous avons menée auprès de grandes entreprises nationales et étrangères en Tunisie pour la préparation de ce rapport (Graphique 2.19, Encadré 2.4). De nombreuses entreprises trouvent difficilement des candidats ayant un niveau suffisant de compétences en matière de communication orale et écrite, de travail en équipe et de résolution des problèmes et des conflits. Les compétences en langues étrangères sont également rares parmi les candidats. Cela constitue un problème épineux pour les entreprises davantage intégrées aux chaînes de valeur mondiales, qui doivent communiquer avec des fournisseurs et des clients étrangers (Grundke et al., 2017[62]). Ce type de soft skills fait également défaut à de nombreux employés en poste et constitue donc le cœur de la formation professionnelle continue dans les grandes entreprises (Cassimon et Grundke, à paraître[12]). En outre, les entreprises consacrent de nombreuses heures de formation à parfaire les compétences en gestion et en informatique de leurs employés.

Graphique 2.19. Les entreprises trouvent difficilement des candidats dont les compétences techniques et soft skills sont suffisantes

Pourcentage d'entreprises plaçant la compétence mentionnée parmi les trois compétences les plus difficiles à trouver chez les candidats (en %), 2019

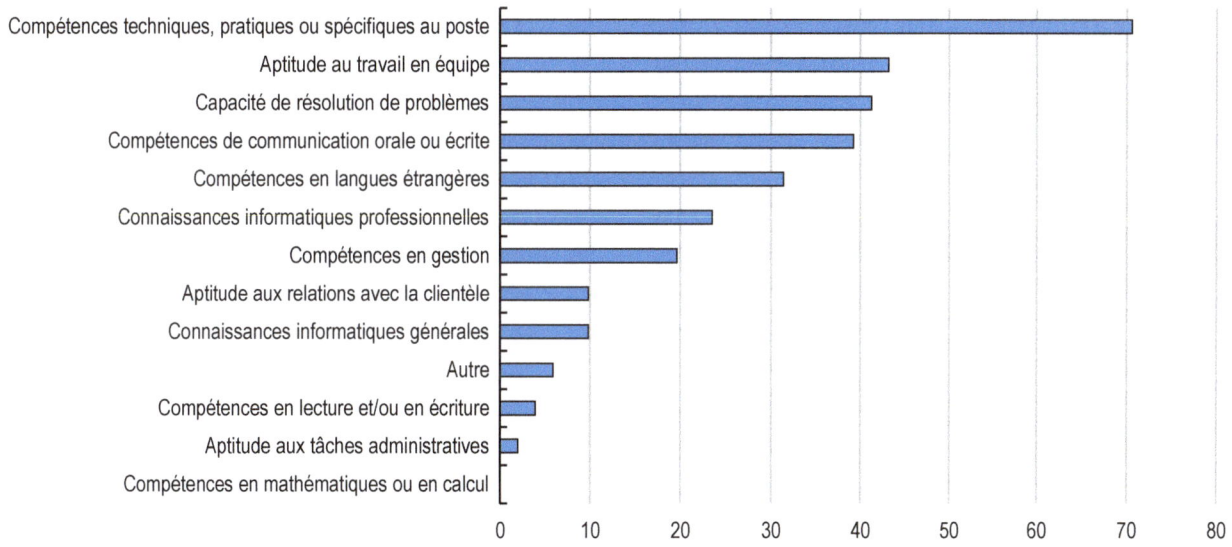

Source : Enquête sur les compétences demandées par les entreprises réalisée par l'OCDE pour la préparation de ce rapport (Encadré 2.4).

StatLink https://stat.link/5r6w7k

Encadré 2.4. Enquête en ligne sur les compétences recherchées par les employeurs en Tunisie

Afin de recueillir des informations sur les compétences demandées et sur les activités de formation et de recrutement des entreprises, une enquête en ligne a été réalisée auprès de 86 entreprises présentes en Tunisie au printemps 2021 pour la préparation de ce rapport (Cassimon et Grundke, à paraître[12]). Le questionnaire a été élaboré en étroite collaboration avec la Direction de l'emploi, du travail et des affaires sociales (ELS) de l'OCDE, qui a créé un module supplémentaire sur les déficits de compétences pour l'enquête sur la formation professionnelle continue (CVTS) de l'UE. Le questionnaire a été adapté au contexte tunisien, grâce à une étude pilote auprès d'entreprises et d'experts tunisiens. Toutes les questions se réfèrent á l'année 2019. Les chambres de commerce d'Allemagne, de France et d'Italie ainsi que l'agence de coopération internationale allemande pour le développement (GIZ) ont autorisé la diffusion de l'enquête en ligne auprès de leurs réseaux d'entreprises. Les entreprises de l'échantillon appartiennent à 12 secteurs économiques et à 6 gouvernorats de la Tunisie (Cassimon et Grundke, à paraître[12]).

L'enquête en ligne a été complétée par une série de 12 entretiens qualitatifs avec des entreprises de quatre secteurs cibles : les services liés aux TIC, l'automobile, le tourisme et l'agriculture. Les entretiens ont duré une heure en moyenne et se sont concentrés sur des questions relatives aux compétences recherchées, aux pratiques de formation et de recrutement, mais aussi sur le climat des affaires et sur les politiques et institutions du marché du travail.

Améliorer la qualité de l'enseignement de base

Pour doter les nouveaux arrivants sur le marché du travail des compétences cognitives et soft skills de base suffisantes, l'élargissement de l'accès à l'enseignement de base ne suffit pas : des progrès importants sont nécessaires sur le plan de la qualité. La Tunisie a fortement développé l'accès à l'éducation depuis les années 1980, en y consacrant davantage de dépenses, notamment avec l'embauche d'enseignants et l'expansion des infrastructures scolaires (Angel-Urdinola, Nucifora et Robalino, 2015[4]). Les taux bruts de scolarisation dans l'enseignement secondaire sont passés de 45 % au début des années 1990 à 92 % en 2018, et, pour l'enseignement supérieur, de 8 à 32 % respectivement (UNICEF, 2020[5] ; Banque mondiale, 2021[63]). Le niveau d'éducation de la jeune génération s'est considérablement amélioré, en particulier pour les femmes (Graphique 2.20). La part des 25-34 ans qui ont terminé l'enseignement secondaire ou l'enseignement supérieur n'est pas loin de la moyenne des pays de l'OCDE, et l'augmentation du niveau d'éducation par rapport à la génération précédente a été la plus prononcée parmi les pays de l'échantillon (Graphique 2.20).

Graphique 2.20. Le niveau d'éducation de la jeune génération s'est considérablement amélioré, en particulier pour les femmes

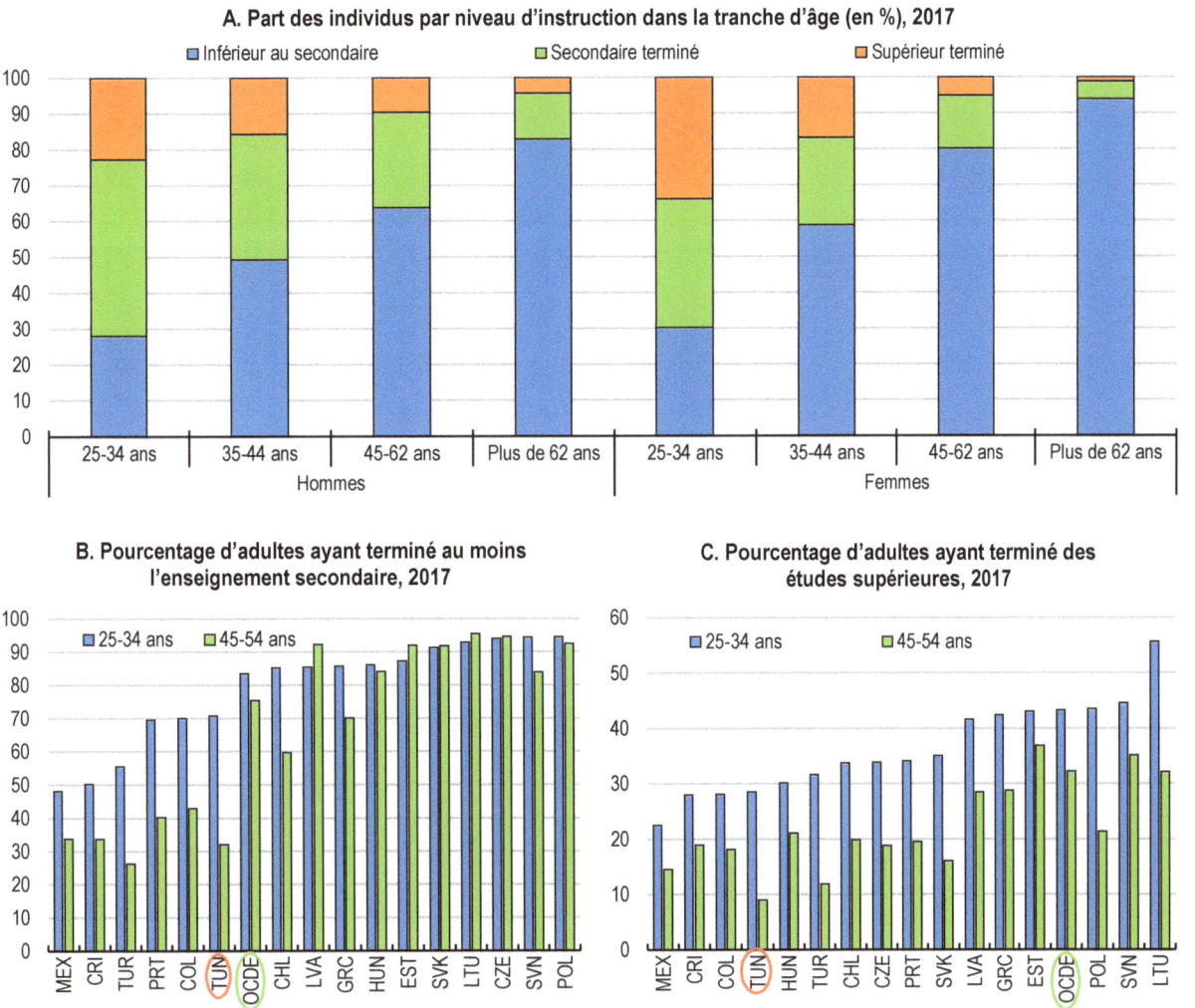

A. Part des individus par niveau d'instruction dans la tranche d'âge (en %), 2017

B. Pourcentage d'adultes ayant terminé au moins l'enseignement secondaire, 2017

C. Pourcentage d'adultes ayant terminé des études supérieures, 2017

Source : Calculs de l'OCDE d'après les données de l'enquête sur la population et l'emploi de l'INS ; et OCDE (2020), *Regards sur l'éducation.*

StatLink 🔗 https://stat.link/sm450g

Cependant, bien que les dépenses publiques consacrées à l'éducation soient relativement élevées à l'échelle internationale, les résultats scolaires sont faibles et se sont même dégradés (Graphique 2.21). En 2015, les résultats moyens des élèves tunisiens dans le cadre du Programme international pour le suivi des acquis des élèves (PISA) de l'OCDE étaient parmi les plus bas des pays participants et avaient empiré par rapport à 2012. L'écart entre la moyenne des résultats des pays de l'OCDE et ceux de la Tunisie équivaut à environ 3 années de scolarité (UNICEF, 2020[5]). Ils sont particulièrement faibles en ce qui concerne la lecture et les compétences en communication : plus de 70 % des élèves n'étaient pas en mesure de comprendre correctement des textes courts à la syntaxe simple (UNICEF, 2020[5]). En outre, les résultats moyens en calcul et dans les sciences sont également faibles (OCDE, 2016[64]).

Graphique 2.21. Les dépenses d'éducation sont élevées, mais les résultats scolaires sont faibles

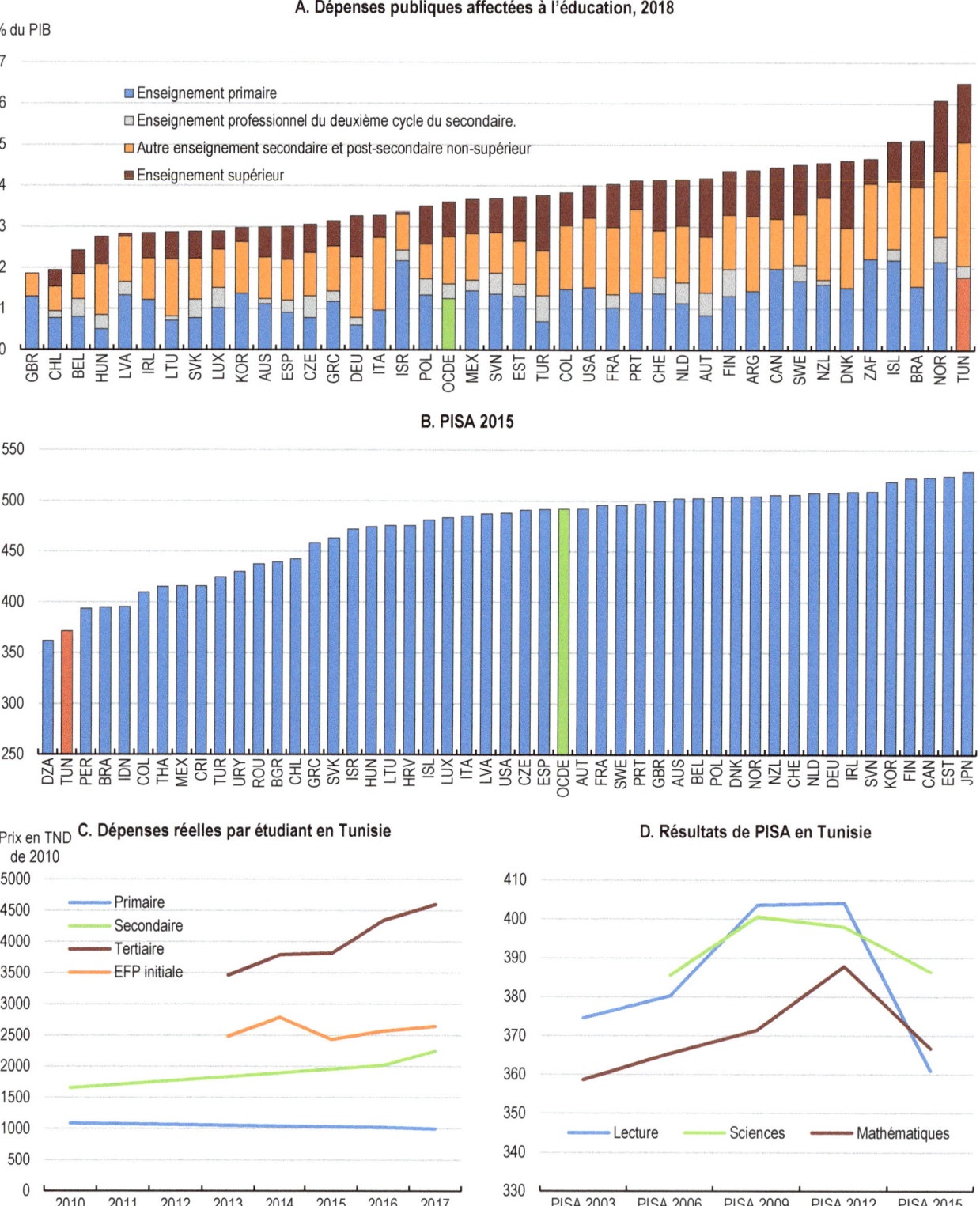

A. Dépenses publiques affectées à l'éducation, 2018
% du PIB

- Enseignement primaire
- Enseignement professionnel du deuxième cycle du secondaire.
- Autre enseignement secondaire et post-secondaire non-supérieur
- Enseignement supérieur

B. PISA 2015

C. Dépenses réelles par étudiant en Tunisie
Prix en TND de 2010

- Primaire
- Secondaire
- Tertiaire
- EFP initiale

D. Résultats de PISA en Tunisie

- Lecture
- Sciences
- Mathématiques

Note : Dans le Panel A, les données pour la Tunisie datent de 2017.
Source : OCDE (2020), *Regards sur l'éducation* ; OCDE (2015), *Programme international pour le suivi des acquis des élèves (PISA)* ; et ministère de l'Éducation de la Tunisie.

StatLink ᵐˢᴸ https://stat.link/rwpi9e

Un autre indicateur de la faiblesse de l'éducation de base est le nombre élevé d'étudiants qui échouent chaque année à l'examen final de l'enseignement secondaire. De 2010 à 2019, leur part est passée de 30 à 70 %, si bien que les résultats ont baissé dans toutes les filières de l'enseignement secondaire (Graphique 2.22). Si on exclut les étudiants qui repassent l'examen, environ 51 % des inscrits n'ont pas terminé l'enseignement secondaire et 26 % n'ont même pas terminé l'enseignement de base (UNICEF et INS, 2019[3]). Plus de 10 % des élèves abandonnent l'enseignement secondaire chaque année et environ 20 % doivent redoubler une classe, les garçons étant davantage concernés que les filles (données du ministère de l'Éducation).

Graphique 2.22. La part d'élèves échouant à l'examen final de l'enseignement secondaire a augmenté

La part d'élèves échouant à l'examen final de l'enseignement secondaire par filière d'enseignement secondaire (en pourcentage)

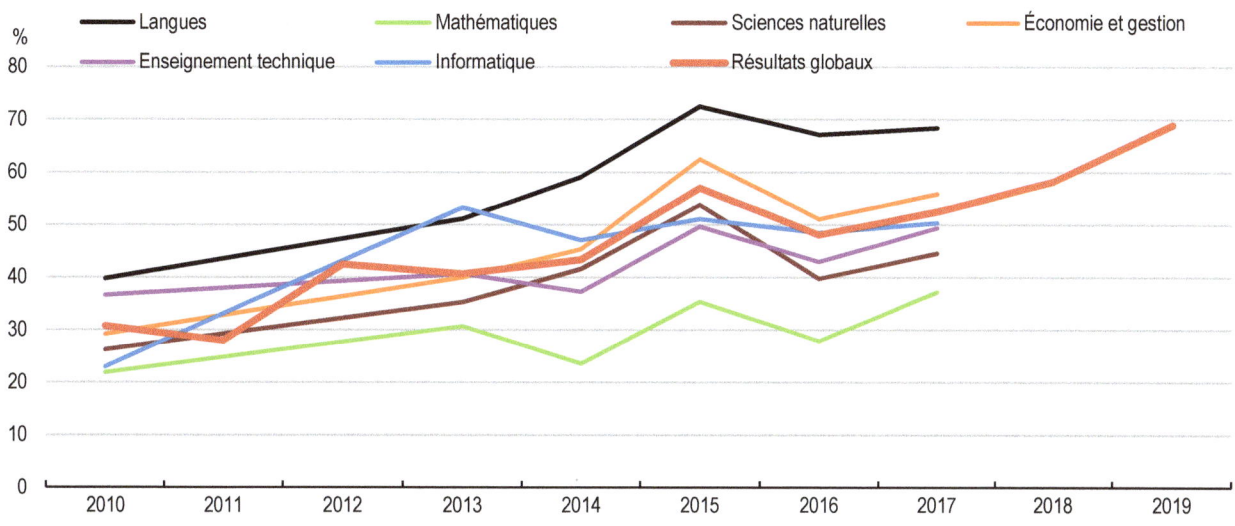

Note : Les résultats par filière manquent pour 2011, 2012, 2018 et 2019, et une interpolation linéaire a été utilisée dans le graphique pour les années 2011 et 2012. Les résultats globaux de l'examen de l'enseignement secondaire étaient disponibles pour toutes les années de 2010 à 2019 (UNICEF, 2020[5]).
Source : Ministère de l'Éducation, Évolution des résultats du baccalauréat ; et (UNICEF, 2020[5]).

StatLink ᐧᐧᐧ https://stat.link/t9kwge

Les faibles résultats des étudiants sont fortement liés à la mauvaise affectation des ressources et à la faible qualité de l'enseignement. La forte croissance de la population jeune depuis les années 1990, qui s'ajoute à l'augmentation des taux de scolarisation, a soumis le système éducatif à d'énormes pressions (UNICEF, 2020[5]). Bien que de nombreux enseignants aient été embauchés depuis 2011, le recrutement n'a pas été porté sur les matières ou les régions où la pénurie d'enseignants est la plus marquée. La moyenne d'élèves par enseignant est relativement basse en comparaison avec d'autres pays, mais elle varie largement d'une région à l'autre, et de nombreuses écoles de zones reculées ont des difficultés à assurer des cours pour toutes les filières de l'enseignement secondaire en raison de la pénurie d'enseignants (UNICEF, 2020[5] ; OCDE, 2016[64]).

Nombre des nouveaux enseignants n'ont pas suivi une formation pédagogique en bonne et due forme, car les critères de recrutement ont été assouplis depuis 2011 et de nombreux diplômés de disciplines proches titulaires d'un simple master obtenu en un an peuvent devenir enseignants dans le secteur public (UNICEF, 2020[5] ; UNICEF et INS, 2019[3]). Le manque de compétences pédagogiques est également lié à la détérioration de la qualité de la formation initiale et continue des enseignants, en raison du manque de formateurs et de programmes d'études dépassés. Entre 2007 et 2016, le système de formation des formateurs d'enseignants a été suspendu (UNICEF, 2020[5]). De nombreux enseignants âgés et très qualifiés prendront leur retraite au cours des prochaines années. Par conséquent, la priorité devrait être donnée à la formation adéquate des jeunes enseignants déjà recrutés, notamment aux méthodes pédagogiques, et à l'amélioration de la formation initiale des enseignants et de la qualité du recrutement.

Le système d'évaluation des enseignants n'incite pas à la performance (UNICEF, 2020[5]). En liant l'évaluation des enseignants et les primes existantes à une amélioration des résultats aux examens annuels nationaux des élèves du cycle primaire et secondaire de l'enseignement de base ainsi que de l'enseignement secondaire, on pourrait inciter les enseignants à participer à des formations supplémentaires et à améliorer leurs méthodes pédagogiques. (OCDE, 2020[65]). De même, les salaires et les primes devraient être modulés pour encourager la mutation des enseignants performants vers les écoles des régions défavorisées confrontées à des difficultés, où les taux de décrochage sont plus élevés et les résultats des élèves moins bons. Il serait aussi souhaitable d'utiliser un système de recrutement, d'évaluation et d'affectation qui classe les candidats en fonction de plusieurs critères de performance afin d'améliorer l'adéquation entre les compétences des enseignants et les différents postes proposés. Les besoins en compétences pour les postes d'enseignants varient considérablement selon les types d'écoles et selon le milieu socioéconomique des enfants. En sélectionnant davantage d'étudiants issus de zones défavorisées pour la carrière d'enseignant, on pourrait également faciliter leur affectation dans des établissements difficiles après l'obtention du diplôme.

La dégradation des infrastructures scolaires a nui au cadre d'apprentissage, réduit le choix de filières d'enseignement dans les écoles secondaires et contribué à des taux de décrochage élevés (UNICEF, 2020[5]). Les dépenses publiques en infrastructures scolaires ont diminué au cours de la dernière décennie. Les fortes hausses de salaire et les embauches supplémentaires ont exercé une pression sur le budget de l'éducation, portant la part des salaires dans les coûts à plus de 95 % en 2019 (UNICEF, 2020[5]). Environ 70 % des écoles ne sont pas raccordées au réseau d'assainissement (Benstead, 2021[66]). De nombreux établissements ne disposent pas de laboratoires et d'équipements fonctionnels pour les matières techniques, les sciences naturelles et l'informatique, ce qui oblige de nombreux élèves à choisir une filière de langues ou de gestion d'entreprise et pèse sur leur motivation et leurs résultats (UNICEF et INS, 2019[3]). Cela explique en partie les résultats particulièrement mauvais des élèves de ces filières à l'examen national de l'enseignement secondaire (Graphique 2.22). En outre, de nombreux ménages à faibles revenus n'ont pas suffisamment accès à Internet, et les possibilités d'apprentissage en ligne sont limitées dans de nombreuses écoles (Benstead, 2021[66]). Les TIC et les compétences associées joueront un rôle croissant tout au long de leur vie et il est donc crucial d'améliorer l'infrastructure correspondante dans les écoles et que tous les enfants puissent en profiter (OCDE, 2020[50]).

En raison des contraintes budgétaires et du niveau déjà élevé des dépenses d'éducation (Graphique 2.21), l'amélioration des infrastructures éducatives n'est possible qu'en augmentant l'efficience des dépenses et en réduisant la masse salariale publique. La moyenne d'élèves par enseignant relativement basse montre qu'il est possible de procéder à des ajustements, qui devraient s'accompagner d'une meilleure répartition des enseignants entre les écoles et les matières. Cependant, le dialogue entre les syndicats d'enseignants et le gouvernement sur la réforme de l'éducation est actuellement dans une impasse. Ce conflit a eu de nombreuses répercussions pour les enfants : les écoles sont restées fermées pendant plusieurs mois en 2018 en raison de grèves (UNICEF et INS, 2019[3]). Il est prioritaire de relancer le dialogue et de trouver des solutions pour améliorer l'infrastructure éducative et la qualité de l'enseignement, et d'achever la réforme en cours. Les associations de parents d'élèves devraient participer plus activement à ce processus pour représenter les intérêts de leurs enfants (UNICEF, 2020[5]).

Le changement de la langue d'enseignement entre l'enseignement de base et l'enseignement secondaire entraîne une forte baisse des résultats, en particulier pour les enfants issus de milieux défavorisés. Dans l'enseignement de base, qui dure 9 ans, toutes les matières sont enseignées en arabe, qui est la langue parlée au quotidien, notamment par les familles. Cependant, dans le secondaire, on passe au français pour toutes les matières, ce qui sème la confusion et entraîne une forte baisse des résultats pour de nombreux élèves, non seulement en langues, mais aussi en mathématiques et en sciences (Graphique 2.23) (UNICEF, 2020[5]). Les élèves issus de foyers à faibles revenus souffrent le plus de ce changement, car ils ont moins la possibilité de parler le français avec leur famille et de suivre des cours particuliers (Graphique 2.24). Des élèves issus du quantile de familles à plus bas revenu, environ 53 % ont terminé l'enseignement de base, mais seulement 24 %, l'enseignement secondaire (Graphique 2.23). Une meilleure continuité entre l'enseignement primaire et secondaire grâce à l'utilisation d'une seule langue d'enseignement serait particulièrement bénéfique aux enfants issus de familles à faibles revenus, mais risquerait de diminuer les compétences en langue de français chez les diplômés de l'enseignement secondaire (Angrist et Lavy, 1997[67]). Cela pourrait avoir des effets négatifs sur leur insertion sur le marché du travail. Pour faciliter la transition entre l'enseignement de base et l'enseignement secondaire, il faudrait assurer aux élèves un apprentissage de qualité de langues dès le plus jeune âge, particulièrement pour les enfants issus de milieux défavorisés.

Graphique 2.23. Le changement de la langue d'enseignement entre l'enseignement de base et secondaire entraîne une forte baisse des résultats, en particulier pour les enfants issus de milieux défavorisés

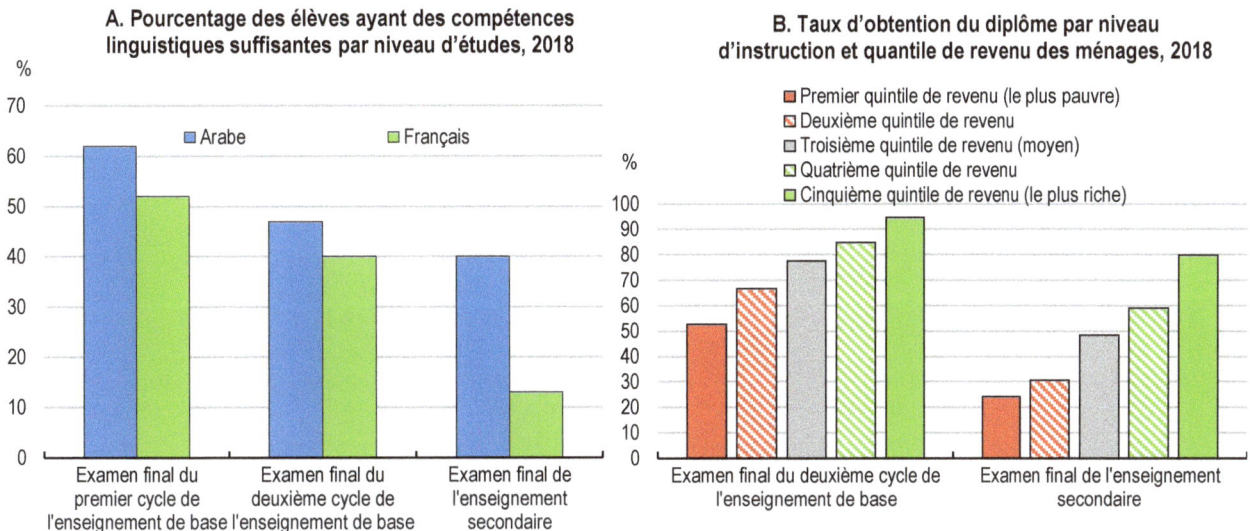

Source : UNICEF (2020) ; UNICEF ; et INS (2019).

StatLink https://stat.link/4u3atc

Les normes d'apprentissage, les programmes d'études et les méthodes d'enseignement associées en primaire et en secondaire sont dépassés et doivent être révisés (UNICEF, 2020[5]). L'accent est mis sur le contenu académique et la préparation aux études universitaires. Le travail d'équipe, les compétences de communication et de présentation et d'autres soft skills rendues plus importantes par la mondialisation et les technologies numériques, ne sont pas suffisamment mis en avant (Grundke et al., 2018[57] ; OCDE, 2020[50]). Le Brésil a récemment revu ses normes et ses programmes d'apprentissage pour l'enseignement préélémentaire, primaire et secondaire et y a ajouté une formation aux compétences du 21e siècle, notamment de nombreuses compétences cognitives et socio-émotionnelles, suivant en cela les meilleures pratiques internationales (OCDE, 2020[65]). Il est nécessaire de combiner des normes et des programmes d'apprentissage modernes et moins académiques avec de nouvelles méthodes d'enseignement pour favoriser le travail en groupe et l'initiative personnelle. Cela permettrait non seulement d'aider les enfants des ménages à faibles revenus, qui peuvent alors s'impliquer davantage, notamment en travaillant avec leurs camarades de classe, mais aussi de contribuer au développement des compétences entrepreneuriales qui font actuellement défaut à de nombreux diplômés (UNICEF, 2020[5] ; IACE, 2019[11]). Il est essentiel d'encourager l'esprit d'entreprise chez les jeunes Tunisiens pour améliorer la dynamique entrepreneuriale et créer des emplois plus nombreux et de meilleure qualité. Pour cela, il faut commencer tôt dans le système d'enseignement de base, car les compétences cognitives et soft skills de base s'acquièrent dès les premières années (Heckman et Mosso, 2014[68] ; Heckman, Pinto et Savelyev, 2013[69]).

Graphique 2.24. Les résultats des élèves sont fortement liés au milieu socio-économique

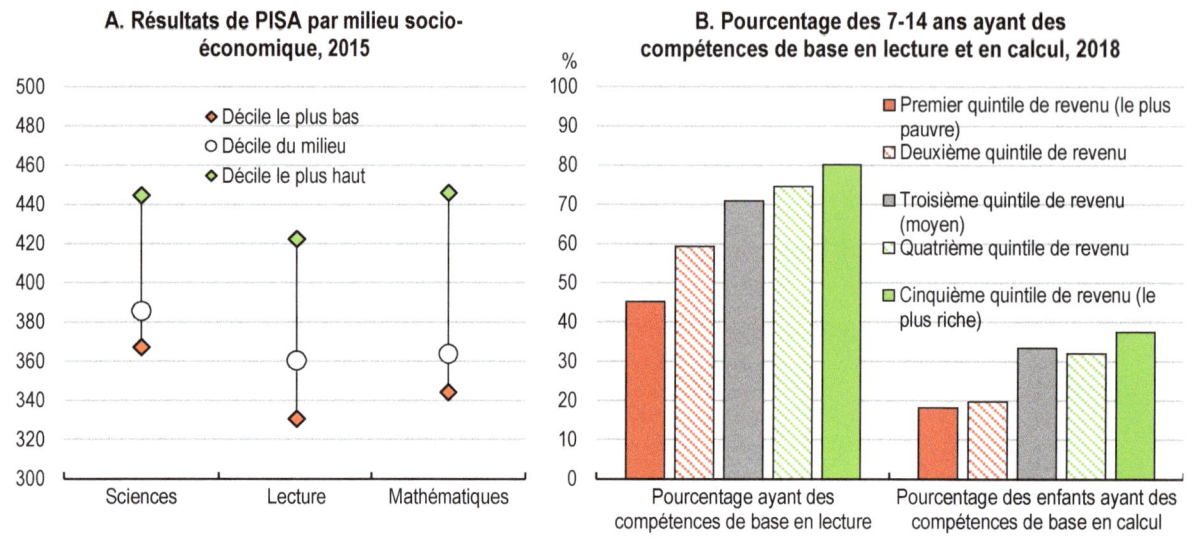

Source : OCDE, PISA 2015 ; UNICEF ; et INS (2019).

StatLink ⟪⟪⟪ https://stat.link/3unosl

Outre la qualité de l'enseignement, le milieu socioéconomique et une éducation satisfaisante dès la petite enfance sont des facteurs déterminants des résultats scolaires dans tous les pays (Graphique 2.24) (OCDE, 2019[70] ; Heckman et Mosso, 2014[68]). Bien que l'accès à l'enseignement préscolaire soit passé de 16 % en 2000 à 44 % en 2018 en Tunisie, son niveau reste inférieur à celui d'autres pays, notamment pour les enfants issus de familles à faibles revenus (Graphique 2.25). Il concerne seulement 17 % des familles pauvres ayant des enfants âgés de 3 à 5 ans, contre 71 % des familles plus aisées (UNICEF, 2020[5]). Par ailleurs, les taux de scolarisation varient fortement d'un gouvernorat à l'autre. Les dépenses consacrées à l'enseignement secondaire et supérieur étant relativement élevées par rapport à d'autres pays, une meilleure efficience des dépenses et la réaffectation des ressources à l'enseignement préscolaire afin d'élargir l'accès des enfants issus de ménages à faibles revenus pourraient avoir des retombées sociales importantes (Graphique 2.21). Cela aiderait aussi à augmenter la participation des femmes au marché du travail, car le manque de crèches et la faible couverture de l'éducation préscolaire renforcent les facteurs culturels qui empêchent les femmes avec des jeunes enfants de participer au marché du travail.

L'alimentation, et l'accès à l'eau potable et à des soins de qualité dès le plus jeune âge jouent un rôle crucial pour le développement des compétences cognitives et sociales (Heckman, Pinto et Savelyev, 2013[69] ; Heckman et al., 2010[71]). Ainsi, il ne suffit pas de faciliter l'accès à l'éducation préscolaire pour les enfants issus de ménages à faibles revenus. Il faut aussi redoubler d'efforts pour éradiquer l'extrême pauvreté, accroître l'accès à des soins de santé universels et améliorer les services d'approvisionnement en eau et d'assainissement au niveau collectif, et notamment dans les écoles (UNICEF, 2020[5] ; Benstead, 2021[66]). Consacrer davantage de ressources au nouveau programme social de transfert électronique de fonds, il est possible d'améliorer la disponibilité des aliments et des soins de santé pour de nombreux enfants pauvres. Les aliments pourraient également être fournis directement dans les écoles pour garantir la qualité de la nutrition, mais il faudrait pour cela améliorer les infrastructures scolaires. À terme, le programme social de transfert d'argent pourrait également être partiellement lié à l'inscription dans l'enseignement préscolaire ou aux visites à domicile des enseignants qui évaluent les pratiques éducatives des parents. Lors de l'attribution des rares places dans les structures d'éducation préscolaire, il faudrait accorder la préférence aux ménages à faible revenu et aux familles monoparentales.

Graphique 2.25. L'accès à l'enseignement préscolaire est faible, en particulier parmi les familles à faibles revenus

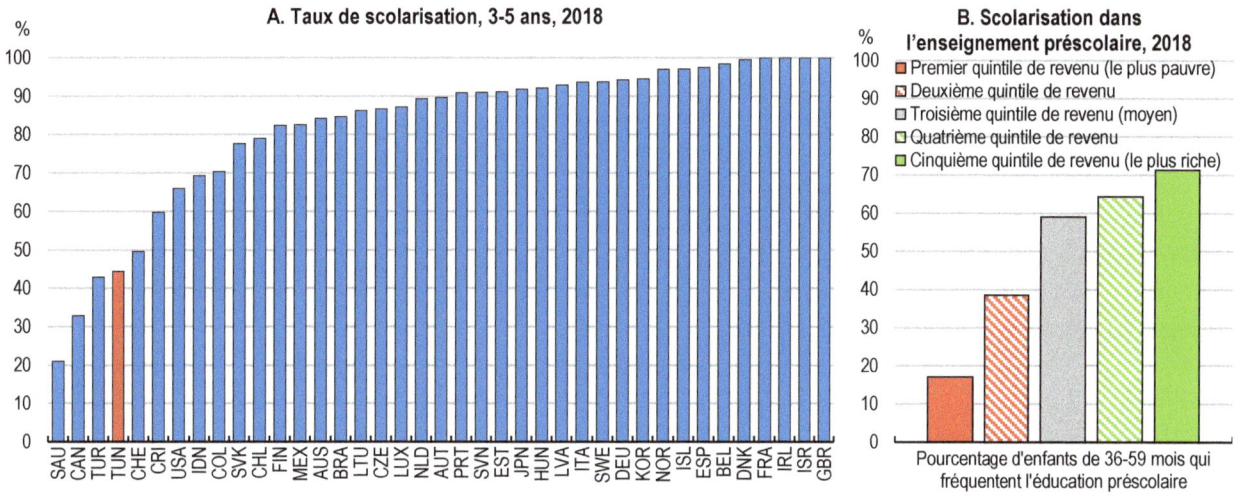

Source : OCDE, *Regards sur l'éducation 2020* ; UNICEF (2020) ; UNICEF ; et INS (2019).

StatLink ᵐˢᴾ https://stat.link/ou6pd5

Un meilleur accès à l'enseignement préscolaire pour les pauvres est le principal facteur susceptible de favoriser l'égalité des chances entre tous les enfants, mais il convient aussi de s'attaquer à d'autres faiblesses structurelles du système éducatif de base qui favorisent les enfants de familles plus riches ayant un niveau d'instruction plus élevé (Benstead, 2021[66]). La double structure du système public du deuxième cycle d'enseignement de base et d'enseignement secondaire avec 46 écoles d'élite, accessibles grâce à un examen général après le premier cycle de l'enseignement de base et offrant environ 3000 places par an, accentue la polarisation sociale et affaiblit l'environnement d'apprentissage des autres élèves (UNICEF, 2020[5]). Séparer les meilleurs élèves de leurs camarades réduit considérablement les résultats de certains, en particulier ceux des élèves ayant des compétences moyennes (Burke et Sass, 2013[72]). Les enfants des foyers plus riches ont accès à des cours privés coûteux pour se préparer aux examens d'entrée et ont donc plus de chances d'accéder à ces écoles d'élite, où ils bénéficient d'un enseignement et d'équipements de meilleure qualité, et de l'émulation de leurs pairs (Benstead, 2021[66]). Dans les autres écoles aussi, la capacité des familles à payer des leçons privées augmente les chances d'obtenir de meilleurs résultats aux examens. Il s'agit parfois de paiements directs en espèces (UNICEF, 2020[5] ; Benstead, 2021[66]).

L'amélioration de la qualité de l'enseignement dans toutes les écoles publiques, le renforcement de l'éthique de travail des enseignants et un soutien ciblé aux élèves défavorisés permettraient de réduire le décrochage, d'améliorer les perspectives offertes à tous les élèves et de faire en sorte que le système éducatif puisse contribuer à accroître la mobilité sociale. Il faudrait pour cela notamment étoffer le programme « école de la deuxième chance », qui permet aux jeunes décrocheurs de redoubler le secondaire ou l'EFP jusqu'à l'âge de 20 ans grâce à un soutien pédagogique et financier plus ciblé. Cependant, pour empêcher les élèves de décrocher en premier lieu, il est crucial de fournir un soutien pédagogique et psychologique ciblé aux élèves à risque lorsqu'ils fréquentent encore l'école. Un nouveau projet gouvernemental a mis au point des indicateurs permettant d'identifier les élèves en risque de décrochage, ce qui devrait être utilisé pour mieux cibler le soutien à ces élèves.

Améliorer la qualité et l'attrait du système d'enseignement et de formation professionnels (EFP) initiaux

La faible qualité et le manque d'attrait du système d'EFP initiaux contribuent à expliquer les taux élevés de décrochage dans l'enseignement secondaire général. Après avoir terminé l'enseignement de base, de nombreux étudiants ne choisissent pas la voie de l'EFP initiaux, bien qu'un programme d'études comprenant des matières plus pratiques leur conviendrait mieux et offrirait de meilleures perspectives d'emploi que le programme plus académique de l'enseignement secondaire général (Graphique 2.26) (OCDE, 2016[73]). Cette situation est liée à des goulets d'étranglement dans les infrastructures, qui empêchent les étudiants de choisir des filières d'enseignement technique, à des informations insuffisantes sur les tendances du marché du travail, les postes vacants et les besoins en compétences des entreprises, et à une culture qui valorise d'avantage les emplois de bureau que les emplois d'ouvrier. Depuis de nombreuses décennies, l'obtention d'un diplôme de l'enseignement supérieur a garanti un emploi sûr et bien rémunéré en Tunisie, en particulier dans le secteur public, ce qui explique que de nombreux parents déconseillent encore à leurs enfants de choisir une formation professionnelle ou d'accepter un emploi d'ouvrier (Boughzala, 2019[1] ; OCDE, 2015[6]).

Graphique 2.26. La part des élèves du secondaire dans le système d'enseignement et de formation professionnels initiaux est faible

Part des élèves du secondaire dans les programmes d'EFP initiaux, 2018

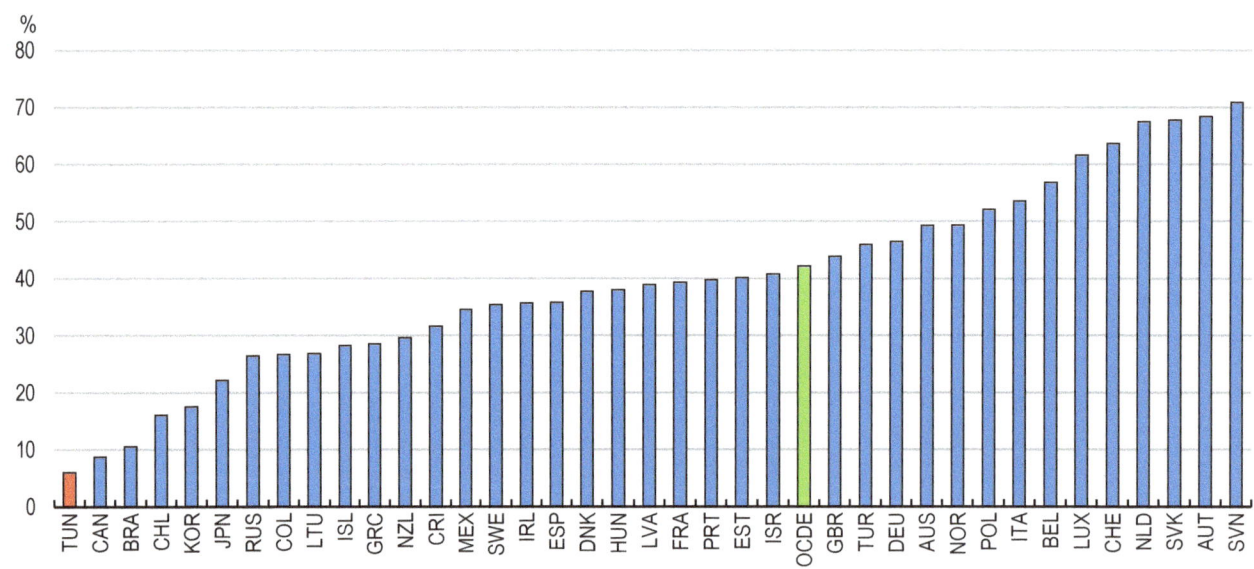

Source : OCDE (2020), *Regards sur l'éducation* ; et (Boughzala, 2019[1]).

StatLink 🖳📊 https://stat.link/nt51e0

Il est essentiel de mieux informer les étudiants et leurs parents, mais aussi les travailleurs et les chômeurs adultes, sur les perspectives d'emploi et de salaire, sur les compétences demandées par les entreprises et sur les programmes d'EFP disponibles, leur contenu et leur qualité (OCDE, 2016[74]) (ONEQ, 2017[61] ; Fouarge et al., 2020[75]). Pour cela, on pourrait mettre en place une plateforme en ligne regroupant des informations régionales sur les postes vacants et les compétences demandées par les entreprises locales, présentées selon une classification détaillée des professions et mises en regard du nombre de chômeurs par niveau d'instruction et domaine d'études ou profession (OCDE, 2021[76]). Il faudrait également proposer des informations à propos du contenu et de la qualité des programmes d'EFP et de formation universitaire existants, et de la situation des anciens diplômés sur le marché du travail (Fouarge et al., 2020[75]). Ce système informatique devrait être complété par des services personnalisés de conseil aux étudiants du deuxième cycle de l'enseignement de base, mais aussi aux travailleurs et aux chômeurs, afin de mieux les accompagner dans leur orientation, leurs possibilités de formation et leurs perspectives de carrière (OCDE, 2021[76] ; OCDE, 2016[74]). Des représentants de l'agence nationale pour l'emploi se rendent de temps en temps dans les écoles pour présenter brièvement les tendances du marché du travail. Toutefois, cela reste insuffisant compte tenu du manque criant de personnel de l'agence et de l'absence d'un système informatique ouvert au public qui montre les tendances du marché du travail et les évaluations des programmes d'EFP et de formation universitaire existants (Banque mondiale, 2021[77]).

Les entreprises doivent contribuer davantage à promouvoir et à rendre plus attrayants les emplois des ouvriers et des employés peu qualifiés. Compte tenu des conditions de travail difficiles, des bas salaires et des mauvaises pratiques en matière de gestion des ressources humaines (RH), il n'est guère surprenant que les entreprises des secteurs du textile et de l'habillement, du BTP, du tourisme et de l'agriculture aient du mal à pourvoir les emplois vacants (Encadré 2.5) (Angel-Urdinola, Nucifora et Robalino, 2015[4] ; Boughzala, 2019[1]). Dans les entreprises, de nombreux services de RH s'occupent exclusivement des aspects administratifs et ne disposent pas de stratégies globales pour la formation et le perfectionnement professionnel des employés. Pour de nombreux ouvriers, les seules possibilités de formation portent sur les normes de santé et de sécurité. En raison de grilles salariales rigides et d'évolutions de carrière plutôt réservées aux diplômés, à l'instar de ce qui se passe dans le secteur public, les ouvriers ont peu de perspectives de perfectionnement professionnel dans de nombreuses entreprises, ce qui réduit fortement l'attrait de l'EFP initiaux et de ce type d'emploi (Angel-Urdinola, Nucifora et Robalino, 2015[4]).

Encadré 2.5. Exploiter le potentiel du secteur du tourisme

La Tunisie jouit d'un net avantage comparatif dans le tourisme, grâce à ses longues plages de sable, à la richesse de son patrimoine culturel et à la diversité de ses paysages. Elle est proche de l'Europe et bénéficie d'un climat doux, qui lui permet d'avoir une saison touristique plus longue que dans les pays du sud de l'Europe. Le tourisme est un secteur important de l'économie tunisienne. En 2019, il a représenté 45 % des exportations de services (ou 13 % des exportations totales), et donné lieu à de volumineuses entrées de devises (Graphique 2.27). Il représente environ 130 000 emplois directs, et près de quatre fois plus lorsqu'on y ajoute les créations indirectes d'emplois correspondant aux fournisseurs et aux services complémentaires (Boughzala, 2019[1]).

Lorsque la pandémie de COVID-19 a débuté, l'activité touristique venait juste de se redresser après une période difficile consécutive aux attentats terroristes de 2015, puisque les arrivées de touristes avaient battu de nouveaux records en 2018 (8 millions) et 2019 (9 millions), nettement supérieurs au précédent pic de 7 millions qui avait été atteint en 2010 (Graphique 2.27). Néanmoins les recettes touristiques totales et le nombre de nuitées passées par des non-résidents en Tunisie n'ont pas retrouvé leurs niveaux d'avant 2015, ce qui indique une réorientation structurelle vers des activités à plus faible valeur ajoutée. En outre, l'origine des arrivées de touristes a évolué, l'Europe ayant perdu du terrain au profit des pays voisins d'Afrique du Nord ainsi que de la Russie. Le taux d'occupation des hôtels et les recettes par lit sont restés nettement inférieurs à leurs niveaux de 2010.

Graphique 2.27. Les arrivées de touristes s'étaient redressées avant la pandémie, mais pas les recettes

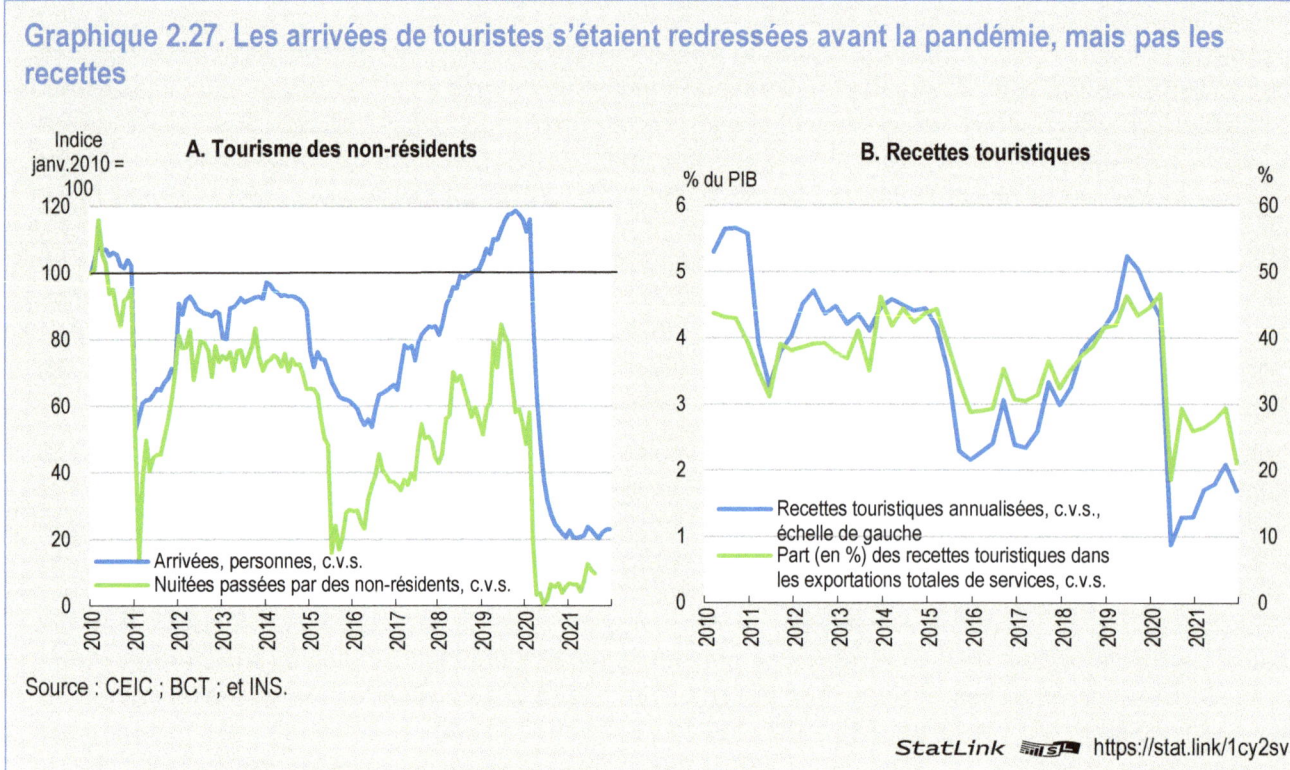

Source : CEIC ; BCT ; et INS.

StatLink ᎏᏕᏔ https://stat.link/1cy2sv

Divers facteurs structurels limitent le potentiel du secteur du tourisme tunisien. La proportion de prêts non performants y est particulièrement élevée, ce qui complique l'accès aux financements nécessaires pour investir dans des projets innovants et rénover une infrastructure vieillissante (Boughzala, 2019[1]). Au fil des ans, les banques du secteur public ont accordé des conditions préférentielles aux entreprises touristiques en place (qui ont souvent de bonnes relations politiques) et allongé les délais de remboursement de leurs prêts, différant la nécessaire restructuration de ces entreprises (OCDE, 2018[8]). L'accès aux financements et l'entrée sur le marché sont difficiles pour les jeunes entreprises innovantes, qui pâtissent également de la complexité des régimes d'autorisation et de la lourdeur des charges administratives (Graphique 2.12).

La faiblesse des pressions concurrentielles a entravé l'innovation parmi les entreprises en place. Des pratiques dépassées de gestion des ressources humaines, en particulier, réduisent l'attrait exercé par le secteur sur les jeunes arrivant sur le marché du travail, et expliquent en partie pourquoi de nombreuses entreprises indiquent avoir des difficultés à recruter des travailleurs possédant les compétences requises (Graphique 2.28). La diminution de la valeur ajoutée produite et de la productivité du travail maintient les salaires à un bas niveau, et de nombreuses entreprises n'investissent pas suffisamment dans la formation, et n'offrent pas des possibilités de développement professionnel suffisantes, ni des conditions de travail attrayantes (Boughzala, 2019[1]). De plus, les activités touristiques sont très concentrées dans les régions côtières, où les taux de chômage sont plus bas, et il est plus compliqué de recruter du personnel originaire de gouvernorats éloignés, compte tenu de la faible mobilité de la main-d'œuvre et du niveau élevé des loyers.

Un autre facteur important expliquant les difficultés de recrutement des entreprises de tourisme réside dans l'insuffisance des compétences informatiques et soft skills des diplômés du système d'enseignement et de formation professionnels (EFP), en particulier en matière de communication, de langues étrangères et d'interactions avec la clientèle (Graphique 2.28) (OECD, 2021[78]). Comme dans d'autres secteurs, la coopération entre les établissements publics de formation professionnelle initiale et le secteur privé est faible, et de nombreux programmes sont datés (Boughzala, 2019[1]). En outre, les programmes d'EFP ne sont pas adaptés à la saisonnalité de l'activité touristique et les périodes de stages intégrées dans ces programmes sont trop courtes, ce qui réduit les possibilités de formation en cours d'emploi offertes aux élèves et étudiants.

Graphique 2.28. De nombreux diplômés du système d'enseignement et de formation professionnels (EFP) dans les domaines liés au tourisme ont des compétences informatiques et soft skills insuffisantes

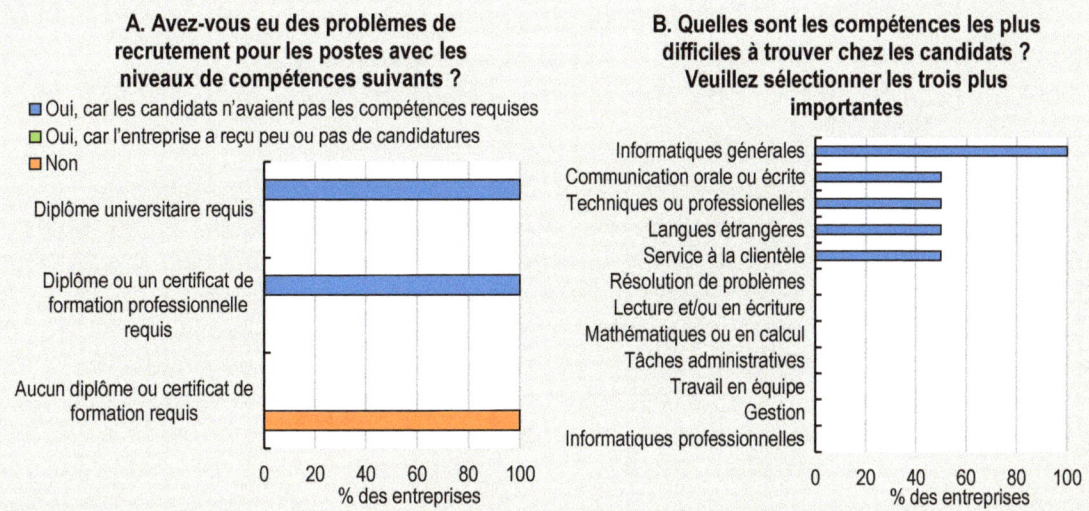

Source: Enquête sur les compétences demandées par les entreprises réalisée par l'OCDE pour la préparation de ce rapport ; les données se réfèrent á l'année 2019 (Encadré 2.4).

StatLink https://stat.link/s2joqv

Outre les difficultés d'accès des entreprises à leurs facteurs de production (capital et travail), des droits de douane élevés et des mesures non tarifaires restrictives compliquent l'accès des hôtels et des restaurants à des intrants importants. Il s'agit principalement de produits alimentaires et agricoles, mais aussi d'équipements et de matériaux de construction. Améliorer l'accès aux produits intermédiaires et aux biens d'équipement en réduisant de 50 % les droits de douane et les mesures non tarifaires se traduirait par une augmentation de la production, de l'emploi et de la valeur ajoutée de l'ordre de 6 % dans les services d'hébergement et de restauration (Graphique 2.17). Cela ouvrirait des perspectives de création de postes correspondant essentiellement à des emplois caractérisés par un niveau de qualification faible à moyen, tels que des postes d'employés de type administratif et du secteur des services, mais aussi à des emplois de serveur, d'agent de nettoyage ou autres (Cassimon, Grundke et Kowalski, à paraître[58]).

Concrétiser ce potentiel et mettre l'accent sur le développement d'autres formes de tourisme à plus forte valeur ajoutée, telles que le tourisme d'aventure, le tourisme durable ou le tourisme de bien-être, dans des régions sous-développées jusqu'ici, devrait être une priorité, étant donné que cela pourrait offrir de nombreuses possibilités d'emplois aux jeunes chômeurs. Néanmoins, pour libérer ce potentiel considérable, il est crucial de réduire les obstacles à l'entrée sur le marché, de renforcer la concurrence et de stimuler l'innovation. En outre, cela passe non seulement par un renforcement de la coordination entre les entreprises et les établissements d'enseignement et de formation destiné à améliorer les compétences de la main-d'œuvre, mais aussi par un renforcement de la coordination entre les entreprises permettant d'améliorer la gouvernance du secteur et d'élaborer une vision commune et une stratégie de marque internationale axée sur des activités à plus forte valeur ajoutée (Boughzala, 2019[1] ; OECD, 2020[79]).

Il existe des exemples positifs d'entreprises ayant adopté leurs propres systèmes d'incitations et stratégies d'évolution professionnelle. Dans l'industrie automobile, certaines entreprises permettent à des ouvriers ambitieux et compétents d'accéder progressivement à des postes d'employé, voire à des postes de direction sans avoir à posséder le diplôme officiel correspondant, long à obtenir. Cela peut rendre l'EFP initiaux et les emplois d'ouvrier plus attrayants pour les jeunes sortant de l'enseignement de base. Les expériences concluantes doivent être partagées entre les entreprises et les associations professionnelles. De plus, les entreprises devraient aider les ouvriers prometteurs à poursuivre des études formelles dans le domaine qui les intéresse, en finançant une partie de l'investissement nécessaire. Dans cette optique, il faudrait faciliter l'accès des diplômés de l'EFP initiaux aux formations de l'enseignement supérieur, notamment, ainsi que la validation des connaissances acquises, de façon à abaisser la durée et le coût des études (Boughzala, 2019[1] ; Arfa et al., 2018[80]). De plus, une culture d'entreprise positive peut aussi contribuer à rendre plus attrayants les programmes d'EFP initiaux et les emplois d'ouvrier (OCDE, 2018[81] ; OCDE, 2010[82]).

La faible qualité de nombreux programmes d'EFP initiaux les rend moins attirants pour les élèves de l'enseignement de base (Arfa et al., 2018[80]). Bien qu'il n'existe pas d'évaluations complètes des actuels programmes d'EFP initiaux, de nombreuses entreprises regrettent qu'ils n'aident pas à acquérir les compétences techniques et soft skills nécessaires à l'exercice d'une fonction (IACE, 2019[11]). Ainsi, de nombreux titulaires d'un diplôme technique sanctionnant deux ans d'études sont au chômage, alors que les entreprises ont des difficultés à pourvoir les postes vacants dans les professions concernées (Graphique 2.29) (Boughzala, 2019[1]). C'est notamment le cas dans des domaines tels que celui des équipements électriques, la mécatronique, l'informatique, les emplois de bureau, mais aussi le textile et l'habillement, le BTP et le tourisme (ONEQ, 2017[61] ; Boughzala, 2019[1]). En outre, pour certaines professions, comme les ouvriers de la câblerie, les programmes d'EFP initiaux n'existent pas du tout, alors que l'industrie emploie plus de 80 000 personnes et existe en Tunisie depuis des décennies (Arfa et al., 2018[80]).

L'enseignement et la formation professionnels initiaux sont en majorité dispensées gratuitement par des instituts de formation publics. La plupart des instituts de formation publics sont gérés par l'Agence tunisienne de la formation professionnelle (ATFP), qui compte plus de 10 000 instructeurs et employés administratifs. Il assure un enseignement et une formation professionnels initiaux pour presque tous les secteurs, à l'exception de l'agriculture, du tourisme et de la santé, qui sont gérés par des organismes spécialisés. Le manque de coopération entre le système public de formation et les entreprises est principalement dû à la faiblesse de la structure organisationnelle de l'ATFP, notamment au manque de coopération et de coordination avec d'autres organismes compétents, à l'insuffisance des systèmes de suivi des tendances du marché du travail et des besoins en compétences des entreprises, et à l'absence d'une culture d'analyse d'impact et de mobilisation des parties prenantes (Arfa et al., 2018[80] ; Banque mondiale, 2021[77]). Un meilleur ciblage des systèmes informatiques et de la communication avec les associations sectorielles contribuerait à améliorer la coordination et donc à mieux adapter les programmes et les cursus d'EFP initiaux aux besoins des entreprises.

Graphique 2.29. Le chômage des diplômés de l'EFP et des professions correspondantes est élevé, alors même que les entreprises ont des difficultés à pourvoir les postes vacants dans ces domaines

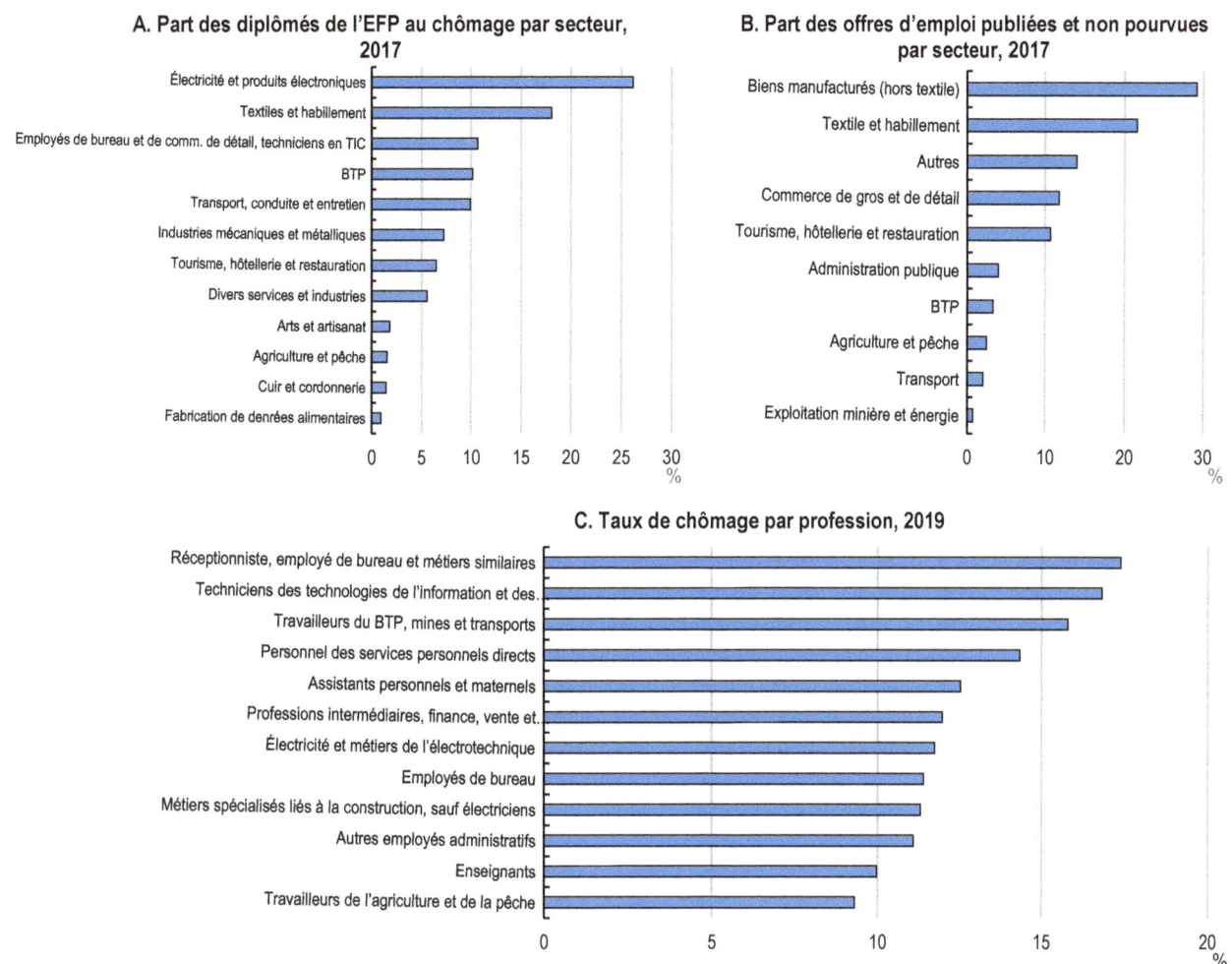

A. Part des diplômés de l'EFP au chômage par secteur, 2017

B. Part des offres d'emploi publiées et non pourvues par secteur, 2017

C. Taux de chômage par profession, 2019

Source : (ONEQ, 2017[61]) ; système d'information ANETI ; et INS.

StatLink https://stat.link/ysg3p8

Une meilleure adéquation entre les effectifs de l'EFP initiaux par matière et les besoins en compétences des entreprises au niveau local augmenterait les perspectives d'emploi des diplômés de l'EFP, car les structures de production régionales sont très diverses et la mobilité de la main-d'œuvre est peu élevée (OCDE, 2020[65]). Il manque des informations sur l'offre régionale de places en EFP initiaux par matière ainsi qu'une évaluation de ces programmes et des compétences demandées par les entreprises locales (Arfa et al., 2018[80]). L'éventail des domaines d'études proposés par les instituts de formation régionaux est principalement déterminé par la capacité du système et ne correspond pas suffisamment aux besoins de l'économie locale (OCDE, 2015[7]). Il faudrait commencer par renforcer la coopération et la coordination entre l'ATFP et les représentants du secteur privé local. Parallèlement, la mise en place de systèmes informatiques adaptant l'offre de places d'EFP initiaux en fonction des compétences demandées par les entreprises locales permettrait d'améliorer considérablement l'efficacité et l'attrait du système public d'EFP initiaux. (OCDE, 2020[65]).

Une concurrence accrue des instituts privés d'EFP initiaux pourrait aussi pousser à mieux adapter les programmes et cursus. Seuls 19 % des étudiants en EFP initiaux sont inscrits dans des instituts privés, qui spécialisent dans les professions de services (travail de bureau, vente et tourisme), mais très peu dans l'industrie manufacturière ou les services informatiques et commerciaux (ONEQ, 2019[83]). Le ministère de la Formation professionnelle et de l'Emploi supervise les instituts privés d'EFP et décide, avec d'autres organismes publics, de la reconnaissance officielle du diplôme d'EFP initiaux. Cette procédure administrative est compliquée et chronophage : la reconnaissance des diplômes et des programmes d'études correspondants peut prendre jusqu'à trois ans. Autrement dit, les cursus à forte technicité risquent d'être déjà dépassés lorsqu'ils sont homologués. Ce sont seulement 56 % des étudiants des instituts privés d'EFP qui reçoivent un diplôme officiellement reconnu par le ministère (UNICEF, 2020[5]). Il est essentiel de faciliter la modification des programmes d'études existants et la reconnaissance de nouveaux programmes dans les instituts d'EFP publics et privés afin de mieux adapter l'EFP initiaux à l'évolution constante des besoins en compétences des entreprises et d'accroître l'employabilité des diplômés.

Une participation plus active des entreprises et des associations d'entreprises est nécessaire pour faire correspondre les formations existantes sur le lieu de travail et le contenu des cours d'EFP. Bien que plus de 80 % des étudiants en EFP initiaux suivent actuellement des programmes comprenant un stage en entreprise, la communication et la coordination entre les instructeurs des instituts de formation et les superviseurs dans les entreprises sont insuffisantes (Arfa et al., 2018[80]). En effet, le cadre juridique de l'emploi des apprentis et l'articulation avec les instituts d'EFP doivent être améliorés, tout comme la formation pédagogique et la mobilisation des superviseurs des apprentis dans les entreprises. De nombreux apprentis ne suivent pas de cours d'EFP, sont employés de manière informelle et ne reçoivent pas de diplôme officiel à la fin de leur apprentissage (Arfa et al., 2018[80] ; Boughzala, 2019[1]). De nombreuses entreprises ne voient pas dans les programmes d'EFP initiaux une possibilité de formation de leurs futurs employés, surtout parce qu'elles craignent de perdre leur investissement dans la formation si les diplômés partent travailler ailleurs. Par conséquent, lorsqu'on cherche à améliorer l'attractivité des filières d'EFP initiaux, il faut également changer les mentalités dans les associations d'entreprises et dans les entreprises pour résoudre le problème de la nature de bien public lié à la formation des jeunes travailleurs (OCDE, 2015[7] ; OCDE, 2010[82]).

Seule une petite partie des élèves du deuxième cycle de l'enseignement de base choisit une filière d'EFP initiaux. Pourtant, les taux de décrochage y sont élevés (environ 30 % en 2017) (Arfa et al., 2018[80]). Cette situation est liée à la sélection négative des élèves les plus faibles dans les filières techniques du deuxième cycle d'enseignement de base (« collèges techniques »), celle-ci étant renforcée par le dispositif institutionnel consistant à affecter automatiquement les décrocheurs de la filière d'enseignement général à la filière EFP du deuxième cycle de l'enseignement de base. De nombreux étudiants qui intègrent l'EFP initiaux ont des compétences cognitives et soft skills de base très rudimentaires et peinent donc à suivre les cours (UNICEF, 2020[5]). Les taux de décrochage sont particulièrement élevés en première année d'EFP (Arfa et al., 2018[80]). Intégrer les filières techniques dans la filière générale du deuxième cycle d'enseignement de base et éviter une séparation trop précoce entre les deux formes de scolarité réduiraient la sélection négative et pourraient renforcer l'attrait de l'enseignement professionnel supérieur pour les étudiants moyens.

La faible qualité de l'enseignement et la dégradation des infrastructures pèsent sur la qualité de l'EFP et sont à l'origine de taux de décrochage élevés (Arfa et al., 2018[80]). De nombreux enseignants de l'EFP n'ont aucune formation technique et n'ont pas travaillé dans le secteur privé, car leur affectation en EFP initiaux s'explique principalement par le nombre important de chômeurs diplômés de l'enseignement supérieur qui, ayant une formation en sciences humaines, attendent un emploi dans le secteur public (Arfa et al., 2018[80] ; Angel-Urdinola, Nucifora et Robalino, 2015[4]). Ainsi, nombre d'entre eux ont intériorisé la connotation négative de l'EFP et du travail d'ouvrier, ce qui ne contribue pas à motiver les jeunes étudiants qui leur sont confiés. De plus, comme dans l'enseignement de base, beaucoup de ces enseignants ont des compétences pédagogiques faibles en raison de critères d'embauche vagues et de la faible qualité de leur formation initiale. Un barème complet d'évaluation et une formation continue ciblée des enseignants font défaut. Par ailleurs, les primes existantes ne sont pas liées aux résultats des élèves et n'incitent donc pas les enseignants à progresser (Arfa et al., 2018[80]). De nombreux programmes sont dépassés et n'offrent pas une formation suffisante en matière de soft skills, notamment en ce qui concerne les compétences de communication et de présentation ainsi que le travail en équipe, d'où une employabilité bien moindre des diplômés de l'EFP (OCDE, 2015[7]).

En raison de l'augmentation de la masse salariale (Graphique 2.21) et des dépenses relativement faibles consacrées à l'EFP par rapport aux autres niveaux d'enseignement, l'investissement public a fortement diminué et les infrastructures de nombreux centres de formation sont en très mauvais état (Arfa et al., 2018[80]). La présence d'équipements de formation obsolètes vient s'ajouter aux programmes peu adaptés aux besoins de compétences des entreprises, car les étudiants ne peuvent pas se former et s'entrainer sur les machines et la technologie utilisés par les entreprises. En outre, les conditions de logement des étudiants de l'EFP sont problématiques, en particulier en deuxième année, car les aides au logement ne sont pas disponibles pour tous les étudiants. C'est une des principales raisons du décrochage, car de nombreux étudiants de l'intérieur du pays ne peuvent pas se permettre de payer des loyers élevés dans les villes où se trouvent de nombreux instituts d'EFP (Arfa et al., 2018[80]). En augmentant l'efficience des dépenses dans l'enseignement supérieur et en réaffectant des ressources aux programmes d'EFP initiaux, on pourrait en améliorer la qualité et l'attrait, réduire les taux de décrochage et mettre à disposition des entreprises un plus grand réservoir de diplômés possédant les bonnes compétences (Graphique 2.21) (OCDE, 2015[6]).

La limitation de l'âge de l'apprentissage empêche les élèves décrocheurs de l'enseignement secondaire mais aussi les adultes qui souhaiteraient se recycler ou changer de métier d'accéder à certaines parties de l'EFP initiaux (BIT, 2013[84] ; Arfa et al., 2018[80]). En effet, seuls sont actuellement admis des étudiants âgés de moins de 20 ans, alors que dans de nombreux autres pays, l'âge-limite d'entrée en apprentissage est bien plus élevé (OCDE, 2019[85] ; OCDE, 2015[6]). L'enseignement de base pour les adultes étant inexistant, de nombreux jeunes décrocheurs ne se voient offrir aucune autre solution pour améliorer leurs compétences de base et techniques. En outre, les formalités administratives et le manque de reconnaissance des acquis empêchent également les étudiants quittant l'enseignement supérieur qui ont compris qu'une formation plus pratique leur conviendrait mieux d'entrer dans le programme d'EFP initiaux et de s'engager dans une profession d'ouvrier (Angel-Urdinola, Nucifora et Robalino, 2015[4]). Cela est d'autant plus préjudiciable que ces étudiants ont généralement des compétences cognitives et sociales moyennes plus élevées, puisqu'ils sont allés jusqu'au bout de l'enseignement secondaire général, et qu'ils pourraient contribuer à un meilleur cadre d'apprentissage dans les classes d'EFP initiaux. En outre, ces candidats seraient idéaux pour les entreprises, car ils ont plus d'expérience et sont plus motivés pour exploiter à leur avantage les cours d'EFP afin d'améliorer leur employabilité.

Renforcer l'enseignement supérieur

Depuis les années 90, l'élargissement de l'accès à l'éducation a été le plus notable dans l'enseignement supérieur (Graphique 2.20). Les taux bruts de scolarisation sont passés de 8 % au début des années 90 à 32 % en 2018, et sont environ 50 % plus élevés pour les femmes que pour les hommes (Boughzala, 2019[1]). Le nombre d'étudiants dans les universités publiques a plus que triplé, passant d'environ 100 000 au début des années 90 à plus de 300 000 dans les années 2010, grâce à d'importants investissements publics dans les infrastructures éducatives et à l'embauche de personnel enseignant (Angel-Urdinola, Nucifora et Robalino, 2015[4]). Toutefois, l'augmentation du nombre de diplômés de l'enseignement supérieur a entraîné une hausse du chômage, car la création d'emplois s'est concentrée dans des activités à faible intensité de qualification et peu recherchées par les diplômés de l'enseignement supérieur (Graphique 2.30, Graphique 2.7, Graphique 2.8).

Graphique 2.30. Le chômage parmi les diplômés de l'enseignement supérieur a fortement augmenté depuis les années 90

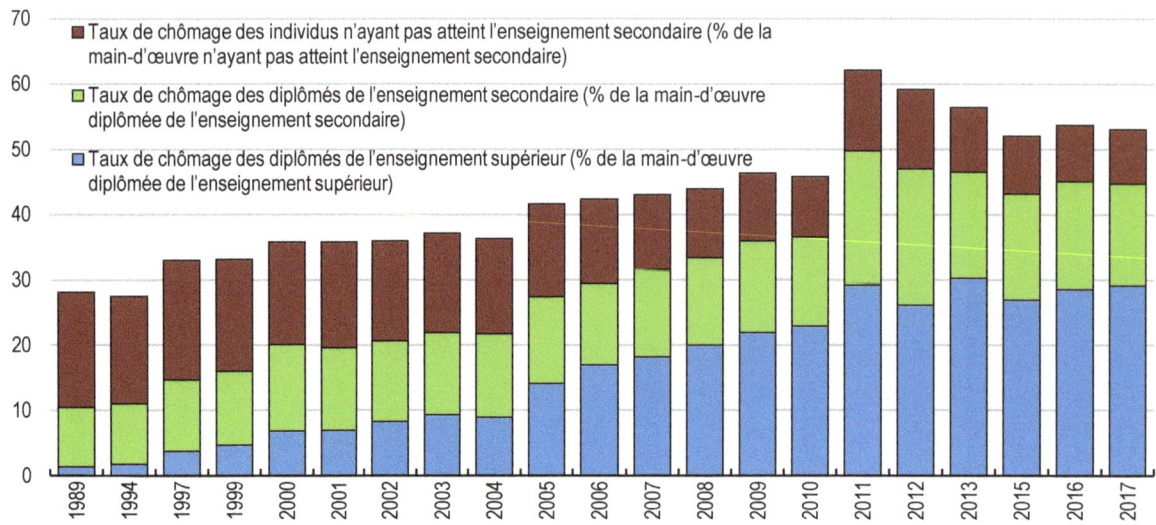

Note : Les données pour les années 1990-1993, 1995, 1996, 1998 et 2014 sont manquantes.
Source : CEIC.

StatLink 🔗 https://stat.link/jdif0b

Dans le même temps, de nombreuses entreprises de secteurs à plus forte valeur ajoutée, tels que les services informatiques, les services aux entreprises, les produits pharmaceutiques et les activités manufacturières à forte intensité technologique se plaignent de ne pas trouver suffisamment de diplômés de l'enseignement supérieur possédant les compétences dont elles ont besoin (IACE, 2019[11] ; Boughzala, 2019[1]). Cela est d'autant plus surprenant que la majorité des étudiants de l'enseignement supérieur sont diplômés dans les disciplines STEM et que le taux de chômage parmi eux est élevé (Graphique 2.31). Ainsi, environ 30 % des diplômés de l'enseignement supérieur au chômage sont titulaires d'un master en STEM et plus de 20 % sont titulaires d'un brevet de technicien supérieur (BTS) qui sanctionne trois ans d'études. Le taux de chômage des informaticiens est de 17 %, l'un des plus élevés de toutes les professions (Graphique 2.29). Bien que certains des diplômés titulaires d'un master STEM s'inscrivent au chômage afin d'obtenir les documents nécessaires à la migration vers l'Europe, la majeure partie d'entre eux ne possède pas les compétences requises pour les emplois intellectuels hautement qualifiés dans le secteur privé (Boughzala, 2019[1]).

Graphique 2.31. De nombreux jeunes suivent des études supérieures en STEM et souffrent d'un taux de chômage élevé

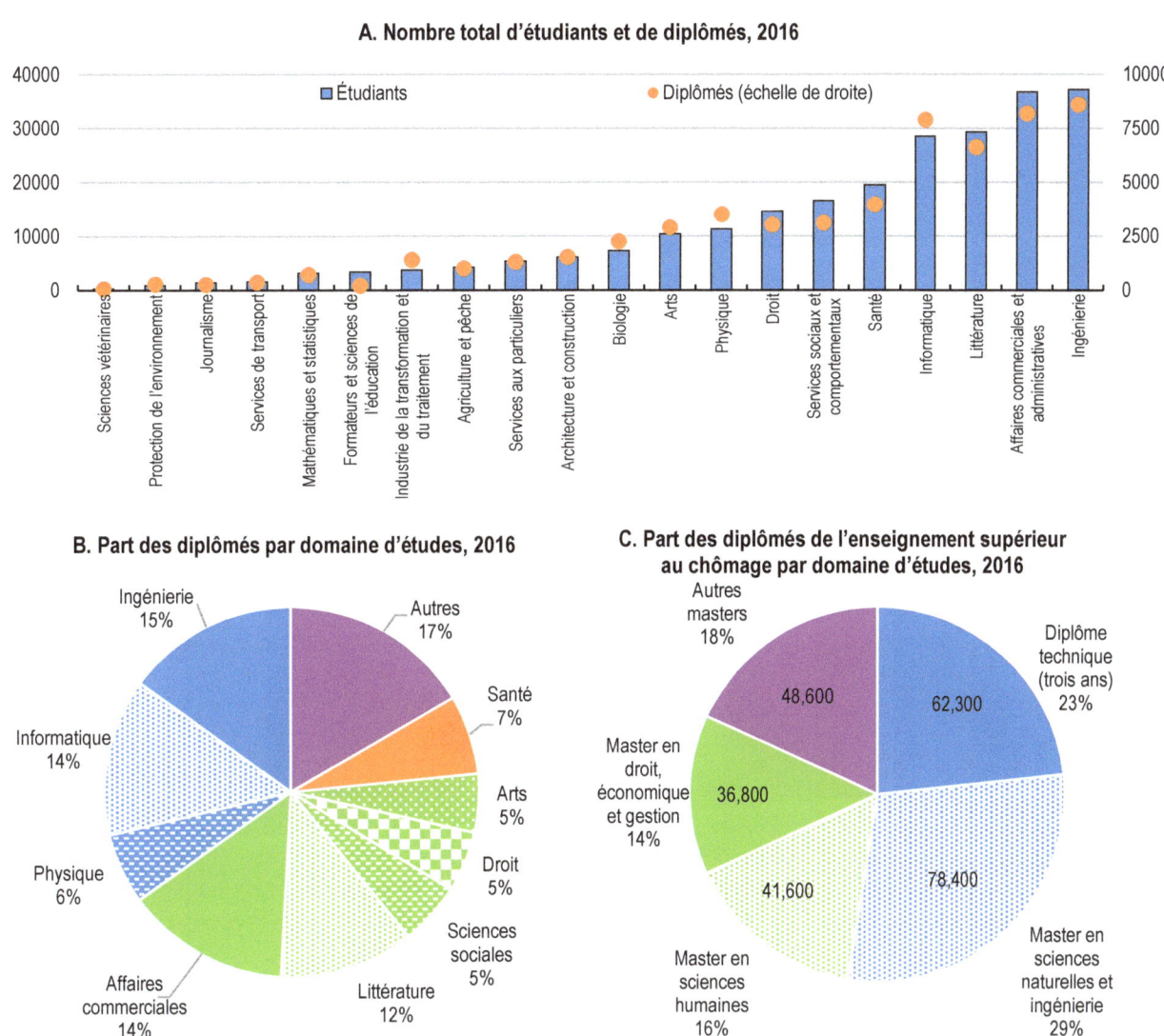

A. Nombre total d'étudiants et de diplômés, 2016

B. Part des diplômés par domaine d'études, 2016

C. Part des diplômés de l'enseignement supérieur au chômage par domaine d'études, 2016

Source : (Boughzala, 2019[1]).

StatLink https://stat.link/xgifby

Il existe d'importantes inadéquations entre les compétences que les diplômés obtiennent à l'université et les compétences requises pour les emplois intellectuels hautement qualifiés du secteur privé. La moitié des entreprises du secteur des services de TIC ont des difficultés à pourvoir les postes vacants pour les emplois intellectuels nécessitant un diplôme de l'enseignement supérieur, parce que les candidats ne sont pas suffisamment qualifiés pour le poste (Graphique 2.32) (UNESCO, 2021[59]). Les candidats manquent notamment de compétences techniques et informatiques précises et on peut donc en conclure que les programmes universitaires ne prennent pas en compte les technologies et outils de pointe utilisés dans les entreprises de services TIC. Nombre d'entre elles doivent assurer une formation technique supplémentaire coûteuse aux nouvelles recrues avant de les intégrer aux processus de production (IFC et UTICA, 2017[60]). En outre, de nombreux candidats manquent également de soft skills essentielles telles que la communication et les langues étrangères, l'aptitude à travailler en équipe et des capacités de résolution des problèmes et des conflits (Graphique 2.32). C'est également le cas dans de nombreuses entreprises manufacturières, qui ont des difficultés à pourvoir des postes de cadres qualifiés (Encadré 2.6).

Graphique 2.32. De nombreux diplômés en TIC sont dépourvus des compétences techniques et soft skills requises par les entreprises

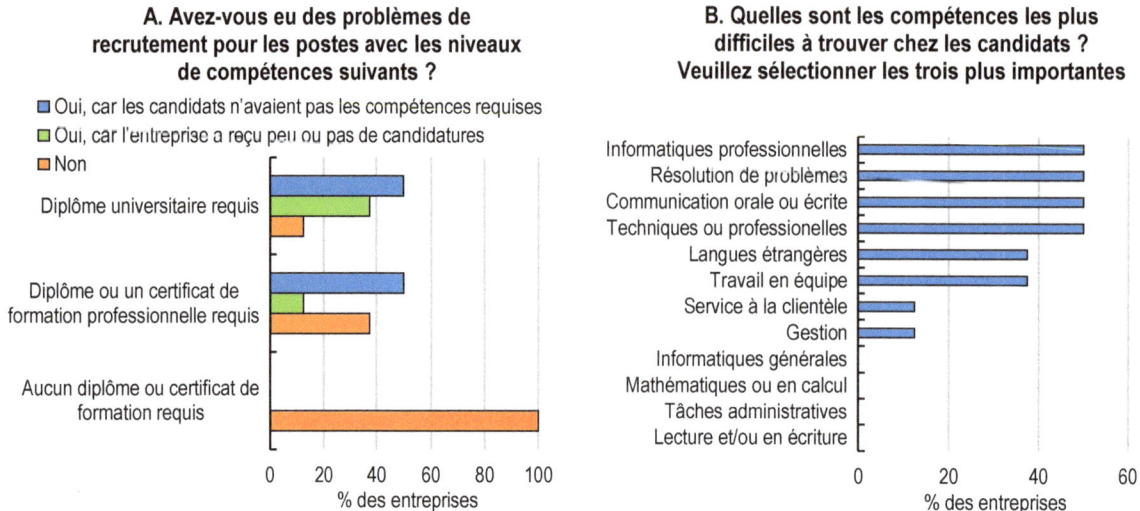

Source : Enquête sur les compétences demandées par les entreprises réalisée par l'OCDE pour la préparation de ce rapport ; les données se réfèrent à l'année 2019 (Encadré 2.4).

StatLink ᠍᠍᠍᠍ https://stat.link/7tn1cd

Le système d'enseignement public ne dote pas les diplômés d'un niveau suffisant de soft skills qui sont essentielles à la mondialisation et à la conversion numérique des processus de production (Graphique 2.19, Graphique 2.32) (Grundke et al., 2017[62] ; OCDE, 2020[50]). Par rapport aux autres pays, les élèves de 15 ans affichent des compétences de base en lecture et en écriture particulièrement faibles (Graphique 2.24). Les problèmes structurels du système d'éducation de base (voir ci-dessus) sont à l'origine des mauvais résultats concernant les soft skills. Étant donné que la transformation numérique ajoutée à une intégration plus poussée dans l'économie mondiale sont susceptibles de favoriser la création d'emplois de qualité et d'augmenter le niveau de vie, il est prioritaire de réformer le système éducatif de base pour doter tous les étudiants de compétences cognitives et soft skills satisfaisantes. C'est notamment le cas des services de TIC, qui recèlent un gros potentiel de création d'emplois à forte intensité de qualification à l'intérieur du pays. Une offre croissante de diplômés possédant les compétences adéquates pourrait attirer davantage d'entreprises étrangères et favoriser le positionnement de jeunes entreprises nationales (Encadré 2.2).

Encadré 2.6. L'industrie automobile offre un potentiel considérable en matière d'innovation et de création d'emplois

Depuis le début des années 2000, l'industrie automobile est devenue un moteur important de la croissance de l'emploi et des exportations en Tunisie. En 2019, elle employait plus de 90 000 travailleurs dans plus de 260 entreprises nationales et internationales, et sa production et ses exportations ont augmenté de 12 % par an environ au cours de la période 2007-2017 (TAA, 2020[86]). Le secteur automobile est localisé principalement dans quatre agglomérations du Nord-Est et recouvre un large éventail d'activités différentes correspondant à l'ensemble des maillons de la chaîne de valeur, notamment aux composants électriques et électroniques, aux câbles, aux moteurs et composants de moteur, aux autres composants mécaniques, aux plastiques et caoutchouc, aux textiles et cuirs, à l'assemblage des véhicules, ainsi qu'aux systèmes logiciels et à la conception. Les activités liées à l'industrie automobile ont représenté environ 4 % du PIB en 2019 (TIA, 2020[87]).

Cette réussite exemplaire a été permise par l'accord d'association de 1998 conclu avec l'Union européenne (UE), qui a nettement amélioré l'accès des entreprises manufacturières à des intrants et des biens d'équipement de meilleure qualité et a ouvert des débouchés pour des produits à plus forte valeur ajoutée (Commission européenne, 2021[15]). Plus de 65 % des entreprises liées au secteur automobile sont des sociétés offshore, qui sont essentiellement des filiales d'entreprises françaises, allemandes et italiennes et exportent vers l'UE. Néanmoins, 35 % sont des entreprises tunisiennes onshore, qui ont quasiment multiplié leurs exportations par cinq entre 2013 et 2019, ce qui représente une augmentation supérieure à celle enregistrée par les entreprises offshore (calculs de l'OCDE fondés sur des données tirées du Répertoire national des entreprises). Cela illustre le potentiel considérable que représente pour les entreprises locales un renforcement de leur intégration internationale.

Les droits de douane appliqués aux produits intermédiaires et aux biens d'équipement en provenance de pays non membres de l'UE restent élevés, et des mesures non tarifaires entravent l'accès aux importations de toutes origines (OMC, 2016[10] ; Commission européenne, 2019[28]). Réduire de 50 % les droits de douane et les mesures non tarifaires se traduirait par une augmentation de la production, de l'emploi et de la valeur ajoutée dans l'industrie automobile de plus de 8% (Graphique 2.17). Cela ouvrirait en particulier des perspectives de création de postes correspondant à des emplois moyennement ou hautement qualifiés, tels que les professions intermédiaires et de cadres moyens (Cassimon, Grundke et Kowalski, à paraître[58]).

Néanmoins, l'intégration internationale croissante de l'économie tunisienne doit s'accompagner d'une amélioration du système d'enseignement et de formation professionnels (EFP) ainsi que de l'enseignement supérieur. De nombreuses entreprises du secteur automobile ont du mal à trouver des travailleurs dotés des compétences requises, en particulier pour des emplois à moyenne et forte intensité de compétences (Graphique 2.33) (TAA, 2020[86]). De nombreux candidats n'ont pas un niveau suffisant de compétences techniques et soft skills, notamment en matière de communication, de langues étrangères, de travail en équipe et de résolution de problèmes. Comme dans d'autres secteurs économiques (et comme cela est indiqué dans d'autres parties de ce chapitre), cela tient à des problèmes structurels dans l'enseignement de base ainsi qu'à un manque de coordination et de coopération entre les établissements d'EFP, les universités et les entreprises. Des enjeux cruciaux résident à cet égard dans l'adaptation des programmes et des méthodes d'enseignement aux besoins de compétences du secteur privé et l'amélioration des dispositifs de formation en cours d'emploi. Dans l'industrie automobile, la proportion d'entreprises indiquant que les cours d'EFP disponibles ne correspondent pas aux besoins de compétences de leurs effectifs est supérieure à 50 %, et nettement plus élevée que dans d'autres secteurs (calculs de l'OCDE fondés sur des données par entreprise, voir Encadré 2.4). Par conséquent, la nécessité d'améliorer la coopération entre les établissements publics d'EFP et les entreprises privées est particulièrement forte dans le secteur automobile.

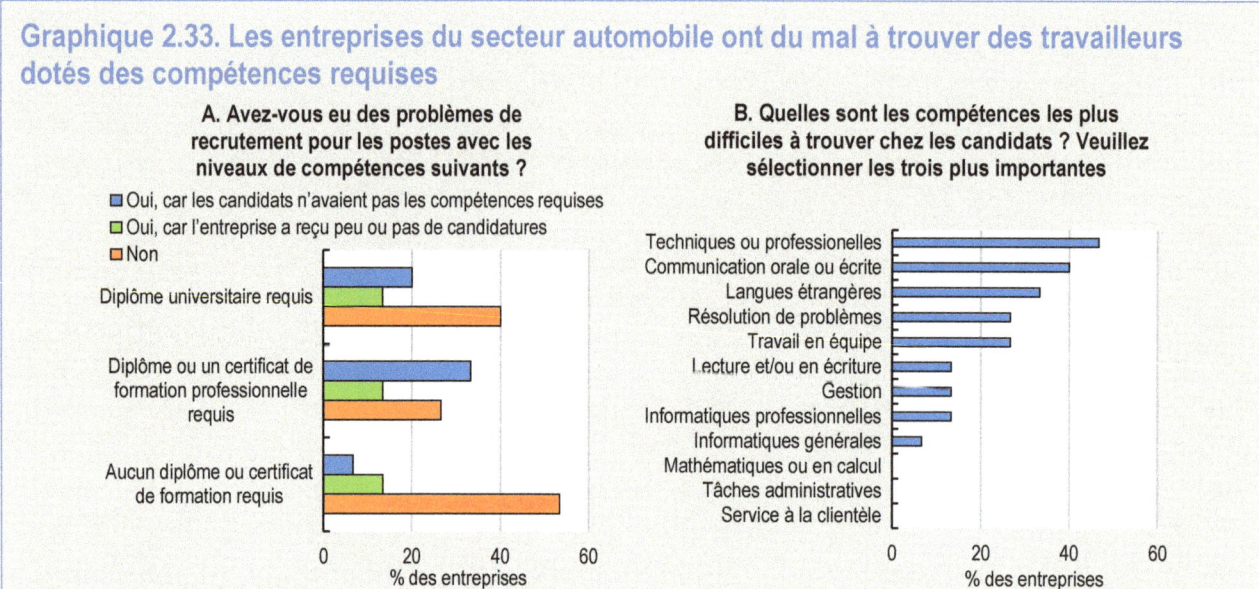

Graphique 2.33. Les entreprises du secteur automobile ont du mal à trouver des travailleurs dotés des compétences requises

Source : Enquête sur les compétences demandées par les entreprises réalisée par l'OCDE pour la préparation de ce rapport ; les données se réfèrent à l'année 2019 (Encadré 2.4).

StatLink 🔗 https://stat.link/ik58wg

Malgré ces problèmes, il existe des exemples très encourageants qui illustrent le potentiel de l'enseignement supérieur et du système d'innovation tunisiens et leur coopération avec le secteur privé. Telnet, une entreprise multinationale technologique tunisienne qui joue un rôle central dans le secteur automobile, a récemment lancé un satellite, qui a été conçu et construit par des ingénieurs locaux et s'inscrit dans le cadre d'un projet plus vaste visant à développer l'internet des objets en Tunisie. Les titulaires de diplômes d'ingénieur obtenus dans les meilleures universités tunisiennes sont hautement qualifiés, mais ils décident souvent d'émigrer vers l'UE pour être mieux rémunérés, ce qui accentue les pénuries de compétences locales (Boughzala, 2019[1] ; UNESCO, 2021[59]). La principale solution aux problèmes actuels de pénurie de compétences consiste à améliorer la qualité de l'enseignement dispensé en dehors des établissements d'élite du système éducatif et à renforcer la coopération avec le secteur privé. Plusieurs grandes entreprises du secteur automobile ont récemment commencé à coopérer avec des universités pour mettre en place des programmes de formation d'ingénieurs et d'autres travailleurs intellectuels hautement qualifiés, intégrant de longues périodes de formation en cours d'emploi et adaptant le contenu des programmes aux besoins de compétences des entreprises.

La pandémie de COVID-19 et les perturbations des chaînes d'approvisionnement mondiales qui en ont résulté ont conduit les entreprises et les décideurs publics européens à réévaluer les avantages que présenterait la relocalisation ou la délocalisation dans un pays plus proche de l'UE d'activités essentielles, notamment pour l'automobile et la microélectronique (Eurofound, 2021[88]). Cela offre une excellente occasion à la Tunisie de renforcer encore son intégration dans les chaînes de valeur mondiales, ainsi que de faire monter en gamme et diversifier ses activités exportatrices. Cela exige cependant que les autorités prennent rapidement des mesures audacieuses pour réduire les obstacles aux échanges et les charges administratives actuels, améliorer les infrastructures et les procédures douanières, et simplifier l'accès aux financements pour les entreprises locales. L'accélération de la transformation écologique et numérique pose cependant des problèmes de taille au secteur automobile tunisien, dans la mesure où ses entreprises doivent s'adapter aux nouvelles évolutions de la production concernant l'électromobilité et l'industrie 4.0. Il sera essentiel d'améliorer les compétences de la main d'œuvre et de renforcer l'innovation, par exemple en réduisant les obstacles à l'entrée sur le marché et en renforçant la concurrence, tout en améliorant la coordination entre les entreprises, les universités et les instituts de recherche, pour tirer parti des possibilités offertes dans les temps à venir.

Le système public d'enseignement supérieur semble méconnaître les attentes du secteur privé et les besoins du marché du travail, à l'instar du système d'EFP initiaux (Angel-Urdinola, Nucifora et Robalino, 2015[4]). La coopération entre les universités, le ministère de l'enseignement supérieur et de la recherche et le secteur privé est faible en raison de l'absence d'une culture d'évaluation d'impact et d'implication des parties prenantes (Arfa et al., 2018[80] ; Angel-Urdinola, Nucifora et Robalino, 2015[4]). De nombreuses entreprises se plaignent qu'en plus du décalage entre les cursus universitaires et les compétences dont elles ont besoin, certains profils n'existent pas du tout. Ainsi, il n'y a aucune filière spécifique pour les responsables des achats dans les écoles de commerce ou les ingénieurs spécialisés dans la fabrication du caoutchouc. Le renforcement des échanges d'informations, de la coordination et de la coopération avec le secteur privé est essentiel pour que le système d'enseignement supérieur réponde mieux aux besoins du marché du travail. Des évaluations systématiques des programmes d'études existants et de l'employabilité des diplômés font défaut. Il existe bien des enquêtes auprès des anciens élèves, mais elles ne sont pas systématiquement utilisées pour informer les universités et les étudiants potentiels du décalage entre les compétences existantes et ce qui est demandé ou de la situation des anciens diplômés sur le marché du travail.

Une participation plus active des entreprises est nécessaire pour que le développement des compétences dans l'enseignement supérieur soit davantage axé sur la demande (Angel-Urdinola, Nucifora et Robalino, 2015[4]). Il s'agit d'une coopération et d'une coordination plus poussées dans la conception de nouveaux programmes et des cursus, mais aussi dans la recherche et développement et dans l'imbrication entre programmes d'éducation formelle et formation sur le lieu de travail. Les analyses au niveau des entreprises menées aux fins de la présente Étude montrent que les entreprises qui investissent dans la recherche-développement ont une productivité multifactorielle supérieure de 3 % à celle des autres (Encadré 2.1) (Cassimon et Grundke, à paraître[12]). Renforcer la coopération entre les établissements de recherche publics et le secteur privé pourrait dans une large mesure améliorer les capacités d'innovation, mieux doter les diplômés des compétences attendues par les entreprises et accroître la productivité des entreprises tunisiennes.

L'adaptation du contenu des cours aux nouvelles technologies, l'ajout de cours aux programmes ou la mise en place de nouveaux programmes et diplômes implique un travail administratif considérable qui peut parfois demander jusqu'à trois ans. Ce qui est trop long surtout pour les sujets techniques, car certaines technologies peuvent déjà être dépassées au bout de trois ans. Pour que les programmes et cursus existants répondent mieux aux besoins en compétences des entreprises, il convient de rationaliser ces procédures et d'assouplir les cursus en réduisant le nombre d'heures pour les matières obligatoires de base. Toutefois, comme la multiplication des nouveaux diplômes et certificats peut également fausser les signaux sur le marché du travail et accroître l'inadéquation des compétences, la mise en place de nouveaux programmes et diplômes devrait être limitée et complétée par un système complet d'évaluation et de certification de la qualité des diplômes de l'enseignement supérieur dans les universités publiques et privées. Il serait ainsi possible d'accompagner les diplômés du secondaire dans leurs choix de carrière et de mettre en place les bons mécanismes d'incitations afin que les universités publiques améliorent leurs programmes.

La mise en place de la formation en milieu professionnel dans l'enseignement supérieur peut contribuer à réduire l'inadéquation des compétences, car elle permet aux étudiants de se familiariser avec les technologies de pointe et les méthodes de travail des entreprises. Cependant, cette intégration n'est pas suffisamment encadrée. Les entreprises ne sont pas autorisées à proposer des contrats de travail à long terme aux étudiants, ce qui leur laisse comme seule option des stages à court terme. Cela les empêche d'investir dans la formation, car elles craignent de n'avoir aucun retour lorsque les diplômés partiront travailler ailleurs. Une plus grande flexibilité concernant les contrats de travail des étudiants de l'enseignement supérieur doit cependant être complétée par un engagement plus fort des associations sectorielles d'entreprises afin de résoudre les problèmes de coordination des investissements des entreprises individuelles dans la formation des jeunes travailleurs (OCDE, 2015[7] ; OCDE, 2010[82]).

La qualité de l'enseignement supérieur peut également jouer un rôle déterminant en réduisant les inadéquations en matière de soft skills, et compenser en partie les faiblesses structurelles de l'éducation de base. De nombreuses entreprises rapportent que les diplômés des universités privées sont plus compétents en matière de communication et de présentation, et de travail en équipe, alors même que les étudiants obtenant les meilleures notes aux examens du lycée trouvent place dans les universités publiques (IACE, 2019[11]). En effet, les programmes d'études et les évaluations dans les universités privées mettent davantage l'accent sur les soft skills, notamment en y consacrant davantage d'heures de cours et en utilisant des méthodes pédagogiques modernes. En outre, les universités privées sont également plus à l'écoute des besoins en compétences techniques des entreprises. Nombre d'entre elles ont récemment commencé à développer avec des entreprises des programmes d'études de trois à cinq ans comportant des éléments de formation sur le lieu de travail. Les étudiants peuvent ainsi se familiariser avec les technologies de pointe et les méthodes de travail des entreprises. Tout ceci pourrait expliquer en partie l'attrait croissant des universités privées, comme l'indique l'augmentation de leur nombre d'étudiants et de diplômés (Graphique 2.34).

Graphique 2.34. L'enseignement supérieur public a perdu de son attrait

Nombre d'étudiants inscrits et de diplômés des universités publiques et privées

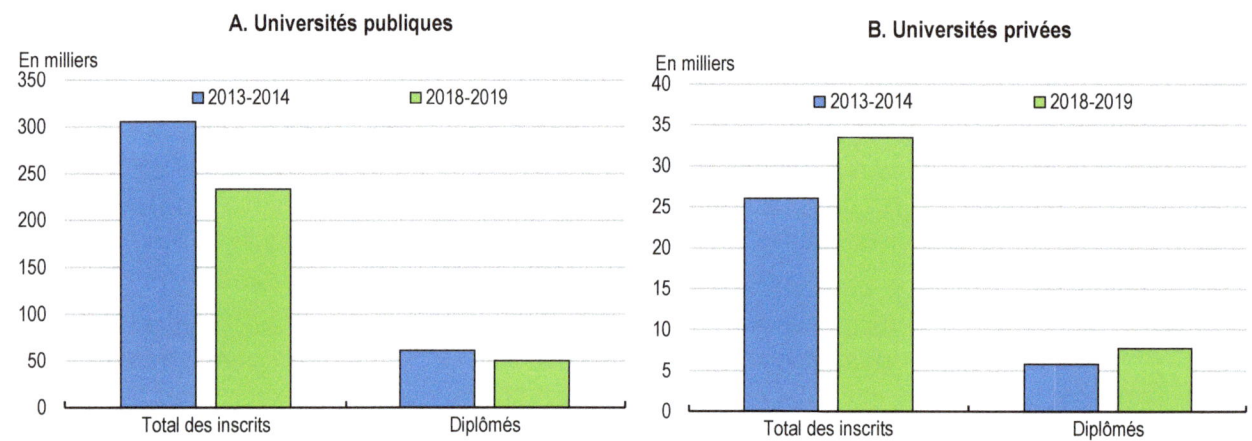

Source : Ministère de l'Éducation de Tunisie.

StatLink 🖳 https://stat.link/rwsnuv

Le décalage entre les compétences enseignées et les besoins du marché du travail est également lié à la mauvaise répartition des étudiants dans les domaines d'études. En effet, plus de 40 % des étudiants obtiennent un diplôme en sciences humaines, en droit ou en gestion d'entreprise et en économie, et environ 30 % des diplômés de l'enseignement supérieur sans emploi sont titulaires d'un master dans ces domaines (Graphique 2.31). Depuis 2011, nombre d'entre eux ont été embauchés par le secteur public, notamment dans l'administration publique et le système éducatif, et beaucoup de chômeurs et d'étudiants actuels fondent toujours leurs espoirs sur ce débouché (Angel-Urdinola, Nucifora et Robalino, 2015[4] ; Boughzala, 2019[1]). Ce phénomène est principalement dû aux salaires élevés et aux avantages sociaux, ainsi qu'aux contrats à long terme. Toutefois, en raison de difficultés budgétaires, il est peu probable que le rythme des embauches et des hausses de salaire du secteur public se poursuive. Bien que l'enseignement privé se développe, il ne peut absorber que partiellement ces diplômés de l'enseignement supérieur, et le chômage des enseignants et des diplômés en sciences humaines restera élevé (Graphique 2.34, Graphique 2.10, Graphique 2.29).

Il est essentiel de mieux informer les élèves du secondaire sur le contenu et la qualité des programmes d'enseignement supérieur et sur la situation des diplômés sur le marché du travail, afin d'améliorer l'orientation des étudiants. Cela inciterait aussi les universités à améliorer la qualité de leurs programmes et à les adapter aux besoins des entreprises. Peu d'informations sont disponibles à propos de la situation des anciens diplômés sur le marché du travail. Certaines universités ont mis en place des services de conseil personnalisés, mais ceux-ci doivent être complétés par une plateforme d'information sur la qualité des programmes d'études complète et accessible au public (Banque mondiale, 2021[77]). En outre, la réduction de l'écart important entre les salaires du secteur public et ceux du privé pour les nouveaux arrivants sur le marché du travail est essentielle pour favoriser l'esprit d'entreprise et promouvoir les domaines d'études qui préparent à une carrière dans le secteur privé. Cet écart, en tenant compte des emplois dans les entreprises d'État, a atteint 35 % en 2018 (Angel-Urdinola, Nucifora et Robalino, 2015[4] ; Banque mondiale, 2021[77]).

Les dépenses consacrées à l'enseignement supérieur sont élevées et leur niveau par étudiant a augmenté depuis 2013, mais les contraintes d'offre conduisent de nombreux étudiants à choisir les sciences humaines, le droit ou la gestion d'entreprise et l'économie (Graphique 2.21). De nombreuses universités régionales ne proposent pas de gamme complète de programmes en raison d'un manque d'équipements et d'enseignants spécialisés. Les étudiants du secondaire qui ne peuvent pas payer les loyers élevés des grandes villes choisissent d'étudier plus près de leur famille, ce qui limite leurs choix. En outre, l'absence de critères d'entrée dans les filières des sciences humaines, du droit et de la gestion d'entreprise et de l'économie contribue à l'afflux d'étudiants. Une meilleure répartition des ressources entre les différents domaines d'études en fonction des besoins actuels et futurs du marché du travail et l'adaptation des conditions d'entrée en conséquence pourraient accroître l'efficience des dépenses (Banque mondiale, 2021[77]). Il serait également souhaitable d'appuyer les étudiants qualifiés les plus pauvres de l'intérieur du pays afin d'accroître leur mobilité.

Améliorer les politiques d'enseignement et de formation professionnels continus

Les dépenses publiques dans les politiques d'enseignement et de formation professionnels continus (EFPC), qui s'élèvent à 0.1 % du PIB, sont légèrement inférieures à la moyenne de l'OCDE et sont financées au moyen d'une taxe de formation prélevée sur la masse salariale des entreprises (OCDE, 2015[6]). Pour financer leurs activités d'EFPC, les entreprises peuvent récupérer jusqu'à 60 % de leurs versements au titre de la taxe de formation par le biais d'une plateforme en ligne. Ces dernières années, l'amélioration considérable des procédures administratives d'enregistrement et d'approbation des activités de formation et des remboursements fiscaux correspondants a encouragé l'investissement dans la formation des travailleurs. Les entreprises peuvent choisir librement leurs prestataires de formation, ce qui a renforcé la concurrence et élargi l'offre de formation, notamment de la part des prestataires privés. Les recettes restantes de la taxe de formation sont utilisées pour financer l'enseignement et la formation professionnelle initiaux et soutenir les activités de formation des petites entreprises par le biais de subventions spécifiques.

Ces incitations fiscales sont exclusivement destinées aux entreprises, et ce sont elles qui décident du contenu de la formation et des travailleurs qui en bénéficient. Cela garantit l'adéquation entre le contenu de la formation et les besoins en compétences des entreprises. Toutefois, les entreprises choisissent les travailleurs dont la formation offrira le rendement marginal le plus élevé, mais il ne s'agit pas nécessairement des travailleurs peu qualifiés qui auraient le plus besoin d'être formés pour se préparer aux changements structurels qu'entraîneront la transformation numérique et la mondialisation des processus de production (OCDE, 2019[85] ; OCDE, 2020[50]). En outre, les travailleurs du secteur informel, les chômeurs et la population inactive sont exclus de ces subventions à la formation. Bien que l'agence publique pour l'emploi propose aux chômeurs officiellement inscrits des formations assorties de subventions salariales s'ils trouvent un nouvel emploi, seuls 17 % environ de tous les chômeurs sont inscrits et il leur faut en moyenne environ 26 mois pour trouver un nouvel emploi et bénéficier des subventions à la formation (Boughzala, 2019[1]).

Un élargissement des politiques d'EFPC et de formation des adultes permettant de faire une plus grande place aux travailleurs peu qualifiés et informels pourrait présenter des avantages sociaux et économiques considérables. La part des adultes qui n'ont pas achevé l'enseignement de base est plus importante que dans les pays de l'OCDE (Graphique 2.35). Bien que la Tunisie fasse mieux que certains de ses homologues régionaux, plus de 20 % de la population adulte tunisienne ne sait ni lire ni écrire. Non seulement cette situation pose un grave problème social, mais elle explique aussi en partie la faible productivité de nombreuses entreprises. L'adoption de nouvelles technologies et de nouveaux processus de production tout comme le respect des normes de qualité des produits, conditions souvent nécessaires pour accéder aux marchés d'exportation, s'avèrent très difficiles dès lors qu'une grande partie de la main-d'œuvre ouvrière ne dispose pas des compétences élémentaires indispensables pour suivre des cours d'EFPC. Par conséquent, il est crucial pour le pays de se doter d'un système éducatif de base pour les adultes, offrant la possibilité de suivre intégralement le deuxième cycle d'enseignement de base, afin de préparer la population à la transformation numérique et à la mondialisation croissantes des processus de production. Pour soutenir cet effort, il importe d'accroître l'efficacité des dépenses engagées ailleurs dans le système éducatif afin de libérer des ressources financières et des enseignants, parallèlement aux réformes budgétaires clés évoquées dans le premier chapitre (Graphique 2.21).

Graphique 2.35. La part des adultes sans compétences de base est élevée

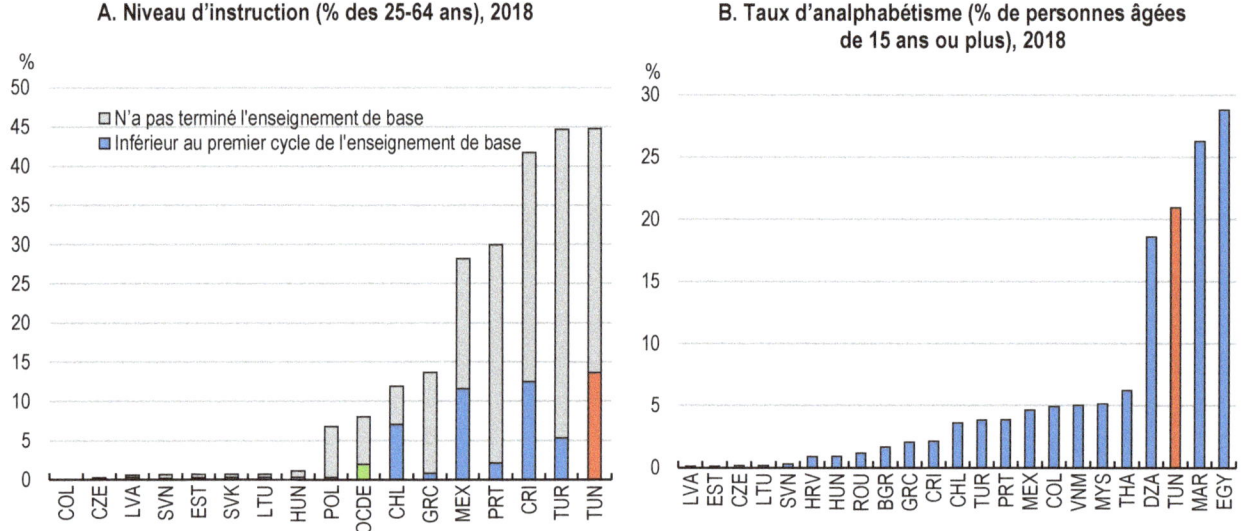

Note : Les données portent sur l'année 2018 ou la dernière année pour laquelle des données sont disponibles.
Source : OCDE, Regards sur l'éducation 2021 ; INS, Enquêtes sur la population active ; et Banque mondiale, Indicateurs du développement dans le monde.

StatLink https://stat.link/a1wtve

Il convient d'accroître les possibilités de formation pour les adultes peu qualifiés, sans emploi, en emploi informel ou inactifs ayant des compétences de base suffisantes pour suivre une formation. Actuellement, la capacité des infrastructures publiques de formation directement accessibles par les travailleurs est modeste, avec seulement 9 000 inscriptions en 2016 (ONEQ, 2019[83]). L'attribution directe de chèques-formation est une stratégie qui s'est avérée efficace dans de nombreux pays pour accroître l'accès des personnes défavorisées à la formation (Encadré 2.7). Cette allocation pourrait se fonder sur des données administratives, comme le registre des ménages pauvres utilisé pour administrer le programme de transferts monétaires (AMEN), ce qui réduirait les coûts d'inscription et d'information. Associés à un système transparent de certification de la qualité des établissements de formation, ces chèques amélioreraient la concurrence entre les prestataires de formation (OCDE, 2018[89]). Ils pourraient être utilisés pour choisir des cours dans un catalogue de formation spécifique à la région, tenant compte des demandes de compétences du secteur privé local, et devraient être associés à des conseils d'orientation professionnelle de haute qualité (Grundke et al., 2021[90]). Une autre option serait d'attribuer aux travailleurs défavorisés une certaine part des places offertes dans les cours demandés par les entreprises dans le cadre du système actuel de prélèvements obligatoires pour la formation, une solution déjà expérimentée avec succès à Singapour (Encadré 2.7).

Encadré 2.7. Axer la formation professionnelle sur les travailleurs vulnérables : l'expérience de plusieurs pays

Le fait que ces chèques soient utilisés pour suivre des formations en adéquation avec les besoins en compétences du marché du travail est un facteur important dans la réussite de ce type de programmes. Des infrastructures d'information et d'orientation professionnelle efficaces contribuent à accroître le taux d'utilisation des chèques, et certains pays établissent même un lien entre la distribution des chèques et les résultats de l'orientation professionnelle.

En Corée, les chômeurs doivent assister à des séances préalables d'orientation professionnelle pour pouvoir accéder au Compte de développement des compétences professionnelles (OCDE, 2019[91]). En Belgique, les adultes titulaires d'un diplôme de l'enseignement supérieur ne peuvent accéder aux chèques-formation que si des conseillers d'orientation conviennent qu'une formation leur est nécessaire. Certains pays limitent l'utilisation des chèques à une liste de formations agréées. En Estonie, par exemple, les chèques ne peuvent être utilisés que par des personnes qui s'inscrivent à une formation dans le domaine des TIC ou qui a été approuvée du fait qu'elle renforce d'autres compétences qui font défaut sur le marché du travail (OCDE, 2019[85]). En Autriche et en Grèce, les chèques sont accessibles aux salariés et aux chômeurs qui souhaitent renforcer leurs compétences numériques, tandis qu'en Israël, ils ne sont utilisables que pour développer des compétences dans des logiciels comme Real Time ou Java ou dans le développement d'applications.

Pour réduire les coûts administratifs que représente l'adaptation des formations à la demande du marché du travail, certains pays ont fait le choix d'attribuer des chèques directement aux entreprises, qui pouvaient décider du contenu de la formation et sélectionner les travailleurs susceptibles d'en tirer le meilleur parti (OCDE, 2020[50]). À Singapour, l'octroi de tels chèques a été subordonné à l'inclusion de travailleurs peu qualifiés, informels ou sans emploi afin qu'ils puissent bénéficier d'une formation offrant directement les compétences recherchées par les entreprises. Toutefois, l'expérience des fonds de formation en Italie et en Malaisie montre que les anticipations des employeurs concernant les futurs besoins en compétences ne sont pas toujours très pertinentes puisqu'une grande partie des fonds sont utilisés pour financer des formations liées à la sécurité et à la santé tandis que la part investie dans les formations en TIC reste minime (OCDE, 2020[92]).

En liant l'attribution de chèques-formation à des services d'orientation professionnelle et de placement, on pourrait améliorer le rapport coût-efficacité des programmes de formation (Encadré 2.7). L'accès aux cours pourrait être subordonné à des conseils d'orientation professionnelle et à une évaluation des connaissances préalables nécessaires afin d'améliorer l'adéquation entre les compétences et l'expérience des stagiaires et le contenu de la formation (Encadré 2.7). Les services d'orientation pourraient fournir des renseignements plus précis sur les possibilités de formation et aider les personnes intéressées à trouver le programme qui leur convient. La mise en place de mesures incitatives encourageant l'offre de cours du soir, à temps partiel ou à distance et d'une subvention individuelle spécifique liée au revenu ou au lieu de vie du travailleur faciliterait la participation des travailleurs défavorisés vivant dans des régions éloignées. Pendant la pandémie, l'offre de formations en ligne a augmenté, mais cet essor doit s'accompagner d'une amélioration de l'accès à l'internet, en particulier pour les personnes défavorisées.

Les obligations à impact social ou de développement pourraient être une solution pour financer l'offre de formation aux personnes défavorisées (OCDE, 2020[65] ; CGD, 2021[93]). Ces accords de partenariat public-privé accorderaient une grande autonomie aux prestataires dans la conception des cours et de leur contenu, mais leur rémunération dépendrait de la réalisation des objectifs fixés concernant, par exemple, le taux d'emploi futur des participants à la formation. Le succès de tels dispositifs dépend de la manière dont les contrats sont conçus (OCDE, 2016[94]). En particulier, la définition et la mesure des résultats sociaux ainsi que la sélection des groupes cibles et des groupes de contrôle pour évaluer si les objectifs ont été atteints sont des tâches complexes qui entraînent des coûts de transaction et des risques importants pour le secteur public. Jusqu'à présent, les preuves empiriques de l'efficacité des obligations à impact social sont mitigées et les gouvernements doivent rester prudents lorsqu'ils envisagent de fournir des services sociaux spécifiques uniquement via ce type de dispositifs (OCDE, 2016[94]). Néanmoins, à côté des formes traditionnelles de prestation de services sociaux publics, les obligations à impact social peuvent alimenter une culture du suivi et de l'évaluation des services sociaux, culture qui fait actuellement défaut en Tunisie.

Comme dans l'enseignement et la formation professionnelle initiaux et le système d'enseignement supérieur, les instituts de formation publics qui dispensent des cours d'EFPC fonctionnent de manière isolée et sont déconnectés du secteur privé et des besoins du marché du travail (Banque mondiale, 2021[77]). Le contenu de nombreux cours est obsolète et l'offre n'est pas adaptée à la demande de formation, notamment dans les régions intérieures. Il est crucial d'améliorer l'évaluation de l'impact et le contrôle de la qualité des programmes en renforçant la coordination avec les entreprises et les anciens stagiaires. Pour proposer des cours plus adaptés, il y aurait lieu de recueillir les demandes de formation des entreprises locales par le biais d'une plateforme électronique associée à un système d'anticipation des compétences axé sur les besoins en compétences des marchés du travail locaux. Cette démarche pourrait s'inspirer de l'expérience d'un certain nombre d'entreprises tunisiennes, qui ont mis en place une plateforme de ce type pour informer les prestataires de formation publics et privés des besoins de formation spécifiques de leurs usines, suivre les besoins de formation de leurs employés et évaluer l'impact des programmes de formation. Au Brésil, dans l'État de São Paulo, le prestataire de formation paraétatique SENAI a mis en place un système régional d'anticipation des compétences associé à une évaluation d'impact complète et à un processus de mise à jour du contenu des programmes de formation dans le respect des meilleures pratiques internationales (OCDE, 2018[89] ; Grundke et al., 2021[90]).

Grâce à l'amélioration des procédures administratives d'approbation des subventions pour les programmes de formation et à la possibilité pour les entreprises de choisir librement leurs prestataires, l'offre de prestataires de formation privés a fortement augmenté (Banque mondiale, 2021[77]). Jusqu'à présent, il n'existe pas de registre complet ni d'évaluation des prestataires privés d'EFPC, ce qui augmente les coûts d'information pour les entreprises et les travailleurs en quête d'une formation. Une évaluation complète des prestataires et des programmes de formation existants, associée à un système de certification crédible, réduirait l'asymétrie de l'information et inciterait les prestataires de formation à améliorer la qualité de leurs programmes. Les travailleurs seraient par ailleurs davantage incités à se former (Angel-Urdinola, Nucifora et Robalino, 2015[4]).

Le renforcement des compétences de gestion et d'organisation dans les petites et moyennes entreprises peut être très efficace pour accroître les investissements dans le capital humain et la formation des travailleurs sur le terrain (Angel-Urdinola, Nucifora et Robalino, 2015[4] ; Bloom et Reenen, 2010[95]), et pourrait aussi augmenter de manière significative la productivité des entreprises tunisiennes et contribuer à réduire l'activité informelle. De nombreuses petites et moyennes entreprises en Tunisie souffrent de pratiques de gestion inefficaces et d'un sous-investissement dans le capital humain que représente leur personnel (Angel-Urdinola, Nucifora et Robalino, 2015[4]). Depuis 2013, la part des entreprises proposant des formations formelles a considérablement diminué (Graphique 2.13). Les analyses au niveau des entreprises menées aux fins de la présente Étude montrent que l'existence de programmes de formation continue à l'intention des travailleurs est associée à une hausse de 3 % de la productivité multifactorielle des entreprises tunisiennes (Encadré 2.1) (Cassimon et Grundke, à paraître[12]). Subventionner des formations ciblées pour les dirigeants de petites entreprises peut être une bonne stratégie pour améliorer la gestion des ressources humaines et préparer les entreprises peu productives à la hausse de la concurrence nationale et internationale (Dutz, 2018[96]).

Améliorer les politiques du marché du travail et l'adéquation entre l'offre et la demande de main-d'œuvre

Renforcer l'efficacité des politiques actives du marché du travail

Bien que les dépenses consacrées aux politiques actives du marché du travail, qui représentaient 0.9 % du PIB en 2017, soient nettement supérieures à la moyenne de l'OCDE (0.5 % du PIB), la conception et la mise en œuvre de ces politiques sont peu efficaces en raison d'un manque de coordination et d'évaluation des impacts (Banque mondiale, 2021[77]). La structure de gouvernance est très fragmentée, plusieurs ministères, agences et une banque publique se partageant la responsabilité de différents types de programmes, et il n'existe aucun processus d'examen approfondi portant sur l'ensemble des programmes et sur leurs impacts.

L'agence publique pour l'emploi (ANETI) gère les subventions salariales et à la formation pour les chômeurs, les services de placement ainsi que certains programmes visant à promouvoir l'entrepreneuriat et le travail indépendant, le montant total de ces dépenses représentant environ 0.5 % du PIB (Banque mondiale, 2021[77]). Les programmes de travaux d'intérêt public, notamment les travaux de construction, mais aussi un large éventail de services communautaires comme le nettoyage des espaces publics, sont gérés par le ministère du Développement régional, les communautés locales et des entreprises publiques, et leur coût est estimé à environ 0.2 % du PIB. La promotion de l'entrepreneuriat et la distribution de microcrédits sont principalement gérées par une banque publique dotée d'un budget d'environ 0.2 % du PIB, mais les programmes s'adressant aux femmes dans les zones reculées ou aux jeunes sont administrés par d'autres ministères. En outre, la loi sur l'investissement de 2016 a introduit des subventions supplémentaires aux salaires et à la formation qui ne relèvent pas des programmes de l'ANETI et sont gérées par l'agence de promotion de l'investissement et le ministère de l'Industrie. Le regroupement des programmes ainsi qu'une meilleure coordination permettraient d'assurer un suivi et une évaluation d'impact cohérents et d'améliorer l'efficacité de l'allocation des ressources et l'efficience des dépenses engagées dans le cadre des programmes actifs du marché du travail.

Seuls 17 % environ des chômeurs sont inscrits à l'agence publique pour l'emploi, l'ANETI, et la plupart d'entre eux sont de jeunes diplômés de l'enseignement supérieur qui n'ont jamais travaillé auparavant (Graphique 2.36). Nombreux sont les chômeurs qui ne sont pas inscrits, en particulier les jeunes hommes sans diplôme de l'enseignement supérieur et les chômeurs ayant une expérience professionnelle, car la principale incitation à s'inscrire à l'ANETI est d'accéder au bénéfice des subventions salariales et à la formation (Banque mondiale, 2021[77]). Ces subventions sont surtout destinées aux chômeurs diplômés de l'enseignement supérieur, pour leur permettre d'acquérir une première expérience professionnelle et faciliter leur insertion sur le marché du travail formel (Banque mondiale, 2021[77] ; Angel-Urdinola, Nucifora et Robalino, 2015[4]). Pour pouvoir bénéficier de ces subventions, les chômeurs doivent s'inscrire et se présenter régulièrement à leur antenne ANETI.

Le fait qu'un si grand nombre de chômeurs ne s'inscrivent pas à l'ANETI est révélateur d'un dysfonctionnement des services publics de placement (Graphique 2.36) (Banque mondiale, 2021[77]). La grande majorité des chômeurs effectuent leur recherche d'emploi en s'appuyant sur leur réseau personnel et familial, en envoyant des candidatures au hasard ou en s'adressant à des employeurs proches de leur communauté (IACE, 2019[11]). Cette situation entraîne de nombreux problèmes d'efficacité, les postes n'étant pas correctement pourvus, ce qui contribue à la faible productivité des entreprises. Elle génère par ailleurs une grande frustration chez les demandeurs d'emploi qualifiés, qui ne trouvent pas d'emploi faute de contacts personnels adéquats (IACE, 2019[11] ; OCDE, 2015[6]).

Graphique 2.36. Les subventions salariales et les services de l'emploi s'adressent principalement aux jeunes diplômés de l'enseignement supérieur sans expérience professionnelle

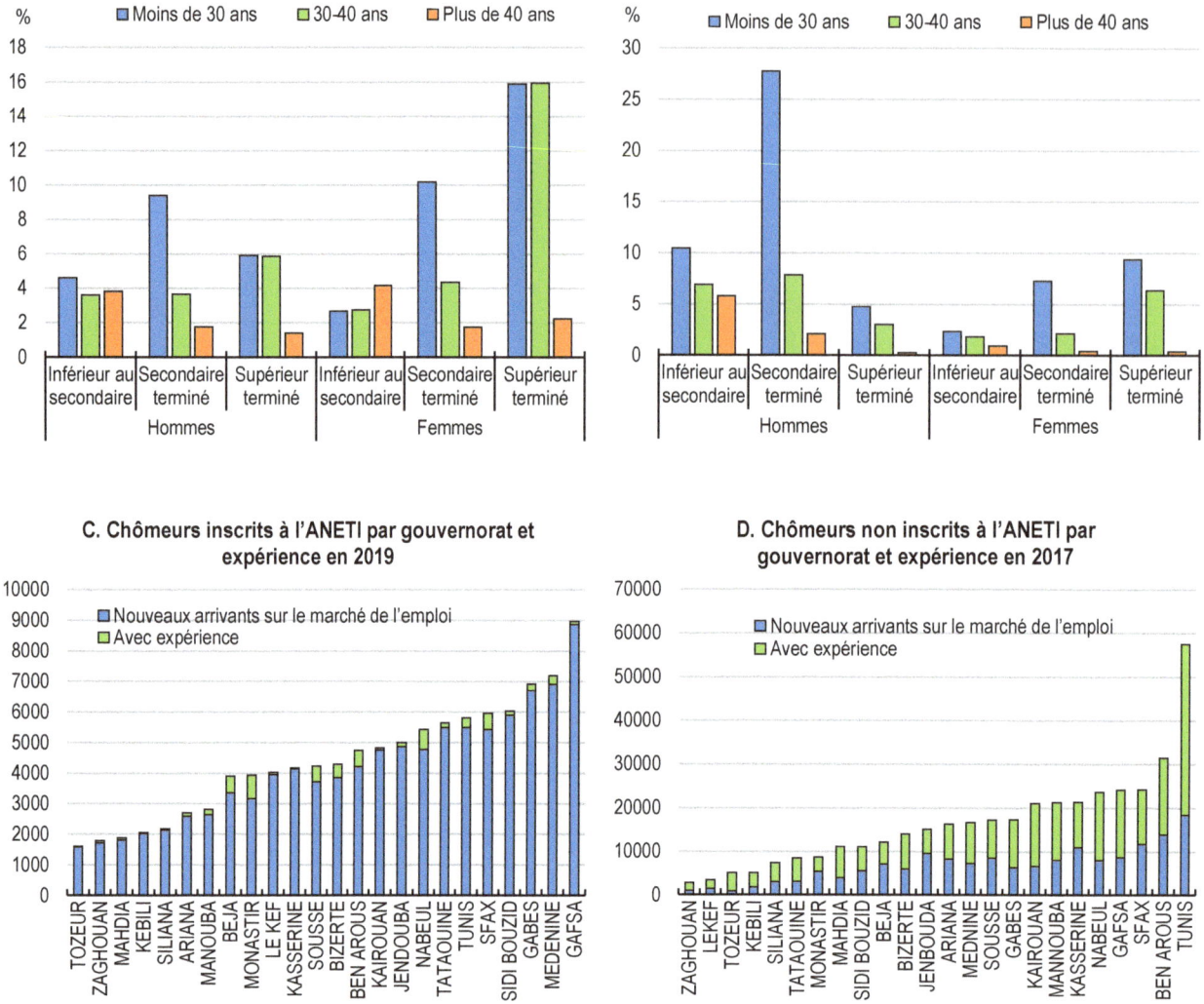

Note : Les données relatives aux chômeurs inscrits à l'ANETI proviennent de l'agence publique pour l'emploi ANETI, qui recueille des informations sur la situation socioéconomique des chômeurs déclarés. Les données relatives aux chômeurs non inscrits à l'ANETI proviennent des microdonnées de l'Enquête sur la population active, qui ne sont disponibles que jusqu'en 2017. Les statistiques sont fondées sur les réponses individuelles des chômeurs interrogés pour savoir s'ils sont inscrits ou non à l'ANETI.

Source : ANETI, Indicateurs DEFM ; et INS, Enquête sur la population active.

StatLink ᴹˢᴸ https://stat.link/f4th7k

L'amélioration des services de placement est cruciale pour réduire le chômage structurel et accroître la productivité grâce à une attribution plus adéquate des postes. Les services de placement de l'ANETI souffrent d'un manque important de personnel et font face à une charge administrative élevée, de nombreux conseillers en insertion professionnelle consacrant la majeure partie de leur temps à la gestion des contrats de subventions aux salaires et n'ayant pas les qualifications nécessaires à l'exercice des services d'orientation professionnelle personalisés (Banque mondiale, 2021[77] ; OCDE, 2015[6]). En outre, le système informatique peine à faire coïncider les profils exigés pour les postes à pourvoir et les compétences et capacités des demandeurs d'emploi en raison de l'absence d'évaluations détaillées des exigences en matière de compétences professionnelles et de la qualité et du contenu des certificats d'enseignement (Banque mondiale, 2021[77]). Il est essentiel d'améliorer la coordination et l'échange de données entre les ministères et les agences afin de mettre en place l'infrastructure statistique nécessaire au suivi des tendances du marché du travail ainsi qu'à une meilleure information des parties prenantes, qu'il s'agisse des entreprises, des étudiants, des travailleurs ou des instituts d'enseignement et de formation, en ce qui concerne l'offre et les besoins de compétences sur le marché du travail. Il faudrait pour cela introduire un code individuel d'identification unique qui permettrait de connecter différentes bases de données et de suivre et d'évaluer les retombées des politiques actives du marché du travail et des programmes d'enseignement et de formation sur les résultats obtenus par les individus sur le marché du travail.

Pour améliorer les services publics de placement, il conviendrait d'augmenter les ressources et de réaffecter celles qui sont consacrées à des programmes de subventions salariales coûteux et inefficaces au profit des services de l'emploi et de la prestation de services de formation et d'enseignement pour adultes, en élargissant l'accès à ces services aux chômeurs possédant une expérience professionnelle et aux nouveaux arrivants sur le marché du travail ayant peu de qualifications. Les conseillers en insertion professionnelle devraient disposer d'un accès complet aux dossiers de formation et au parcours professionnel de chaque demandeur d'emploi afin de pouvoir établir une meilleure correspondance entre les profils et les demandes de compétences des entreprises et adapter l'offre de formation aux besoins individuels (Encadré 2.7). Ceci suppose également d'améliorer la formation et les incitations de ces conseillers, dont les performances devraient être mesurées en fonction des résultats à plus long terme de leurs clients sur le marché du travail, ainsi qu'une réaffectation des tâches administratives aux employés de bureau (OCDE, 2015[6]). L'amélioration et l'extension du système de certification des compétences professionnelles et de validation des acquis, en particulier pour les travailleurs informels, contribueraient à accroître l'employabilité des travailleurs peu qualifiés et encourageraient les investissements dans la formation (Dutz, 2018[96]). En outre, le partage des bases de données et l'implication de prestataires privés de services de placement et de conseil, qui seraient rémunérés en fonction de leurs performances, pourraient compléter les améliorations apportées au niveau de l'ANETI (OCDE, 2020[65]). Le fait de favoriser la concurrence en admettant des prestataires privés pourrait également aider à faire coïncider l'offre et la demande sur le marché du travail car, actuellement, les services privés de placement sont interdits et seules des entreprises sélectionnées sont habilitées à opérer dans le cadre d'autorisations discrétionnaires (Banque mondiale, 2021[77] ; OCDE, 2015[6]).

Les subventions salariales et à la formation n'ont pas vraiment permis d'accroître l'employabilité des chômeurs, car la sélection des candidats n'est pas fondée sur leurs besoins individuels et la conditionnalité contractuelle n'a pas été correctement suivie et appliquée (Angel-Urdinola, Nucifora et Robalino, 2015[4]). Bien que la plupart des contrats imposent aux entreprises de fournir une formation aux travailleurs subventionnés ou de les garder pendant un certain temps, les informations nécessaires pour suivre et faire respecter ces conditions ne sont pas disponibles. Aucun système informatique n'a été mis en place pour collecter ces informations et les contraintes de capacité empêchent les conseillers en insertion professionnelle d'assurer le suivi des entreprises et des nouveaux arrivants sur le marché du travail (OCDE, 2015[6]). Pour la plupart des programmes, les taux d'insertion des participants sont faibles et les contrats sont en grande partie résiliés avant terme (Banque mondiale, 2021[77]). En outre, les formalités administratives de remboursement des coûts engagés pour des formations en entreprise sont lourdes, ce qui empêche de nombreuses entreprises d'offrir des formations à de jeunes arrivants sur le marché du travail. Le nombre de programmes de subventions salariales et d'aides à la formation a diminué depuis 2019, et davantage de programmes sont désormais accessibles aux nouveaux entrants peu qualifiés, un pas important pour améliorer leurs chances d'intégrer le marché du travail formel. Toutefois, les travailleurs qui se retrouvent au chômage plus tard dans leur vie ne peuvent toujours pas bénéficier de la plupart de ces politiques d'activation, et la sélection des candidats reste indépendante de la durée du chômage. En outre, les programmes existants ne font toujours pas l'objet d'un suivi et d'une évaluation d'impact complets et continus.

La faible efficacité des subventions salariales est aussi liée au manque d'incitation des entreprises à investir dans la formation. Elles utilisent les subventions salariales pour réduire les coûts unitaires de main-d'œuvre, ne fournissent pas de formation et licencient souvent les travailleurs lorsque le versement des subventions arrive à terme (Angel-Urdinola, Nucifora et Robalino, 2015[4]). La plupart des offres d'emploi publiées par l'ANETI émanent d'entreprises exerçant des activités à faible productivité qui proposent des emplois ouvriers peu rémunérés et peu qualifiés, insuffisamment attrayants pour bon nombre des diplômés de l'enseignement supérieur inscrits à l'ANETI (Graphique 2.29) (Boughzala, 2019[1]). La plupart des offres d'emploi pour des postes de bureau hautement qualifiés sont publiées non pas par l'ANETI, mais sur les réseaux sociaux, les réseaux universitaires ou par les quelques services de placement en ligne qui ont été autorisés à entrer sur le marché (Boughzala, 2019[1]). Pour accroître l'efficacité des programmes de subventions salariales, des efforts sont nécessaires pour améliorer l'adéquation entre le profil des travailleurs d'une part et les compétences requises et la nature du travail proposé dans les offres subventionnées d'autre part. Il convient également de renforcer le dialogue avec le secteur privé afin de convaincre les entreprises de publier via l'ANETI des offres d'emplois de bureau plus qualifiés, ou au moins de l'informer de la nature des postes vacants et des qualifications dont elles ont besoin pour améliorer les conseils dispensés aux personnes à la recherche d'un emploi (OCDE, 2015[6]).

Les prétentions salariales élevées des diplômés de l'enseignement supérieur contribuent à expliquer pourquoi ils sont plus de trois sur quatre inscrits à l'ANETI à être au chômage depuis plus de 24 mois, alors que 45 % des offres d'emploi n'ont pas trouvé preneur (Graphique 2.18). Si les salaires demandés sont aussi élevés, c'est en raison des connotations culturelles négatives du travail d'ouvrier et du fort pouvoir d'attraction qu'exerce le secteur public en matière d'emploi (Banque mondiale, 2021[77]). Les salaires dans le secteur public et les entreprises d'État sont en effet supérieurs de plus de 35 % à ceux du secteur privé et sont assortis de généreuses prestations de sécurité sociale (OCDE, 2018[8]). Le recrutement dans certains organismes du secteur public, y compris les entreprises d'État, donne la priorité aux diplômés de l'enseignement supérieur sans emploi et inscrits à l'ANETI en tant que nouveaux arrivants sur le marché du travail, essentiellement du fait des pressions exercées par l'Union des diplômés chômeurs (OCDE, 2015[7] ; Marzouk, 2020[97]) Cette situation génère un phénomène de file d'attente puisque de nombreux diplômés de l'enseignement supérieur, notamment en sciences humaines, droit et économie, choisissent de s'inscrire au chômage dans l'attente d'un emploi dans le secteur public avec le soutien de leur famille ou d'un travail dans le secteur informel (Angel-Urdinola, Nucifora et Robalino, 2015[4] ; Boughzala, 2019[1]). Ce phénomène est particulièrement prononcé dans les gouvernorats du sud abritant de grandes entreprises publiques, caractérisées par un chômage élevé, de forts taux d'inscription à l'ANETI et un secteur informel très développé, mais où, dans le même temps, les salaires journaliers pour des emplois simples dans le secteur privé sont deux fois plus élevés que dans les gouvernorats affichant un taux de chômage très faible, comme celle de Monastir (Graphique 2.36) (Angel-Urdinola, Nucifora, Robalino, 2015[4]). De plus, s'inscrire à l'ANETI est souvent une démarche administrative obligatoire pour les diplômés de l'enseignement supérieur au chômage qui souhaitent obtenir un visa pour aller travailler à l'étranger (Boughzala, 2019[1]).

Il est essentiel de faire évoluer les mentalités culturelles pour que ce phénomène de file d'attente pour obtenir un emploi dans le secteur public cède la place à une culture de l'entrepreneuriat. Il importe à cette fin de réduire l'écart des salaires entre le secteur public et le secteur privé tout en indiquant clairement que le fait d'être un chômeur entrant sur le marché du travail n'est pas un critère valable pour prétendre à un poste dans le secteur public et que le recrutement public est amené à ralentir fortement au cours des prochaines années en raison de la faible marge de manœuvre budgétaire (OCDE, 2015[7]) (Marzouk, 2021[98]). Les processus de recrutement public devraient être ouverts à tous les candidats, y compris aux travailleurs expérimentés du secteur privé, ce qui est actuellement impossible par les strictes limites d'âge, qui sont de 35 ou 45 ans selon les postes, et le recrutement devrait être exclusivement fondé sur les performances à des tests et entretiens standardisés.

En outre, il faut développer une culture de l'entrepreneuriat, ce qui implique une réforme de l'éducation de base afin d'améliorer la qualité de l'enseignement et d'instaurer des normes d'apprentissage et des programmes d'études qui mettent l'accent sur les compétences entrepreneuriales et soft skills. Mais surtout, des améliorations considérables de l'environnement des entreprises s'imposent pour faciliter l'entrée sur le marché de nouvelles start-ups et permettre le développement de produits et services innovants. Les programmes destinés aux chômeurs qui visent à stimuler l'entrepreneuriat et à leur permettre d'accéder au crédit peuvent soutenir ce processus, mais il faudrait qu'ils soient mieux ciblés afin améliorer l'efficacité des dépenses (Banque mondiale, 2021[77]). Réussir en tant qu'entrepreneur nécessite des connaissances implicites et une expérience des marchés et des processus de production, ce qui n'est souvent pas le cas des nouveaux arrivants sur le marché du travail (Banque mondiale, 2020[14] ; Morsy, Bassem et Selim, 2018[22] ; Boughzala, 2019[1]).

L'absence de programmes complets d'assurance et d'assistance chômage entrave la mobilité interrégionale et explique en partie la grande hétérogénéité des taux de chômage entre les gouvernorats (Angel-Urdinola, Nucifora et Robalino, 2015[4]). Les jeunes chômeurs, en particulier les femmes, ne peuvent souvent compter que sur le soutien de leur famille pour se loger et se nourrir, ce qui limite fortement leur rayon d'action géographique pour la recherche d'un emploi. En outre, dans le passé, de nombreux programmes de subventions salariales ont en réalité fait implicitement office de mesures passives du marché du travail du fait du manque de suivi et d'application des mesures d'activation et de formation, de nombreux chômeurs ne s'inscrivant que pour toucher la prestation mensuelle (BIT, 2019[99] ; Banque mondiale, 2021[77]). Il en va de même pour les programmes de travaux publics, qui proposent des activités très peu qualifiées, souvent dépourvues d'éléments d'activation. Comme ces programmes concernent une région précise, ils empêchent les chômeurs inscrits de se déplacer dans d'autres régions pour trouver du travail. La réaffectation des ressources de ces politiques d'activation inefficaces à la création d'un régime général d'aide au revenu pour les chômeurs, dont l'accès serait subordonné aux efforts de recherche d'emploi et à l'acceptation des offres d'emploi, contribuerait à accroître la mobilité régionale de la main-d'œuvre (OCDE, 2011[100] ; BIT, 2019[99] ; OCDE, 2015[7]). Toutefois, ceci doit s'accompagner de services de placement et de conseil plus efficaces, opérant à l'échelle nationale et fournissant une aide à la mobilité et des subventions au logement pour faciliter la réaffectation (OCDE, 2005[101]). Il est également essentiel d'améliorer les infrastructures de transport et l'accès à des logements abordables pour favoriser la mobilité régionale de la main-d'œuvre (OCDE, 2018[8]).

Ajuster la fiscalité et la réglementation du travail pour augmenter la création d'emplois formels et la productivité

Le coin fiscal sur le travail est légèrement inférieur à la moyenne des pays de l'OCDE, mais relativement élevé si on le compare à la faible productivité du travail en Tunisie (Graphique 2.37). La progressivité relativement forte de l'impôt sur le revenu pour les revenues faibles réduit les incitations à régulariser les emplois informels, particulièrement pour les travailleurs peu qualifiés (Graphique 2.37) (OCDE, à paraître[102]). Abaisser le taux de la première tranche et relever le montant de l'abattement autorisé accroîtrait les incitations à la création d'emplois dans le secteur formel et à la régularisation des emplois informels ; ces mesures pourraient être financées par une amélioration du recouvrement de l'impôt (Rocha, Ulyssea et Rachter, 2018[103] ; OCDE, à paraître[102]).

Les taux des cotisations de sécurité sociale sont similaires à ceux de pays comparables, mais comprennent des prélèvements salariaux supplémentaires qui pourraient être redirigés vers les recettes fiscales générales pour permettre une extension du régime actuel d'aides aux chômeurs (OCDE, à paraître[102]). Les cotisations de sécurité sociale comprennent les cotisations au système de santé et de retraite, aux allocations familiales et aux allocations logement et à la formation, une taxe pour la formation ainsi que des cotisations à un régime rudimentaire d'assistance chômage. L'assistance chômage est financée par une taxe de 0.9 % sur les salaires, mais seuls 6 % des travailleurs formels licenciés bénéficient de ces prestations (Angel-Urdinola, Nucifora et Robalino, 2015[4]). Étendre la couverture du régime actuel d'assistance chômage permettrait non seulement d'augmenter la mobilité de la main-d'œuvre, mais aussi de rendre l'emploi formel plus attractif. Cette extension pourrait être financée par des hausses légères des taux de cotisation et par des mesures consistant à faire financer les allocations familiales et les allocations logement par les recettes fiscales générales, à améliorer le recouvrement de l'impôt et à réduire les déductions au titre de l'impôt sur le revenu, de la taxe sur les plus-values et de la TVA, qui ont un effet régressif (FMI, 2021[104] ; OCDE, à paraître[102] ; BIT, 2019[99]). Augmenter l'efficacité des dépenses dans le système de santé et mieux aligner les prestations de retraite sur les cotisations contribuerait à éviter des hausses futures des taux de cotisation (OCDE, 2018[8]).

Graphique 2.37. Le coin fiscal sur le travail est relativement élevé pour les travailleurs peu qualifiés, ce qui réduit les incitations à la régularisation des emplois informels

A. Coin fiscal (en %) et productivité du travail dans les pays, 2019

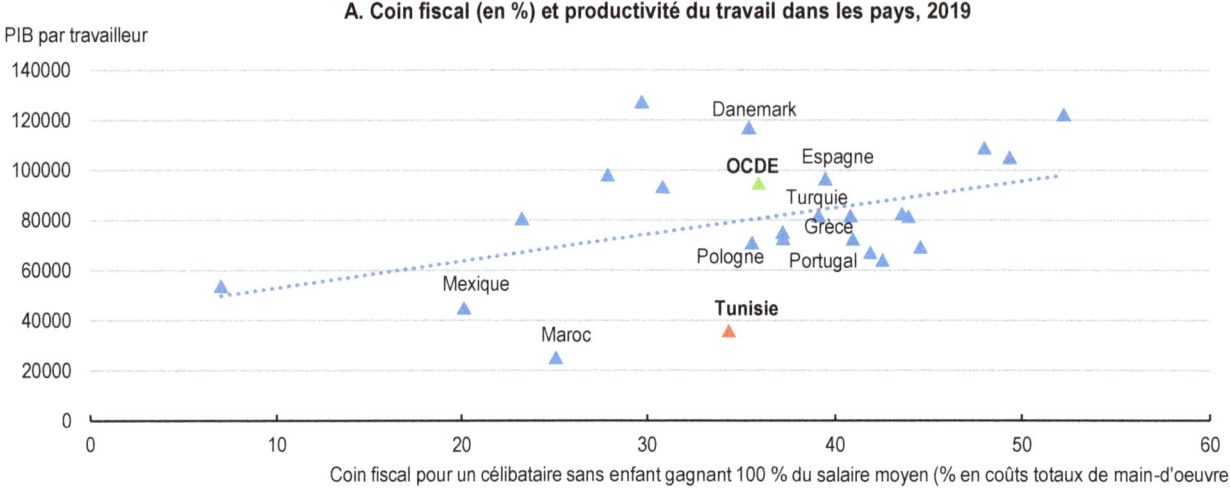

B. Taux de la première tranche de l'impôt sur le revenu des personnes physiques (IRPP), 2019

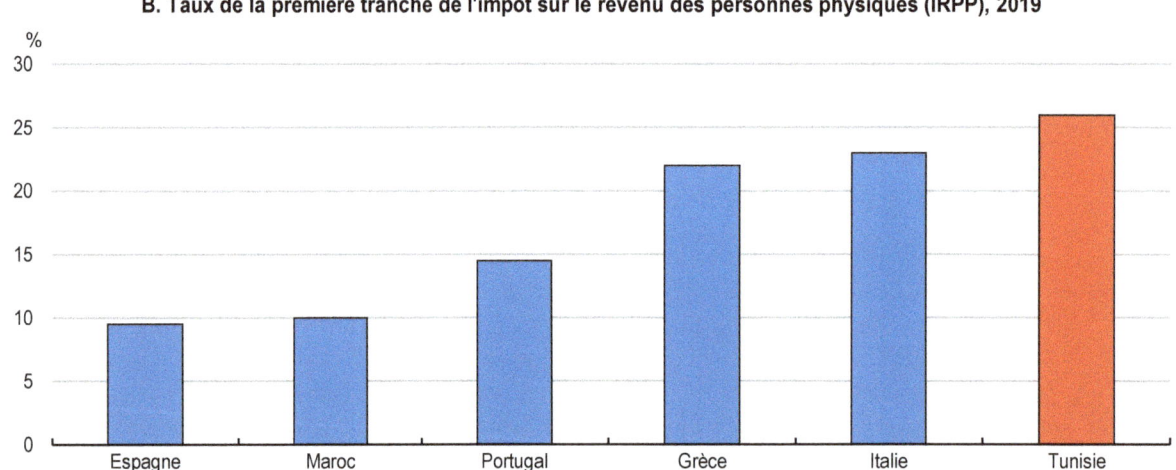

Note : Panel A, le PIB par travailleur est le produit intérieur brut (PIB) divisé par le total des emplois dans l'économie, exprimé en dollars internationaux constants de 2017 (parité pouvoir d'achat). Pour l'Organisation internationale du travail, le total des emplois dans l'économie comprend les personnes en âge de travailler ayant été en activité récemment et celles en temps partiel. Dans la mesure où le numérateur (PIB) sous-estime la valeur ajoutée produite par le secteur informel, le ratio pour la Tunisie devrait être légèrement supérieur au chiffre présenté ici. Toutefois, ce raisonnement est, dans une certaine mesure, valable pour tous les pays présentés sur ce graphique, mais la valeur de cette sous-estimation varie en fonction de la taille des secteurs informels des pays. Le coin fiscal est la part des coûts totaux de main-d'œuvre prélevée en IRPP, cotisations salariale et patronale, et autres impôts sur la main d'œuvre à laquelle sont déduites les prestations sociales. Dans le cas de la Tunisie, la contribution sociale de solidarité est également prise en compte. La TFP prise en compte dans le coin fiscal est de 1.53 % de la masse salariale (moyenne pondérée de la répartition de l'emploi entre secteur manufacturier et autres secteurs). Dans le Panel B, les données pour le Maroc datent de 2017.
Source : OCDE (à paraître [102]) basé sur l'OCDE (2020), Base de données des impôts sur les salaires ; et ILO (2020): production par travailleur.

StatLink 🔢 https://stat.link/2mo49l

La forte fragmentation du système de sécurité sociale limite la mobilité de la main-d'œuvre entre les secteurs et les entreprises ainsi que la sortie du chômage. Il existe différents régimes en fonction du secteur et du statut professionnel, par exemple pour les fonctionnaires, les travailleurs agricoles, les services professionnels, les travailleurs non salariés et les travailleurs faiblement rémunérés, entre autres, et les règles et les taux de cotisation appliqués sont très différents. L'absence d'accords de transférabilité entre les différents régimes décourage par ailleurs fortement le changement d'emploi (Angel-Urdinola, Nucifora et Robalino, 2015[4]). De nombreuses professions de services bien rémunérées, comme les architectes, les avocats et d'autres acteurs professionnels des services, relèvent du régime des non-salariés et sont soumis à des taux de cotisation très faibles. L'introduction d'un système universel instaurant des taux de cotisation progressifs pourrait améliorer la mobilité de la main-d'œuvre et augmenter les recettes de la sécurité sociale, tout en incitant les travailleurs faiblement rémunérés à rejoindre le secteur formel.

Les conventions collectives sur les salaires, qui établissent des planchers salariaux en fonction de la profession, du niveau d'éducation et de l'ancienneté des travailleurs dans environ 70 secteurs, entravent la création d'emplois formels et réduisent les incitations à l'amélioration de la productivité. Les grilles de salaires sont fixées au niveau national, alors que le coût de la vie peut être inférieur dans les régions de l'intérieur. Les grandes entreprises dominent ces négociations salariales, qui aboutissent à des planchers salariaux inabordables pour de nombreux concurrents plus petits et moins productifs, avec pour conséquence une augmentation de l'activité informelle et une réduction de la concurrence (Angel-Urdinola, Nucifora et Robalino, 2015[4]). Les salaires de départ pour les diplômés de l'enseignement supérieur sont environ 40 % supérieurs au salaire minimum sectoriel, et souvent supérieurs aux salaires moyens, ce qui réduit la demande de diplômés de l'enseignement supérieur sans expérience professionnelle, leur productivité moyenne étant encore faible. En outre, pour de nombreuses petites entreprises, l'échelle collective des salaires, qui est complexe, devient contraignante, car elles ne peuvent pas se permettre d'augmenter les salaires au-delà des planchers salariaux négociés. Elles sont ainsi dans l'impossibilité de récompenser leurs employés plus productifs que leurs homologues professionnels ayant la même ancienneté et le même niveau d'instruction. De leur côté, les travailleurs sont peu enclins à suivre des formations qui n'aboutissent pas à un diplôme d'enseignement officiel pris en compte dans l'échelle collective des salaires. Il est essentiel de donner aux petites entreprises plus de flexibilité dans la fixation des salaires et d'adapter les conventions collectives salariales aux conditions économiques pour augmenter la création d'emplois formels et encourager l'amélioration de la productivité.

Les grandes différences entre les contrats permanents et les contrats temporaires sur le plan de la protection de l'emploi augmentent la rotation des travailleurs et instaurent une dualité sur le marché du travail (Graphique 2.38) (OCDE, 2015[7]). Les entreprises hésitent à embaucher en contrat à durée indéterminée, car les licenciements pour motif économique sont interdits, et les licenciements pour compression d'effectifs ou pour faute sont compliqués et entraînent des coûts élevés en cas de litige (Angel-Urdinola, Nucifora et Robalino, 2015[4]). À l'inverse, les contrats temporaires, qui peuvent être prolongés jusqu'à quatre ans, n'entraînent presque aucun coût de licenciement pour les employeurs, qui peuvent licencier sans préavis ni indemnité. Cette disparité réglementaire augmente fortement la rotation de la main-d'œuvre, car de nombreuses entreprises embauchent des travailleurs sous contrat temporaire et les licencient au bout de quatre ans (Graphique 2.39) (Stampini et Verdier-Chouchane, 2011[105]). Bien qu'il existe des dispositions juridiques empêchant les entreprises de pourvoir un même poste tous les quatre ans, elles sont très peu appliquées faute d'inspections du travail. Plus de 55 % des jeunes travailleurs sont sous contrat temporaire, et il s'agit même souvent de contrats verbaux (Boughzala, 2019[1]). Les contrats temporaires ne donnent droit à aucune prestation de sécurité sociale et les salaires sont en moyenne 25 % inférieurs à ceux des contrats à durée indéterminée, en fonction du niveau d'instruction, du sexe, du secteur et de l'expérience des travailleurs (Angel-Urdinola, Nucifora et Robalino, 2015[4]). Les taux de conversion des contrats temporaires en contrats à durée indéterminée sont faibles.

Graphique 2.38. La protection de l'emploi est élevée pour les travailleurs du secteur formel, mais pas s'ils sont sous contrat temporaire

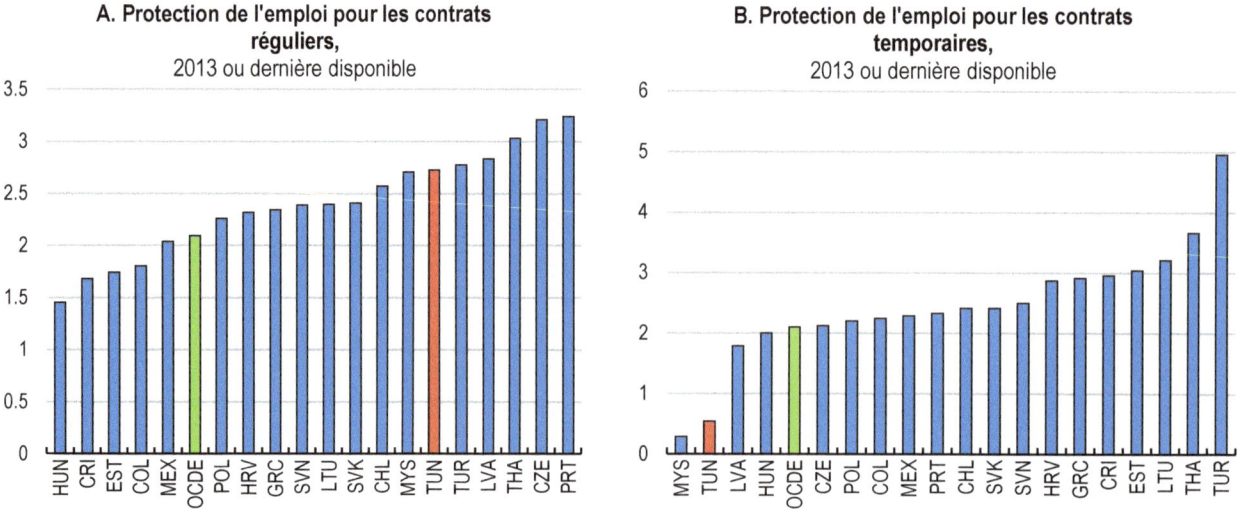

A. Protection de l'emploi pour les contrats réguliers, 2013 ou dernière disponible

B. Protection de l'emploi pour les contrats temporaires, 2013 ou dernière disponible

Note : L'indice va de 0 (protection de régulation basse) à 6 (protection de régulation haute).
Source : Base de données de l'OCDE sur la protection de l'emploi.

StatLink https://stat.link/ztibv7

La rotation élevée des travailleurs sous contrat temporaire réduit les incitations à la formation et contribue à une faible productivité (Graphique 2.39). Les retours sur investissements dans le capital humain spécifiques à l'entreprise sont faibles pour les travailleurs, et les entreprises ne sont pas incitées à fournir une formation générale car elles n'en tirent aucun rendement (OCDE, 2015[7]). Par ailleurs, les coûts élevés de licenciement des salariés sous contrat à durée indéterminée peuvent également réduire les incitations en faveur de l'amélioration de la productivité et aboutir à des appariements moins productifs entre travailleurs et entreprises. Par conséquent, il importe de réduire l'écart important en matière de protection de l'emploi qui existe entre les contrats à durée indéterminée et les contrats temporaires afin de diminuer la rotation des travailleurs et d'encourager la formation et l'amélioration de la productivité. Les contrats à durée indéterminée devraient permettre les licenciements pour des raisons économiques ou technologiques, tout en renforçant les contrôles et les sanctions en cas de licenciement abusif. Formuler une définition juridique précise des licenciements abusifs est indispensable pour réduire les risques d'ambiguïté et les coûts des procédures juridiques qu'ils entraînent, comme l'ont montré par exemple les réformes récentes du code du travail en Italie et en France (Silva, Almeida et Strokova, 2015[106] ; OCDE, 2020[65] ; Bellan, 2018[107]). Il conviendrait que les contrats temporaires prévoient des périodes de préavis et des indemnités en cas de licenciement, et les prestations de sécurité sociale devraient être équivalentes à celles qu'offrent les contrats à durée indéterminée. En outre, ces changements dans la législation sur la protection de l'emploi doivent s'accompagner d'un régime complet d'aide au revenu pour les chômeurs, qu'ils aient été licenciés alors qu'ils étaient titulaires d'un contrat à durée indéterminée ou d'un contrat temporaire (BIT, 2019[99]).

Graphique 2.39. La rotation des emplois est élevée dans de nombreux secteurs

Taux de redistribution des emplois (en %) en Tunisie et dans les pays de l'OCDE

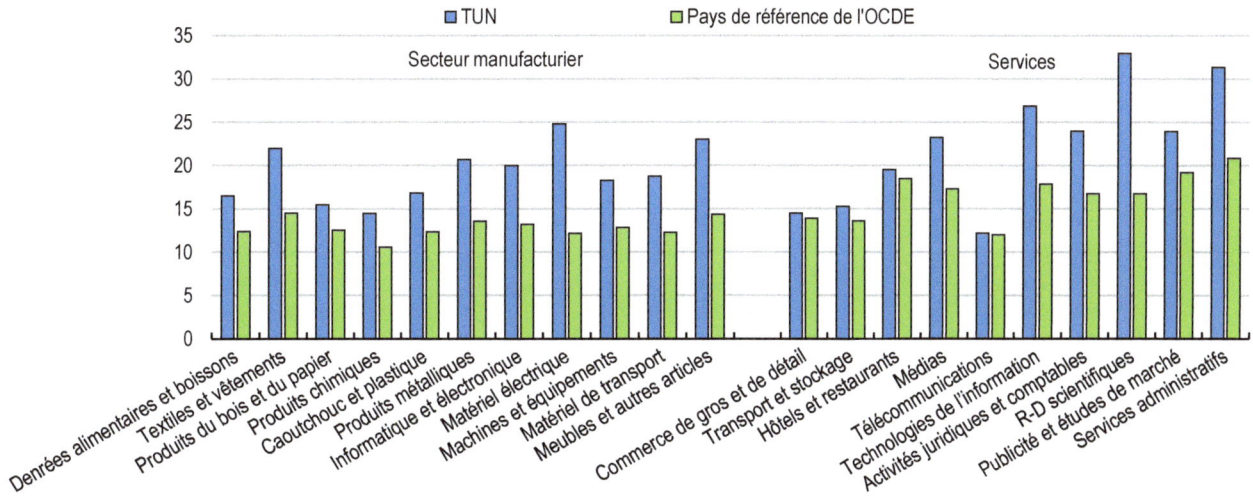

Note : Les données pour la Tunisie correspondent à des moyennes sur la période 2007-2018, et les données pour les pays de référence de l'OCDE sont des moyennes sur la période 2007-2015. Les pays de référence de l'OCDE sont l'Autriche, la Belgique, le Canada, l'Espagne, la Finlande, la France, la Hongrie, l'Italie, le Japon, la Lettonie, la Norvège, la Nouvelle-Zélande, les Pays-Bas, le Portugal, la Suède et la Turquie.
Source : Base de données DynEmp de l'OCDE (https://www.oecd.org/sti/dynemp.htm).

StatLink 🖳📊 https://stat.link/mav8gh

PRINCIPALES CONCLUSIONS	RECOMMANDATIONS
Favoriser la création d'emploi plus nombreux et de meilleure qualité	
Les entreprises axées sur le marché local (*onshore*) sont soumises à de nombreux mécanismes d'autorisation pour entrer sur un nouveau marché ou offrir des nouveaux produits et services. Les procédures opaques et longues découragent l'entrepreneuriat et l'investissement.	**Réduire les autorisations préalables pour les entrées sur le marché et l'investissement, tout en maintenant des contrôles a posteriori transparents pour assurer le respect des règles. Appliquer une règle de consentement tacite et mettre en place des guichets uniques chaque fois que possible.**
La complexité des incitations fiscales et des mécanismes de subventions alourdit les procédures administratives, particulièrement pour les petites entreprises.	**Procéder à un examen complet des subventions et incitations fiscales existantes et à une évaluation de leur impact, et simplifier le système fiscal.**
La fiscalité sur les revenus du travail est élevée pour les travailleurs peu qualifiés, ce qui réduit les incitations à la création d'emplois et à l'intégration des travailleurs informels dans le secteur formel.	Réduire le taux d'imposition de la première tranche de revenu et relever l'abattement autorisé, et parallèlement, renforcer le recouvrement de l'impôt.
Les négociations salariales dans le secteur privé sont conduites au niveau sectoriel. Elles prévoient un système complexe de planchers salariaux en fonction des professions, des niveaux d'études et de l'ancienneté des travailleurs dans environ 70 secteurs. Dans la mesure où les négociations sont dominées par les grandes entreprises, les planchers salariaux sont fixés à des niveaux qui ne prennent pas en compte la productivité plus faible et les contraintes des petites et moyennes entreprises (PME). Cela alimente l'emploi informel, complique la mise en place d'incitations à la performance, et réduit les incitations des travailleurs à s'impliquer dans la formation professionnelle.	Accorder aux PME davantage de souplesse dans la fixation des salaires, et adapter les négociations salariales collectives aux conditions économiques, y compris sectorielles.
Les différences importantes qui existent au niveau de la protection de l'emploi entre les contrats à durée indéterminée et les contrats temporaires augmentent le taux de rotation des travailleurs et réduisent les incitations à la formation, contribuant ainsi à la faiblesse de la productivité.	Renforcer la protection de l'emploi et augmenter les prestations de sécurité sociale des contrats temporaires, développer les inspections du travail et autoriser les licenciements économiques pour les contrats permanents.
Améliorer les résultats de l'enseignement et de la formation professionnels pour tous	
L'accès à l'éducation préscolaire et aux crèches est peu développé, notamment pour les ménages à faible revenu et dans les régions de l'intérieur. Cela affecte la participation des femmes au marché du travail et le développement des compétences des jeunes.	**Accroître l'efficacité des dépenses d'éducation dans les autres parties du système éducatif pour financer l'expansion de l'acces á l'éducation préscolaire, en donnant la priorité aux ménages à faible revenu et aux familles monoparentales.**
Beaucoup de nouveaux enseignants manquent d'une formation pédagogique. La qualité de la formation initiale et continue des enseignants est faible, à cause du manque d'enseignants formateurs et du contenu dépassé des programmes.	**Améliorer la sélection et la formation initiale et continue des enseignants dans l'éducation et la formation professionnelle, avec une attention particulière aux compétences pédagogiques.**
Le système d'évaluation et de primes salariales des enseignants incite peu à améliorer la qualité de l'enseignement.	Lier l'évaluation des enseignants et le système actuel de primes à des améliorations des résultats obtenus par leurs étudiants aux examens annuels nationaux, et développer les mesures incitant les enseignants à participer à des formations supplémentaires.
Le changement de langue d'enseignement entre l'enseignement de base et secondaire provoque une forte baisse des résultats, notamment pour les enfants de familles défavorisées.	Réduire les obstacles à la transition entre l'enseignement de base et l'enseignement secondaire, particulièrement en fournissant aux élèves un apprentissage de qualité de langues dès le plus jeune âge, spécialement pour les enfants issus de milieux défavorisés.
Dans l'enseignement de base et secondaire, les normes et programmes d'enseignement et les méthodes pédagogiques qui leur sont associées sont dépassés et tournés surtout vers les contenus purement académiques, sans que l'accent ne soit mis sur les compétences non techniques et de savoir-être (soft skills) et entrepreneuriales.	Associer des normes et programmes d'enseignement modernes et moins académiques à de nouvelles méthodes pédagogiques de façon à favoriser le travail de groupe et l'initiative individuelle, notamment les compétences non techniques et de savoir-être (soft skills) et entrepreneuriales.
Les fortes augmentations de salaires et les nombreuses embauches ont mis sous tension le budget de l'éducation et réduit les investissements dans une infrastructure scolaire en déclin, contribuant ainsi à des taux d'abandon élevés, particulièrement dans les régions rurales.	Libérer des ressources par des gains d'efficacité de la dépense pour améliorer les équipements matériels et informatiques dans les établissements scolaires et les instituts de formation professionnelle.
Une part importante des adultes n'a pas achevé sa scolarité dans le premier ou deuxième cycle d'enseignement de base et rencontre des difficultés pour lire ou écrire.	Offrir une éducation de base aux adultes n'ayant pas achevé leur scolarité.
Dans l'enseignement et la formation professionnels (EFP) initiaux et l'enseignement supérieur, les programmes sont souvent dépassés et mal adaptés aux besoins de compétences des employeurs.	Mettre en place des mécanismes complets d'évaluation d'impact et de certification de qualité pour l'EFP et l'enseignement supérieur, et mieux aligner le contenu des programmes sur les besoins des employeurs.

Dans le secondaire, les élèves ne reçoivent pas suffisamment d'informations sur les tendances du marché du travail, les compétences recherchées par les entreprises et le contenu ainsi que la qualité des programmes d'EFP et d'enseignement supérieur, ce qui biaise leurs choix de filières d'enseignement.	Mieux informer les élèves du secondaire et les adultes des perspectives d'emploi et de rémunération pour chacune des filières de l'enseignement supérieur et de l'EFP.
À cause de l'absence d'une culture d'évaluation d'impact et faute d'implication des parties prenantes, le système d'EFP initiaux et les universités ne prennent pas en compte les besoins en compétences des marchés du travail locaux.	Améliorer la coopération entre les entreprises, les instituts d'EFP et les universités, y compris au niveau local.
La limitation de l'âge d'entrée dans les programmes d'apprentissage empêche les élèves décrocheurs du secondaire et les adultes peu qualifiés d'intégrer certaines parties de cette filière pour accroître leurs compétences de base et techniques.	Relever l'âge-limite permettant d'accéder à toutes les filières d'EFP initiaux.
Bien que de nombreux programmes d'EFP initiaux prévoient une formation sur le lieu de travail, la coordination entre les enseignants et les superviseurs en entreprise est insuffisante, du fait d'un cadre juridique peu développé et du manque de formation pédagogique et d'engagement des professionnels concernés. Peu de programmes universitaires contiennent une formation en milieu professionnel.	Lier plus étroitement les filières d'EFP formels et les programmes universitaires avec la formation en milieu professionnel en améliorant le cadre juridique, et promouvoir une participation plus active des entreprises notamment grâce à des campagnes d'information et la promotion de la coopération entre les entreprises concernant le développement des compétences.
Les aides à la formation ne ciblent pas les personnes qui en ont le plus besoin et il n'existe pas d'évaluation de l'impact des programmes existants en faveur des chômeurs inscrits.	Introduire des chèques-formation pour les travailleurs peu qualifiés, les chômeurs et les travailleurs informels, et lier les subventions accordées aux prestataires de formation aux résultats obtenus en matière d'emploi.
La validation des acquis non formels et formels est peu développée, ce qui empêche d'accéder à des filières d'EFP initiaux ou d'EFP continue et fait obstacle à l'emploi, en particulier pour les travailleurs du secteur informel.	Renforcer et rendre plus opérationnels les mécanismes de validation et de certification des acquis, et adapter les exigences des filières d'EFP initiaux aux connaissances préalables.
Améliorer les politiques du marché du travail et accroître la mobilité de la main-d'œuvre	
Bien que les dépenses consacrées aux programmes actifs du marché du travail soient relativement élevées, leur gouvernance est très fragmentée, elles sont mal ciblées et les résultats sont modestes.	**Centraliser la gouvernance des programmes d'activation du marché du travail ;** y compris les aides aux travaux publics et à l'entrepreneuriat, **augmenter l'efficience des dépenses en ciblant mieux les personnes qui en ont le plus besoin ; et améliorer les évaluations d'impact des programmes.**
Le nombre des agents des services de placement de l'ANETI est insuffisant, et les conseillers pour l'emploi doivent supporter de lourdes charges administratives. L'information sur les offres et demandes d'emploi au niveau régional n'est pas accessible dans les autres régions.	Améliorer les services publics de l'emploi en consacrant davantage de ressources aux services de conseil personnalisés, en réduisant les tâches administratives, en améliorant la formation des conseillers, en combinant conseils et aide à la formation et en améliorant la communication et coordination entre régions.
Il y a une mauvaise adéquation entre les compétences recherchées dans les offres d'emploi et celles des demandeurs d'emploi, du fait de l'absence d'évaluation détaillée des besoins en compétences professionnelles et de la qualité et du contenu des diplômes ou certificats d'enseignement et de la formation professionnelle.	Mettre en place un code d'identification individuel unique pour favoriser l'échange de données entre les ministères et améliorer le système informatique pour évaluer les résultats des programmes de formation et d'enseignement sur le marché du travail pour mieux faire coïncider les compétences demandées dans les offres d'emploi avec les qualifications des demandeurs d'emploi.
Plus de 80% des chômeurs ne sont pas inscrits à l'agence publique pour l'emploi, en raison des contraintes de capacité significatives, et utilisent leur réseau personnel pour chercher un emploi. Les services de placement privés se heurtent à des difficultés juridiques pour exercer leurs activités.	**Favoriser davantage la concurrence de prestataires privés de services d'emploi et envisager de sous-traiter certaines tâches à des prestataires privés en utilisant des contrats d'incitation fondés sur les résultats.**
Le système de sécurité sociale est très fragmenté, et il n'existe pas d'accords de transférabilité des droits entre les régimes, ce qui réduit la mobilité de la main-d'œuvre entre les secteurs et entre les entreprises.	Réduire la fragmentation du système de sécurité sociale et mettre en place un système universel assorti de taux de cotisation progressifs.
Compte tenu de l'insuffisance d'assistance chômage, de nombreux chômeurs – en particulier les femmes -- sont conduits à compter sur leur famille ou sur des programmes locaux d'aide au revenu ou de travaux publics, ce qui réduit la mobilité de la main-d'œuvre.	Élargir la couverture du mécanisme existant d'assistance chômage et renforcer les incitations et les services d'accompagnement à la recherche d'emploi et à la formation.
Les diplômés de l'enseignement supérieur sont nombreux à préférer rester au chômage en attendant de trouver un emploi dans le secteur public. Cela est lié à l'attractivité des salaires et des prestations sociales, ainsi qu'aux critères d'embauche qui favorisent les chômeurs de longue durée et défavorisent les employés expérimentés du secteur privé.	Réduire les facteurs incitant les nouveaux arrivants sur le marché du travail à attendre un emploi dans le secteur public, en ouvrant les procédures de recrutement de la fonction publique à tous les candidats, y compris les travailleurs expérimentés du secteur privé, en basant les recrutements exclusivement sur des tests de performance normalisés et en réduisant les écarts de salaires entre le secteur et les entreprises publiques et le secteur privé.

Références

Amiti, M. et A. Khandelwal (2013), « Import Competition and Quality Upgrading », *The Review of Economics and Statistics*, vol. 95/2, pp. 476-490, https://www.mitpressjournals.org/doi/pdf/10.1162/REST_a_00271 (consulté le 22 septembre 2018). [34]

Amiti, M. et J. Konings (2007), « Trade Liberalization, Intermediate Inputs, and Productivity: Evidence from Indonesia », *American Economic Review*, vol. 97/5, pp. 1611-1638, https://doi.org/10.1257/aer.97.5.1611. [33]

Andrews, D., C. Criscuolo et P. Gal (2015), « Frontier firms, technology diffusion and public policy: Micro evidence from OECD countries ». [52]

Angel-Urdinola, D., A. Nucifora et D. Robalino (2015), *Labor Policy to Promote Good Jobs in Tunisia: Revisiting Labor Regulation, Social Security, and Active Labor Market Programs*, Banque mondiale, https://doi.org/10.1596/978-1-4648-0271-3. [4]

Angrist, J. et V. Lavy (1997), « The Effect of a Change in Language of Instruction on the Returns to Schooling in Morocco », *Journal of Labor Economics*, vol. 15/1, pp. 48-76. [67]

Araújo, B. et L. Paz (2014), « The effects of exporting on wages: An evaluation using the 1999 Brazilian exchange rate devaluation », *Journal of Development Economics*, vol. 111, pp. 1-16, https://doi.org/10.1016/j.jdeveco.2014.07.005. [45]

Arfa, A. et al. (2018), *La réforme de la formation professionnelle en quête d'une concrétisation*, Institut Tunisien de la Compétitivité et des Études Quantitatives (ITCEQ), Tunis, http://www.itceq.tn/files/emploi/reforme-de-la-formation-professionnelle.pdf (consulté le 27 juin 2021). [80]

Arnold, J. et al. (2015), « Services Reform and Manufacturing Performance: Evidence from India », *The Economic Journal*, vol. 126/590, pp. 1-39, https://doi.org/10.1111/ecoj.12206. [38]

Ayadi, L. et al. (2013), *Estimating Informal Trade across Tunisia's Land Borders*, Banque mondiale, Washington D.C., http://econ.worldbank.org. (consulté le 18 juin 2021). [19]

Banque mondiale (2021), *Indicateurs du développement dans le monde*, https://databank.banquemondiale.org/reports.aspx?source=world-development-indicators. [63]

Banque mondiale (2021), *Youth Employment In Tunisia: Concept Note for Activities Under the New Window, Better Employment Policies*, Banque mondiale, https://documents.worldbank.org/pt/publication/documents-reports/documentdetail/368251622210279606/youth-employment-in-tunisia-concept-note-for-activities-under-the-new-window-better-employment-policies. [77]

Banque mondiale (2020), *Tunisia Economic Monitor: Rebuilding the Potential of Tunisian Firms*, Banque mondiale, Washington D.C., https://documents1.worldbank.org/curated/en/194331608565600726/pdf/Tunisia-Economic-Monitor-Rebuilding-the-Potential-of-Tunisian-Firms-Fall-2020.pdf (consulté le 17 juin 2021). [14]

Banque mondiale (2016), *Brazil Systematic Country Diagnostic: Retaking the path to Inclusion, Growth and Sustainability*, Groupe de la Banque mondiale. [114]

Bechichi, N. et al. (2018), « Moving between jobs: an analysis of occupation distances and skill needs », *OECD Science, Technology and Industry Policy Papers*, n° 52, OCDE, Paris, http://www.oecd.org/going-digital (consulté le 27 septembre 2018). [51]

Bechichi, N. et al. (2019), « Occupational mobility, skills and training needs », http://www.oecd.org/going-digital. (consulté le 26 janvier 2020). [53]

Bellan, M. (2018), « Pourquoi les recours aux prud'hommes chutent », *Les Echos*, https://www.lesechos.fr/economie-france/social/pourquoi-les-recours-aux-prudhommes-chutent-138568. [107]

Benstead, L. (2021), « 6. The Impact of Poverty and Corruption on Educational Quality in Tunisia », dans *The Political Economy of Education in the Arab World*, Lynne Rienner Publishers, https://doi.org/10.1515/9781626379442-008. [66]

Bernard, A. et al. (2007), « Firms in International Trade », *Journal of Economic Perspectives*, vol. 21/3, pp. 105-130, https://doi.org/10.1257/jep.21.3.105. [113]

BIT (2019), *Tunisie : Étude de faisabilité d'un fonds perte d'emploi (options et coûts)*, Organisation internationale du Travail, https://www.social-protection.org/gimi/gess/RessourcePDF.action;jsessionid=67Hr7bj8uHfcK1NlhZ-K1t-atlfCulFmZN30KBmqcr0h7cxceFP9!539423187?id=56782 (consulté le 6 juillet 2021). [99]

BIT (2013), *L'amélioration de l'apprentissage informel en Tunisie*, Organisation internationale du Travail, https://www.ilo.org/wcmsp5/groups/public/---ed_emp/---ifp_skills/documents/presentation/wcms_218821.pdf. [84]

Blalock, G. et F. Veloso (2007), « Imports, Productivity Growth, and Supply Chain Learning », *World Development*, vol. 35/7, pp. 1 134–1151, https://doi.org/10.1016/j.worlddev.2006.10.009. [40]

Bloom, N., M. Draca et J. Van Reenen (2016), « Trade induced technical change? The impact of chinese imports on innovation, IT and productivity », *Review of Economic Studies*, vol. 83/1, pp. 87-117, https://doi.org/10.1093/restud/rdv039. [26]

Bloom, N. et J. Reenen (2010), « Why do management practices differ across firms and countries? », *Journal of Economic Perspectives*, vol. 24/1, pp. 203-224, https://doi.org/10.1257/jep.24.1.203. [95]

Bosch, M. et R. Campos-Vazquez (2014), « The Trade-Offs of Welfare Policies in Labor Markets with Informal Jobs: The Case of the « Seguro Popular » Program in Mexico », *American Economic Journal: Economic Policy*, vol. 6/4, pp. 71-99, https://doi.org/10.1257/pol.6.4.71. [112]

Bouchoucha, I. (2018), « The Migration of Women in Tunisia: Between Tradition and Modernity », dans *Gender and Mobility in Africa*, Springer International Publishing, Cham, https://doi.org/10.1007/978-3-319-65783-7_3. [9]

Boughzala, M. (2019), *Marché du travail, dynamique des compétences et politiques d'emploi en Tunisie*, Fondation européenne pour la formation, https://www.etf.europa.eu/sites/default/files/2019-08/labour_market_tunisia_fr.pdf (consulté le 14 juin 2021). [1]

Brandt, L., J. Van Biesebroeck et Y. Zhang (2012), « Creative accounting or creative destruction? Firm-level productivity growth in Chinese manufacturing », *Journal of Development Economics*, vol. 97/2, pp. 339-351, https://doi.org/10.1016/J.JDEVECO.2011.02.002. [46]

Burke, M. et T. Sass (2013), « Classroom Peer Effects and Student Achievement », *Journal of Labor Economics*, vol. 31/1, pp. 51-82, https://doi.org/10.1086/666653. [72]

Bustos, P. (2011), « Trade Liberalization, Exports, and Technology Upgrading: Evidence on the Impact of MERCOSUR on Argentinian Firms », *American Economic Review*, vol. 101, pp. 304-340, https://doi.org/10.1257/aer.101.1.304. [111]

Cadot, O., J. Gourdon et F. van Tongeren (2018), « Estimating Ad Valorem Equivalents of Non-Tariff Measures: Combining Price-Based and Quantity-Based Approaches », *OECD Trade Policy Papers*, n° 215, Éditions OCDE, Paris, https://dx.doi.org/10.1787/f3cd5bdc-en. [48]

Cassimon, S. et R. Grundke (à paraître), « Improving skills and employment opportunities in Tunisia », *OECD Economics Department Working Papers*. [12]

Cassimon, S., R. Grundke et P. Kowalski (à paraître), « The opportunities associated with Tunisia's greater integration with international markets », *OECD Economics Department Working Papers*. [58]

CGD (2021), *Investing in Social Outcomes: Development Impact Bonds*, https://www.cgdev.org/page/investing-social-outcomes-development-impact-bonds-0. [93]

Commission européenne (2021), *Ex-post Evaluation of the impact of trade chapters of the Euro-Mediterranean Association Agreements with six partners: Algeria, Egypt, Jordan, Lebanon, Morocco and Tunisia*, Commission européenne - Direction générale du commerce, https://op.europa.eu/en/publication-detail/-/publication/fab9bddd-9106-11eb-b85c-01aa75ed71a1. [15]

Commission européenne (2019), *Rapport du Sous-Comité UE-Tunisie « Commerce, industrie et services et du Sous-Comité UE-Tunisie »Marché intérieur«* , https://trade.ec.europa.eu/doclib/docs/2019/october/tradoc_158410.pdf. [28]

CRES (2016), *Protection sociale et économie informelle en Tunisie - Défis de la transition vers l'économie formelle*, Centre des Recherches et d'Éudes Sociales, http://www.cres.tn/uploads/tx_wdbiblio/Secteur_informel_Tunisie.pdf. [18]

Criscuolo, C., P. Gal et C. Menon (2014), « The Dynamics of Employment Growth: New Evidence from 18 Countries », *OECD Science, Technology and Industry Policy Papers*, n° 14, Éditions OCDE, Paris, https://dx.doi.org/10.1787/5jz417hj6hg6-en. [44]

De Loecker, J. et al. (2016), « Prices, Markups, and Trade Reform », *Econometrica*, vol. 84/2, pp. 445-510, https://doi.org/10.3982/ECTA11042. [42]

Dutz, M. (2018), *Jobs and Growth: Brazil's Productivity Agenda*, Banque mondiale, https://doi.org/10.1596/978-1-4648-1320-7. [96]

Eppinger, P. (2019), « Service offshoring and firm employment », *Journal of International Economics*, vol. 117, pp. 209-228, https://doi.org/10.1016/j.jinteco.2019.01.007. [39]

Eurofound (2021), *European Reshoring Monitor*, https://reshoring.eurofound.europa.eu/. [88]

FMI (2021), *Tunisia: 2021 Article IV Consultation*, Fonds monétaire international, https://www.imf.org/en/Publications/CR/Issues/2021/02/26/Tunisia-2020-Article-IV-Consultation-Press-Release-Staff-Report-and-Statement-by-the-50128. [104]

Fouarge, D. et al. (2020), « Do labour market opportunities affect VET students' educational choice? Evidence from stated choice and field experiments », https://www.oecd.org/els/emp/OECD-ELS-Seminars-Fouarge.pdf. [75]

Garcia-Marin, A. et N. Voigtländer (2019), « Exporting and Plant-Level Efficiency Gains: It's in the Measure », *Journal of Political Economy*, vol. 127/4, pp. 1777-1825, https://doi.org/10.1086/701607. [110]

Goldberg, P. et al. (2009), « Trade Liberalization and New Imported Inputs », *American Economic Review*, vol. 99/2, pp. 494-500, https://doi.org/10.1257/aer.99.2.494. [32]

Grundke, R. et al. (2021), « Improving skills to harness the benefits of a more open economy in Brazil », *Documents de travail du Département des affaires économiques de l'OCDE*, n° 1661, Éditions OCDE, Paris, https://dx.doi.org/10.1787/222c1741-en. [90]

Grundke, R. et al. (2017), « Skills and global value chains: A characterisation », *OECD Science, Technology and Industry Working Papers*, n° 2017/05, https://dx.doi.org/10.1787/cdb5de9b-en. [62]

Grundke, R. et al. (2018), « Which skills for the digital era? Returns to skills analysis », *OECD Science, Technology and Industry Working Papers*, n° 2018/09, Éditions OCDE, Paris, https://dx.doi.org/10.1787/9a9479b5-en. [57]

Grundke, R. et C. Moser (2019), « Hidden protectionism? Evidence from non-tariff barriers to trade in the United States », *Journal of International Economics*, vol. 117, pp. 143-157, https://doi.org/10.1016/j.jinteco.2018.12.007. [27]

Haltiwanger, J. et al. (2013), « Cross-Country Differences in Productivity: The Role of Allocation and Selection », *American Economic Review*, vol. 103/1, pp. 305-334, https://doi.org/10.1257/aer.103.1.305. [20]

Heckman, J. et al. (2010), « The Rate of Return to the High/Scope Perry Preschool Program », *Journal of Political Economy*, vol. 94/1-2, pp. 114-128. [71]

Heckman, J. et S. Mosso (2014), « The Economics of Human Development and Social Mobility », *Annual Review of Economics*, vol. 6, pp. 689-733, https://doi.org/10.1146/annurev-economics-080213-040753. [68]

Heckman, J., R. Pinto et P. Savelyev (2013), « Understanding the mechanisms through which an influential early childhood program boosted adult outcomes », *American Economic Review*, vol. 103/6, pp. 2052-2086, https://doi.org/10.1257/aer.103.6.2052. [69]

He, Z. et M. Dai (2017), « Learning by Importing », Columbia University, http://www.columbia.edu/~zh2178/Learning%20by%20Importing.pdf (consulté le 22 septembre 2018). [41]

Hoekman, B. et A. Mattoo (2008), *Services Trade And Growth*, Banque mondiale, https://doi.org/10.1596/1813-9450-4461. [37]

Hsieh, C. et P. Klenow (2009), « Misallocation and Manufacturing TFP in China », *The Quarterly Journal of Economics*, vol. 124/4, pp. 1403-1448, https://www.jstor.org/stable/pdf/40506263.pdf (consulté le 17 janvier 2019).   [21]

Hummels, D. et al. (2012), « Offshoring, Transition, and Training: Evidence from Danish Matched Worker-Firm Data », *American Economic Review*, vol. 103/2, pp. 424-428, https://doi.org/10.1257/aer.102.3.424.   [54]

Hummels, D., J. Munch et C. Xiang (2018), *Offshoring and labor markets*, American Economic Association, https://doi.org/10.1257/jel.20161150.   [55]

IACE (2019), *Rapport National de l'Emploi*, Institut Arabe des Chefs d'entreprise, https://iace.tn/docs/?limit=15&q=emploi&catid=0&theme=default.   [11]

IBGE (2016), *Pesquisa nacional de saúde do escolar 2015*, Instituto Brasileiro de Geografia e Estadisticas.   [109]

IFC et UTICA (2017), *Evaluation des écarts de compétences dans le secteur des TIC en Tunisie*, http://www.digitaltalent.tn/u_p_l_d/etudes/evaluation-des-ecarts-de-competences-dans-le-secteur-des-tic-en-tunisie_sommaire_1_025668900150488704659b2c1063eb78.pdf.   [60]

INS (2020), *Indicateurs sur l'emploi informel 2019*, Institut National de Statistiques Tunisie, http://ins.tn/publication/indicateurs-sur-lemploi-informel-2019.   [17]

Joumard, I., S. Dhaoui et H. Morgavi (2018), « Insertion de la Tunisie dans les chaines de valeur mondiales et role des entreprises offshore », *Documents de travail du Département des affaires économiques de l'OCDE*, n° 1478, Éditions OCDE, Paris, https://dx.doi.org/10.1787/546dbd75-fr.   [13]

Maertens, M. et J. Swinnen (2009), « Trade, Standards, and Poverty: Evidence from Senegal », *World Development*, vol. 37/1, pp. 161-178, https://doi.org/10.1016/j.worlddev.2008.04.006.   [49]

Marzouk, H. (2021), « Enseignement supérieur : vers le recrutement de 1130 enseignants-chercheurs », *L'Economiste Maghrébin*, https://www.leconomistemaghrebin.com/2021/09/23/enseignement-superieur-recrutement-1130-docteurs/.   [98]

Marzouk, H. (2020), « ARP : Initiative législative pour embaucher les anciens chômeurs », *Economiste Maghrebin*, https://www.leconomistemaghrebin.com/2020/06/18/arp-initiative-legislative-embaucher-anciens-chomeurs/.   [97]

Melitz, M. (2003), *The Impact of Trade on Intra-Industry Reallocations and Aggregate Industry Productivity*, https://www.jstor.org/stable/pdf/1555536.pdf?refreqid=excelsior%3Ae3382ca8aee44f583882d975e0cdb85e (consulté le 22 septembre 2018).   [43]

Morsy, H., K. Bassem et R. Selim (2018), *Tunisia Diagnostic paper: Assessing Progress and Challenges in Unlocking the Private Sector's Potential and Developing a Sustainable Market Economy*, Banque européenne pour la reconstruction et le développement, https://www.ebrd.com/documents/strategy-and-policy-coordination/tunisia.pdf?blobnocache=true.   [22]

OCDE (2021), *Career Guidance for Adults in a Changing World of Work*, Getting Skills Right, Éditions OCDE, Paris, https://dx.doi.org/10.1787/9a94bfad-en.   [76]

OCDE (2020), *OECD Economic Survey of Brazil*, Éditions OCDE, Paris, https://doi.org/10.1787/250240ad-en. [24]

OCDE (2020), *OECD Economic Surveys: Brazil*, Éditions OCDE, Paris, https://doi.org/10.1787/250240ad-en. [65]

OCDE (2020), *OECD Economic Surveys: Malaysia 2019*, Éditions OCDE, Paris, https://dx.doi.org/10.1787/e544ad44-fr. [92]

OCDE (2020), *Perspectives de l'OCDE sur les compétences 2019 : Prospérer dans un monde numérique*, Éditions OCDE, Paris, https://dx.doi.org/10.1787/a0e29ca9-fr. [50]

OCDE (2020), *Regards sur l'éducation 2020 : Les indicateurs de l'OCDE*, Éditions OCDE, Paris, https://dx.doi.org/10.1787/7adde83a-fr. [115]

OCDE (2019), *Examens de l'OCDE pour l'évaluation de l'impact sur la concurrence : Tunisie*, Éditions OCDE, Paris, https://www.oecd.org/daf/competition/ca-tunisia-review-2019-fr.pdf. [31]

OCDE (2019), *Financial Incentives to Promote Adult Learning in Australia*, Getting Skills Right, Éditions OCDE, Paris, https://dx.doi.org/10.1787/c79badcc-en. [91]

OCDE (2019), *Getting Skills Right: Future-Ready Adult Learning Systems*, Getting Skills Right, Éditions OCDE, Paris, https://dx.doi.org/10.1787/9789264311756-en. [85]

OCDE (2019), *OECD Economic Surveys: Portugal*, Éditions OCDE, Paris, https://doi.org/10.1787/eco_surveys-prt-2019-en (consulté le 17 février 2020). [23]

OCDE (2019), *OECD Economic Surveys: Argentina 2019*, Éditions OCDE, Paris, https://dx.doi.org/10.1787/0c7f002c-en. [29]

OCDE (2019), *PISA 2018 Results (Volume II): Where All Students Can Succeed*, PISA, Éditions OCDE, Paris, https://dx.doi.org/10.1787/b5fd1b8f-en. [70]

OCDE (2018), *Études économiques de l'OCDE - Tunisie 2018 : Évaluation économique*, Éditions OCDE, Paris, https://dx.doi.org/10.1787/eco_surveys-tun-2018-fr. [8]

OCDE (2018), *Getting Skills Right: Brazil*, Getting Skills Right, Éditions OCDE, Paris, https://dx.doi.org/10.1787/9789264309838-en. [89]

OCDE (2018), *L'apprentissage et l'alternance en sept questions : Leçons des expériences internationales*, Examens de l'OCDE sur l'éducation et la formation professionnelles, Éditions OCDE, Paris, https://dx.doi.org/10.1787/9789264307513-fr. [81]

OCDE (2018), *OECD Economic Surveys: Brazil*. [108]

OCDE (2017), *Perspectives de l'OCDE sur les compétences 2017 : Compétences et chaînes de valeur mondiales*, Éditions OCDE, Paris, https://dx.doi.org/10.1787/9789264203433-fr. [116]

OCDE (2016), *Getting Skills Right: Assessing and Anticipating Changing Skill Needs*, Getting Skills Right, Éditions OCDE, Paris, https://dx.doi.org/10.1787/9789264252073-en. [74]

OCDE (2016), *Low-Performing Students: Why They Fall Behind and How To Help Them Succeed*, PISA, Éditions OCDE, Paris, https://dx.doi.org/10.1787/9789264250246-en. [73]

OCDE (2016), *Résultats du PISA 2015 (Volume I) : L'excellence et l'équité dans l'éducation*, PISA, Éditions OCDE, Paris, https://dx.doi.org/10.1787/9789264267534-fr. [64]

OCDE (2016), *Understanding social impact bonds*, OCDE, Paris, http://www.oecd.org/cfe/leed/UnderstandingSIBsLux-WorkingPaper.pdf (consulté le 19 février 2020). [94]

OCDE (2015), *Investir dans la jeunesse en Tunisie : Renforcer l'employabilité des jeunes pendant la transition vers une économie verte*, Éditions OCDE, Paris, https://dx.doi.org/10.1787/9789264228290-fr. [6]

OCDE (2015), *Tunisia: A reform agenda to support competitiveness and inclusive growth*, Éditions OCDE, Paris, https://www.oecd.org/countries/tunisia/Tunisia-a-reform-agenda-to-support-competitiveness-and-inclusive-growth.pdf (consulté le 28 juin 2021). [7]

OCDE (2011), *Perspectives de l'emploi de l'OCDE 2011*, Éditions OCDE, Paris, https://dx.doi.org/10.1787/empl_outlook-2011-fr. [100]

OCDE (2010), *Formation et emploi : relever le défi de la réussite*, Examens de l'OCDE sur l'éducation et la formation professionnelles, Éditions OCDE, Paris, https://dx.doi.org/10.1787/9789264087491-fr. [82]

OCDE (2005), *Les échanges et l'ajustement structurel : Les enjeux de la mondialisation*, Éditions OCDE, Paris, https://dx.doi.org/10.1787/9789264010994-fr. [101]

OCDE (à paraître), *Competition Assessment Tunisia*, Éditions OCDE, Paris. [25]

OCDE (à paraître), *Soutenir la Tunisie dans la mise en œuvre de mesures fiscales*, Éditions OCDE, Paris. [102]

OECD (2021), *OECD Tourism Trends and Policies 2020*, OECD Publishing Paris, https://www.oecd.org/cfe/tourism/2020-Tourism-Brochure.pdf. [78]

OECD (2020), « Mitigating the impact of COVID-19 on tourism and supporting recovery », *OECD Tourism Papers*, n° 2020/03, OECD Publishing, Paris, https://dx.doi.org/10.1787/47045bae-en. [79]

Olley, G. et A. Pakes (1996), « The Dynamics of Productivity in the Telecommunications Equipment Industry », *Econometric*, vol. 64/6, pp. 1263-1297, https://www.jstor.org/stable/pdf/2171831.pdf?refreqid=excelsior%3A0e474c9384e818e114e409d9172a6487 (consulté le 17 janvier 2019). [47]

OMC (2016), *Examen des politiques commerciales : Tunisie*, Organisation mondiale du commerce, https://www.wto.org/french/tratop_f/tpr_f/s341_f.pdf. [10]

ONEQ (2019), *La formation professionnelle en chiffres 2017*, Observatoire National de l'Emploi et des Qualifications, http://www.emploi.tn/uploads/pdf/ONEQ/FP2017_VF.pdf (consulté le 27 juin 2021). [83]

ONEQ (2017), *Etude sur l'insertion professionnelle des diplômés du dispositif national de la formation professionnelle*, Observatoire Nationale de l'Emploi et des Qualifications, http://www.emploi.nat.tn/ckeditor/ckfinder/userfiles/files/Rapport_dip_fp.pdf. [61]

ONEQ (2013), *Le marché du Travail en Tunisie*, Observatoire National de l'Emploi et des Qualifications, http://www.emploi.tn/uploads/pdf/ONEQ/2013_Rapport_sur_le_marche_du_travail.pdf (consulté le 11 juin 2021). [2]

Pavcnik, N. (2002), « Trade Liberalization, Exit, and Productivity Improvements: Evidence from Chilean Plants », *The Review of Economic Studies*, vol. 69/1, pp. 245-276, https://doi.org/10.1111/1467-937X.00205. [36]

Plank, L. et C. Staritz (2014), « Global Competition, Institutional Context, and Regional Production Networks: Up-and Downgrading Experiences in Romania's Apparel Industry », *ÖFSE Working Paper*, vol. 50, https://www.econstor.eu/bitstream/10419/104631/1/805462295.pdf (consulté le 9 juillet 2021). [16]

Rocha, R., G. Ulyssea et L. Rachter (2018), « Do lower taxes reduce informality? Evidence from Brazil », *Journal of Development Economics*, vol. 134, pp. 28-49, https://doi.org/10.1016/j.jdeveco.2018.04.003. [103]

Rudloff, B. (2020), « A Stable Countryside for a Stable Country? The Effects of a DCFTA with the EU on Tunisian Agriculture », *Stiftung Wissenschaft Politik Research Papers*, https://doi.org/10.18449/2020RP02. [30]

Silva, J., R. Almeida et V. Strokova (2015), *Sustaining Employment and Wage Gains in Brazil: A Skills and Jobs Agenda*, The World Bank, https://doi.org/10.1596/978-1-4648-0644-5. [106]

Spitz-Oener, A. (2006), « Technical Change, Job Tasks, and Rising Educational Demands: Looking outside the Wage Structure », *Journal of Labor Economics*, vol. 24/2, pp. 235-270, https://doi.org/10.1086/499972. [56]

Stampini, M. et A. Verdier-Chouchane (2011), « Labor Market Dynamics in Tunisia: The Issue of Youth Unemployment », *Review of Middle East Economics and Finance*, vol. 7/2, pp. 1-35, https://doi.org/10.2202/1_475-3693.1394. [105]

TAA (2020), *Présentation du Pacte pour l'Industrie Automobile en Tunisie et des résultats de l'enquête impact COVID-19*, https://taa.tn/wp-content/uploads/2020/12/20200723-TAA-Pr%C3%A9sentation-AG-TAA-Jeudi-23-Juillet.pdf. [86]

TIA (2020), *Automotive Sector Representation*, Tunisian Investment Authority, https://tia.gov.tn/storage/app/media/TUNISIA%20VALUE%20PROPOSITION/TIA%20TUNISIA%20AUTOMOTIVE%20SECTOR.pdf. [87]

Topalova, P. et A. Khandelwal (2011), « Trade Liberalization and firm productivity: The case of India », *The Review of Economics and Statistics*, vol. 93/3, pp. 995-1009, https://doi.org/10.1162/REST_a_00095. [35]

UNESCO (2021), *Talents TIC en Tunisie - l'adéquation entre l'offre et la demande*, https://en.ichei.org/Uploads/Download/2021-10-13/61667cfbd9c78.pdf. [59]

UNICEF (2020), *Analyse de la situation des enfants en Tunisie 2020*, UNICEF, https://www.unicef.org/tunisia/media/2986/file/SITAN-11-2020.pdf (consulté le 15 juin 2021). [5]

UNICEF et INS (2019), *Tunisie : Enquête par grappes à indicateurs multiples (MICS)*, le Ministère du Développement de l'Investissement et de la Coopération Internationale (MDICI)., https://washdata.org/report/tunisia-2018-mics-report. [3]